千年學府文庫

李文炤學術講義兩種·周易本義拾遺

上

李文炤 撰
陳峰 整理

湖南大學出版社·長沙

内容簡介

《周易本義》是易學史上里程碑式的著作，在元、明、清時期被朝廷懸爲令甲，影響極其深遠。李文炤之學以尊朱爲本位，撰《周易本義拾遺》以申明朱子之義，又旁采《易學啓蒙》《朱子語類》等書以補正《周易本義》之説。李文炤認爲《周易本義》於文辭多有獨到之得，於易象則未及深究，故作此書以象數釋經，以義理釋傳，對變爻互體之説深爲着力。在闡發易理時，李文炤或引證史事，或直抒胸臆，隨文衍義，不拘一格，大抵以朱子主敬之説爲撰作宗主，着重發掘易理所指向的工夫論主張。在具體的名物訓詁上，李文炤對漢宋經學抱持平之見，間以漢唐古註以糾訂朱子經解，體現了湖湘經學實事求是、兼採衆長的學術風格。《周易本義拾遺》雖在行世後流傳未遠，然其補訂之功、新出之解，在清代朱子學史特別是朱子易學史上具有獨特意義，更爲後學研究清代湖湘經學提供了珍貴樣本。

圖書在版編目（CIP）數據

李文炤學術講義兩種. 周易本義拾遺：上、下/（清）李文炤撰；陳峰整理. —長沙：湖南大學出版社，2020.11

（千年學府文庫）

ISBN 978-7-5667-1873-0

Ⅰ.①李… Ⅱ.①李… ②陳… Ⅲ.①《周易本義》—研究 Ⅳ.①B244.7

中國版本圖書館 CIP 數據核字（2020）第 233975 號

李文炤學術講義兩種 · 周易本義拾遺（上、下）

LI WENZHAO XUESHU JIANGYI LIANGZHONG • ZHOUYI BENYI SHIYI（SHANG、XIA）

撰　　者：李文炤
整　　理：陳　峰
責任編輯：王桂貞　　責任印製：陳　燕
印　　裝：長沙超峰印刷有限公司
開　　本：787 mm×1092 mm　1/16　印張：53.5　字數：261 千
版　　次：2020 年 11 月第 1 版　　印次：2020 年 11 月第 1 次印刷
書　　號：ISBN 978-7-5667-1873-0
定　　價：288.00 圓（全套）

出 版 人：李文邦
出版發行：湖南大學出版社
社　　址：湖南・長沙・岳麓山　　郵　　編：410082
電　　話：0731-88822559(營銷部),88821594(編輯室),88821006(出版部)
傳　　真：0731-88822264(總編室)
網　　址：http://www.hnupress.com
電子郵箱：wanguia@126.com

ISBN 978-7-5667-1873-0

9 787566 718730 >

出版説明

湖南大學歷史上承嶽麓書院，書院肇建於公元九七六年，爲我國古代四大書院之一，歷經宋、元、明、清，朝代更迭，學脉綿延，弦歌不絶。一九〇三年，書院改制爲湖南高等學堂。清末民初，學制迭經變遷，黌宫數度更易。一九二六年定名爲湖南大學，一九三七年改歸國立。一九五三年全國高校院系調整，學校更名爲中南土木建築學院，一九五九年恢復湖南大學校名。享有千年學府之盛譽，承載着我國教育的發展歷程和厚重的文化積澱，是中國教育史、學術史、思想史、文化史的一個縮影。

惟楚有材，於斯爲盛。從嶽麓書院到湖南大學，一批批學者先賢在此教書育人、著書立説，人才之盛，達成之功，史有明徵，班班可考。爲表彰前賢之述作，昭示後生以軌節，開啓學海津梁，溝通中西文明，弘揚大學之道，傳承中華文化，值此嶽麓書院創建一千零四十周年暨湖南大學定名九十周年華誕之際，中共湖南大學委員會、湖南大學決定編纂出版《千年學府文庫》。兹謹述編纂原則如次：

一、以『成就人才，傳道濟民』爲主綫，以全面呈現千年學府發展歷程、辦學模式、師生成就、學術貢獻爲目標，收録反映千年學府學制變遷與文化傳承的學術著述。

二、選録人物係湖南大學及前嶽麓書院、時務學堂、湖南高等學堂、高等實業學堂、優級師範學堂、高等師範學校、公立工業專門學校、法政專門學校、商業專門學校、國立商學院、國立師範學院、省立克强學院、私立民國大學、省立音樂專科學校、中南土木建築學院、湖南工學院、湖南財經學院之卓有成效并具有重要影響之師生員工。已刊者選印，未刻者徵求，切忌貪多，惟期有用。

三、收録文獻，上起九七六年，下訖一九七六年，既合千年之數，更以人事皆需論定。

四、收録文獻，以學術著述、校史文獻、詩文日記爲主，旁及其他，力求精當，不務恢張。

五、收録文獻，有原刻者求原刻影印，無原刻者求善本精印，無善本者由本校校印。排版形式根據著述年代而定，古代著作采用繁體竪排；一九一九年至中華人民共和國成立前，原則上簡體横排，根據版本情况，亦可用繁體竪排，規範標點；中華人民共和國成立後的著作，用簡體横排。

六、文獻整理，只根據底本與參校本、參校資料等進行校勘標點，對底本文字之訛、奪、衍、倒作正、補、删、乙，有需要説明的問題，則作出校記，一般不作注釋。

七、收録文獻，均由整理者撰寫前言一篇，簡述作者生平、是書主旨、學術價值、版本源流及所用底本等。

八、《千年學府文庫》圖書，尚待徵求選定，徵求所得，擬隨時付印，故暫無總目。

《千年學府文庫》卷帙浩繁，上下千載，疏漏缺失，在所難免，尚祈社會各界批評指正。

《千年學府文庫》編輯出版委員會謹識

二〇一六年十月

前言

李文炤（一六七二——一七三五），字元朗，號恒齋，湖南善化人，曾任嶽麓書院山長，清初著名的理學家、經學家，也是明清時期湘學系譜中承先啓後的一位重要學者。李文炤出經入史，將『經學』與『理學』綰而爲一，并爲後人留下宏富著述，其中《周易本義拾遺》《近思録集解》最爲著名。相較於晚清湘學與日争光的興盛局面，清代前中期的湖湘經學較少引起學界的關注。梁啓超認爲清初『百餘年間，湖湘學者無述焉』，這一論斷得到後來學者的沿用。事實上，明末清初的湖南地區雖算不上是『人文被沾』之地，但深研理學、博貫經史的學者仍不絶如縷，李文炤便是其中的佼佼者。整理李文炤著述，不惟有助於展現清代湘學源流，更於深化清代學術史尤其是朱子學史的研究有所裨益。

一　生平經歷與著作舉要

根據李華芳《李恒齋先生行述》、周正《李恒齋先生墓志銘》等文獻的記載，李文炤幼年好學，有希聖成賢之志。康熙二十九年（一六九〇），李文炤因赴鄉試，結識善化熊超、邵陽車無咎等學者，此後便以周、張、程、朱之學爲『入學之門』（《李文炤集・李恒齋先生墓志銘》）。又從潙山張石攻、邵陽王醒齋等人問學，『自後潛心理學，其於科舉業淡如也』（《李文炤集・李恒齋先生行述》）。李文炤在康熙五十二年（一七一三）考取舉人的功名，此後便絶意於仕途，婉拒穀城教諭一職，一心從事撰述。康熙五十六年（一七一七），李文炤任嶽麓書院山長。任嶽麓書院山長期間，李氏闡揚程朱理學，修訂《嶽麓書院學規》，『四方聞而景從者，不減百人』（《李文炤集・李恒齋先生行述》），對於延續千年學府文脉、傳承湖湘文化皆起到了承前啓後的作用。

李文炤著述宏富，於經、子、集三部皆有撰作，其中以解經之作最夥，説解理學著作之書次之。經部方面，撰有《周易本義拾遺》六卷（存）、《周禮集傳》六卷（存）、《春秋集傳》六卷（存）、《家禮拾遺》五卷（存）、《增删儀禮經傳通解》（全書已佚）。其中，《周易本義拾遺》《周禮集傳》《春秋集傳》列入四庫全書存目類，四庫館臣謂《周易本義拾遺》『釋《經》則以象數爲主，釋《傳》則以義理爲歸』，《周禮集傳》『隨文釋義，無所考證』，《春秋集傳》宗法胡安國《春秋傳》，説解經文『但知拾五子之緒言，而未嘗知三傳之古義』，縱觀之下四庫館臣對《周易本義拾遺》評價最高。《家禮拾遺》五卷，在《家禮》文本上增補《家禮圖式》《家禮附録》，意在强化『家禮』踐履操行的可行性。至於《增删儀禮經傳通解》一書，光緒《湖南通志》著録此書時題爲《儀禮經傳通解集注》，此書卷數一説爲七，一説爲四十六。雖然此書已佚，不過《恒齋文集》收載此書自序一篇，亦可概見李文炤意欲效仿朱子晚年纂述禮學的動因。

子部方面，李文炤撰有《太極圖説解拾遺》《通書解拾遺》《西銘解拾遺》《西銘後録解》《正蒙集解》《近思録集解》《感興詩解》《訓子書解》，李氏後人將這些著述合刻爲《宋五子書集解》，於雍正十二年（一七三四）刊行於世。《語類約編》，卷數未詳，《恒齋文集》卷九收載有關《語類約編》詩作多首，由此可推知此書是節録黎靖德所編《朱子語類》而重加分類編排，這與康熙朝尊朱、述朱的學術風氣是相呼應的。

集部方面，李文炤撰有《恒齋文集》十二卷，此書有乾隆三年（一七三八）四爲堂刻本，又有道光二十三年（一八四三）重刻本，楊樹達曾爲此書撰寫提要，收入《續修四庫全書提要》及《湖南文獻彙編》中，對李氏在經學尤其是禮學方面的觀點予以褒揚。此外，李文炤還撰有《古文醇》《續古文醇》《楚辭集注拾遺》等，可惜都未能流傳下來。透過以上概述可知，李文炤治學興趣廣博，格局宏闊，在經學、理學兩大領域造詣頗深，其撰作成就及文本傳刻在清初湖南是有目共睹、有史可證的，對清代嶽麓書院的學風有深刻影響。

二　李文炤的學術旨趣及學術史觀

關於李文炤治學的旨趣，前賢的記叙或研究中有兩種不同的意見。唐鑒《國朝學案小識》卷八將李文炤與方苞等人列入『守道學案』，并對其生平进行簡要介紹。李肖聃《湘學略·恒齋學案第八》、楊樹達《〈恒齋文集〉提要》皆指出，李文炤治經以朱子之學爲宗。然而劉師培《近儒學案序目》列『薑齋學案』一目，以王夫之、羅澤南爲傳主，附列李文炤、鄧顯鶴爲『别出』之學者。劉氏的劃分雖有新意，但未能説明理由。徐世昌稱：

> 湖湘之間，自船山王氏後，多潛修其著述。可稱學術純正者，推恒齋李氏。同游諸人，皆恪守程朱之説。當時未大顯，鏡海唐氏乃表章之。（徐世昌《清儒學案》

《清儒學案》認爲船山之學代表了清初湖南學術的最高成就，雖在清初的特殊環境下無法光大，但在湖南境内有一批『潛修其著述』的學者。《清儒學案》一方面認爲李文炤『學術純正』、『恪守程朱之説』，與唐鑒等人的觀點相同； 另一方面，又指出了李文炤等學者研修船山著作的『事實』，試圖説明船山之學對李文炤的影響。

上述兩種判斷，當以『李氏學以朱子爲宗』的論斷更爲準確。朱子作《周易本義》《太極解》《通書解》等，李文炤在此基礎上略有補充完善，故李氏相關著述均題以『拾遺』，以示尊崇之意； 朱子對於《周禮》的研究没有專書，李氏則仿照朱子《詩集傳》、蔡沈《書集傳》之體例，旁采宋明儒者的解經成果，撰成《周禮集傳》。從義理方面看，李氏更多的是推闡朱子的理學觀點，如《恒齋文集》卷三『論』中《乾道成男坤道成女論》《五氣順布四時行焉論》《仲尼顔子所樂何事論》諸篇，詮釋『太極』『無極』『氣化』『孔顔樂處』等範疇，皆以朱子之説爲准。相反，李文炤的文集中，僅在《楚辭集注拾遺序》中提及船山的《楚辭通釋》，并無更多論述船山之學的言論。在文獻不足征的情況下，劉師培、徐世昌等人關於李文炤之學頗受船山學影響的觀點是無法成立的。

李文炤尊朱的學術旨趣充盈於其著述之中，亦對秦漢以降的經學史、理學史多有評論。考辨與評騭歷代學術源流，是學者研究學術史的重要一環。學術史觀在很大程度上決定了作者在解經時的材料選取、價值評判等問題。在李文炤看來，六經無疑是經學史的源頭，而漢唐至明代的經學詮解之作則是流衍。在漢唐到宋明的學派中，李文炤對宋明理學最爲鍾情，尤其推崇從二程、朱子到薛瑄、胡居仁的理學成就。李文炤在評論前代經學源流時曾有一種粗略的劃分，他説：

漢注唐疏，管窺蠡測者也。宋儒傳注，神會心得者也。然度數之紛賾，可考而知之；義理之精微，可思而得之。（《李文炤集·經策》）

在李氏的觀念中，漢唐經學講求文字、音韵、訓詁、名物制度，其爲學取徑重在考證；而宋代（至於清初）的學術以理學爲主，更重視學者自身的思辨與體認。經學史上的考證派與義理派之間，雖然研究對象不同、入學門徑有異，但均屬經學的重要流派。同樣，考證派與義理派均有自身的缺陷。李文炤在評議明初所修《春秋大全》時曾説：

漢儒解經而經亡，明儒遵傳而傳晦，厥罪惟均而已矣。欲望其一道德而同風俗也，豈不難哉？（《李文炤集·語類約編·序》）

漢儒以固守師承家法而使經學走向中衰，明廷因偏尊胡安國《春秋傳》而使學術弊病叢生。在經學史上，一旦某種研究範式被過分推崇，那就無法避免淪入僵化與衰落的局面。因此，在李文炤的經學史觀中，漢唐經學與宋明經學兩派，各有其長，也各有其短。明末『束書不觀』『游談無根』的風氣盛行，而到乾嘉之時却形成了『家家許鄭，人人賈馬』的學術取向。如果將李文炤的這些論斷置於明清之際的大背景下考察，便可知這些論斷在當時確可視爲不偏不倚的通貫之説。

三　李文炤與清代嶽麓書院的發展

前文已述，李文炤於康熙五十六年任嶽麓書院山長。在主教嶽麓書院的數年内，李文炤頒訂學規，編寫經史講義，培養了大批人才，并形成了較爲系統的教育理念，集中體現在《嶽麓書院同窗年譜序》《嶽麓書院學規》以及稍後的《豫章書院續規七條》（《恒齋文集》作《豫章書院學規》）等文獻中。

李文炤强調人才對於書院的決定意義。能否培育出人才，決定了書院的存亡；而書院培育出來的人才往往引導書院學風的發展方向。李文炤説：

士各以其所趨向者爲學，於是有間關而求師、越境而訪友者。然而得其人，則爲潁川之名德，爲洛社之儒宗；失其人，則爲西蜀之争黨，爲東林之虚聲。（《李文炤集·嶽麓書院同窗年譜序》）

在書院讀書的士子，因其氣質與才智的不同，在學術取向與政治理想上往往出現較大的差異。李文炤顯然贊成在書院學習的士子能謹守程朱正學，恪遵儒家道德規範。清初統治者對朝堂的黨争與民間的結社保持高度的警惕，李文炤在教育士子時特别强調以德爲重、不結朋黨，這與清廷的態度是一致的。

《嶽麓書院同窗年譜序》從宏觀的角度闡述了書院與人才的關係，《嶽麓書院學規》則回答了書院如何育人的具體問題。《嶽麓書院學規》的主要内容有八條，可以概括爲：珍惜光陰、交友以德、日講經書一通、每月各作三會、研習朱子著述、讀經重在博洽、讀史以通世務、學貴力行。李文炤所作

《嶽麓書院學規》同樣强調了程朱理學的正統地位，同時也對書院學子的學習生活做了制度性的安排。在這八條中，『讀史以通世務』『學貴力行』兩條强調了學以致用的治學精神。李文炤在史學上也有一定造詣，楊樹達爲《恒齋文集》所作提要便稱李文炤『論史亦爲有識』。李文炤雖重視程朱性理之學，但在討論具體史事時又不爲性理諸説所束縛，强調對『術』與『勢』的了解。『學貴力行』一條則認爲士子不能『徒以詩文自縛』，當從朱子《白鹿洞書院學規》、藍田吕氏諸鄉約中探求踐行之途。從思想意蕴上看，李文炤所訂《嶽麓書院學規》主張貫通經史、學以致用，這是湖湘學派一以貫之的學術特色。從具體内容來看，李文炤所作《嶽麓書院學規》中的許多内容（如書院講學制度、學者治學書目等）被稍後的王文清吸收和轉化，對清代嶽麓書院的學風影響至深。

通考公私藏書目録，可知李文炤的著述宏富。李文炤过世後，其子孫、門人將其著述賡續傳刻，在雍正十二年（一七三四）彙集爲《李氏成書》，在善化四爲堂刊行。乾隆、道光年間，《李氏成書》皆有翻刻。『千年學府文庫』收入李文炤講義兩種，即《周易本義拾遺》《近思録集解》。其中，《周易本義拾遺》以申明朱子之義，又旁取《易學啓蒙》《朱子語類》等書以補正《周易本義》之説。李文炤認爲《周易本義》於文辭多有獨到之得，於易象則未及深究，故作此書以象數釋經，以義理釋傳，對變爻互體之説深爲着力。李文炤在此書中較少直接引述漢注唐疏，雖從『本卦六畫冠首』的角度解經，與賈公彦《周禮疏》中的主張暗合，但李文炤無提及賈《疏》之處，反倒更多地吸收了程頤、歸有光等宋明儒者的觀點。在闡發易理時，李文炤或引證史事，或直抒胸臆，隨文衍義，不拘一格，大抵以朱子主敬之説爲撰作宗主，着重發掘易理所指向的工夫論主張，在清代易學史上别具一格。

本次整理以雍正十二年本爲底本影印，據文獻互證以補訂其漫漶之處。因整理者水平有限、個别頁面原版保存不善等因素，校補文獻時仍有不少訛誤缺憾之處，敬祈學界同仁批評指正。

陳峰

二〇一九年十一月二十九日

目録

第一册

周易本義拾遺目次

第二册

參定姓氏

陳濟殷 諱來相 山陰　崔青峙 諱岱齊 平山

趙亘輿 諱城 通海　宗瀛仙 諱發甲 滇南

宗渭渚 諱周望 代北　楊紹闇 安仲 江夏

羅嬪 勍公 盱江　張鳴珂 石攻 潙漢 王友

王元復 能愚 邵陽 醒齋　吳寧諮 獲五 本邑 採夫

黃琰 上珍 本邑 淵亭　陶士僙 倫宰 寧鄉

周命生 自稷 邵陽　周正 思皇 本邑

唐文華 宗舜 本邑　家芳華 實菴 澹齋

校對諸子

傅良辰 愼全 漢川　黄之綸 宸翰 長沙

丁一烜 月峯 衡陽　曾瑋 義士 益陽

扶道弘 大生 酃縣　賀掄 升邑 醴陵

易孔璘 理仲 醴陵　張聖羽 儀吉 本邑

廖文憲 式萬 本邑　唐煥 堯章 本邑

柳煌 玉藴 長沙　家花湛 流芳 桂陽

家孔授 希孟 衡陽　弟文炎 日上

男章達 伯成　姪章埈 紹易 匪山

弁言

天地生人各有事竊據官骸是何意君今直與古爲徒萬卷並探生妙義有學不肯掇綺語有才不肯急功利相看騏驥遇孫敫八極橫行無阻絺皇初聖人罹憂患牖民易簡神道器自從洛閩迭籓籬更有何人收墜緒君今四十已成書茂叔再來那得易名山石室豈終藏力剪荊榛洗天地嗟乎日昃何能爲君到耋期難億計

為溪姻弟張鳴珂具稿

楚江地接西江水源發岷山幾千里扶輿清淑氣蜿蜒楚材之生良有以李君元朗更挺特不屑清言善名理邂逅同予蕭寺中上下古今談娓娓與酬落筆輒成詩清如冰玉無纖滓君之研精在周易條事故作詩人耳探抉先天與後天反覆縱横相櫛比釋經乖互及卦變乃知設象非徒爾其他援据盡精絕纂要鉤玄暢厥旨世儒說易務穿鑿真如燭

籠添骨子紛紛理數競專門遂合程朱判彼
此君書簡要復淸通如視羅紋於十指讀之
了了豁心目欲誦萬遍書萬紙他時流布出
人間後生驚見延平李吁嗟俗學徒剽竊擣
撦宇句爭綺靡其君深談幾匝月愛君一一
有源委霜月娟娟坐夜闌一曲驪歌無那起
天際歸舟沂楚江離情應逐舟之尾著書如
暇多相憶順流爲我致雙鯉

盱江學弟羅熿拜稿

周易本義拾遺

易傳序

程子曰易變易也隨時變易以從道也其爲書也廣大悉備將以順性命之理通幽明之故盡事物之情而示開物成務之道也聖人之憂患後世可謂至矣去古雖遠遺經尚存然而前儒失意以傳言後學誦言而忘味自秦而下蓋無傳矣予生千載之後悼斯文之湮没將俾後人沿流而求源此傳所以作也

易有聖人之道四焉以言者尚其辭以動者尚其變以制器者尚其象以卜筮者尚其占吉凶消長之理進退存亡之道備於辭推辭考卦可以知變象與占在其中矣君子居則觀其象而玩其辭動則觀其變而玩其占得於辭不達其意者有矣未有不得於辭而能通其意者也至微者理也至著者象也體用一原顯微無間觀會通以行其典禮則辭無所不備故善學者求言必自近易於近者非

知言者也予所傳者辭也由辭以得其意則存乎人焉

今按易之體要象辭占變而已辭者卦之藴也變者爻之動也象者理之形也占者事之兆也卦無定體爻無定用而聖人之精藴於是乎見焉語其性情謂之德語其形容謂之象語其成位謂之體語其對待謂之錯語其流行謂之綜卦之萬變由是而生矣承其尊乎乘其卑乎應其敵乎具

卒變卒得奇之謂健得耦之謂順無過不及之謂中質與位當之謂正爻之萬殊由是而生矣引而伸之觸類而長之則於聖人之情亦思過半矣至哉十翼之作乎釋之以彖象申之以文言經緯之以序卦雜卦繫辭所以明辭也占在其中矣說卦所以明象也變在其中矣易傳之作蓋善於祖述者雖本義亦大約本其說而約之耳然於辭則多得之而於象蓋未深考是亦

不無遺議也不揣固陋妄爲補葺釋經則以象數爲主釋傳則以義理爲歸體用一原欲推而明之顯微無間欲究而極之而數載之間憂哀沓至横逆頻加稍有暇日未嘗敢釋於心也草藁三易始克成編蓋七年於兹矣觀會通以行典禮豈所敢知由辭以得意或庶幾其萬一矣乎時

康熙辛卯歲仲春月　湘川李文炤謹書

周易序例拾遺目次

朱子爲周易序例於篇首又作啟蒙以發揮之先之以天地之易次之以上古中古

之易其說精密無遺矣但圖書法則之補合後天位置之安排卦變往來之紛紜蓍策主歸奇而與太少之數不合占法遺變互而與九六之辭不符皆未能釋然於心也是以集諸儒之論而擇其長者以爲此卷特未知其當否何如耶以存疑耳

河圖

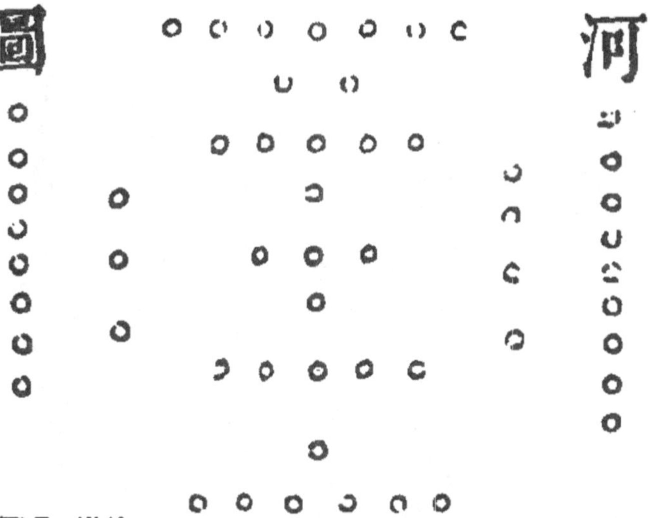

繫辭傳曰河出圖洛出書聖人則之又曰天一地二天三地四天五地六天七地八天九地十天數五地數五五位相得而各有合天數二十有五地數三十凡天地之數五十有五此所以成變化而行鬼神也此河圖之數也

洛書

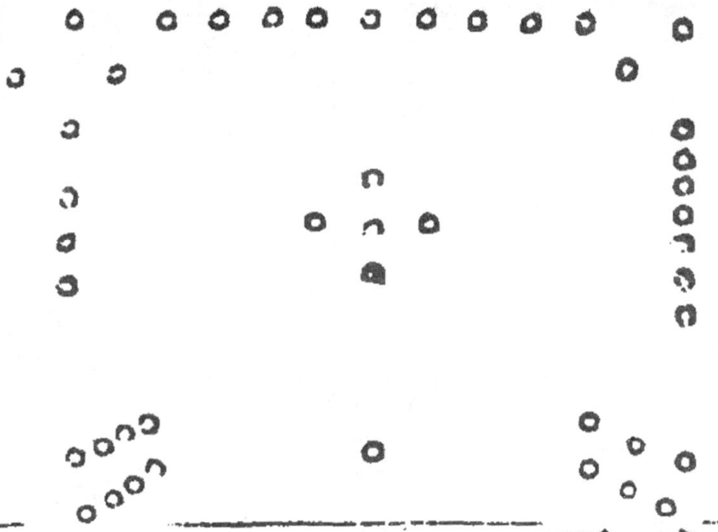

洛書蓋取龜象故其數戴九履一左三右七二四爲肩六八爲足

蔡元定曰圖書之象自漢孔安國劉歆魏關子明有宋康節先生邵堯夫皆謂如此至劉牧始兩易其名而諸家因之故今復之悉從其舊

伏羲八卦次序

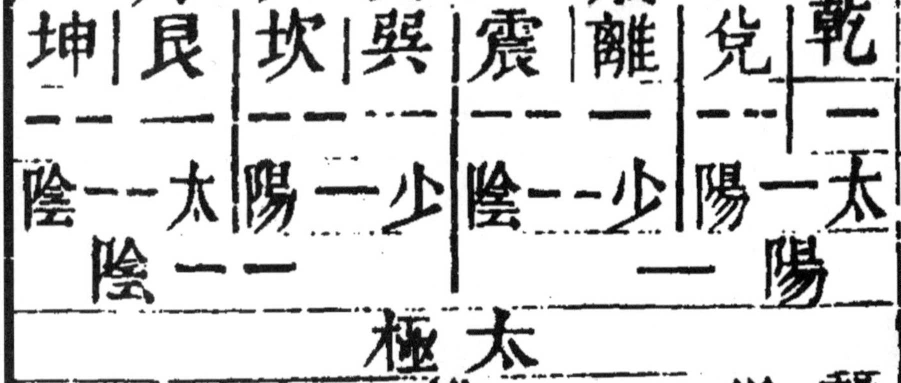

繫辭傳曰：易有太極，是生兩儀，兩儀生四象，四象生八卦。

邵子曰：一分爲二，二分爲四，四分爲八。

說卦傳曰：易逆數也。

邵子曰：乾一、兌二、離三、震四、巽五、坎六、艮七、坤八。自乾至坤，皆得未生之卦，若逆推四時之比。六十四卦次序放此。

伏羲八卦方位

說卦傳曰天地定位山澤通氣雷風相薄水火不相射八卦相錯數往者順知來者逆

邵子曰乾南坤北離東坎西震東北兌東南巽西南艮西北自震至乾爲順自巽至坤爲逆後六十四卦方位放此

伏羲六十

乾 夬 大有 大壯 小蓄 需 大畜 泰 履 兌 睽 歸妹 中孚 節 損 臨 同人 革 離 豐 家人 既濟 賁 明夷 无妄 隨 噬嗑 震 益 屯 頤 復

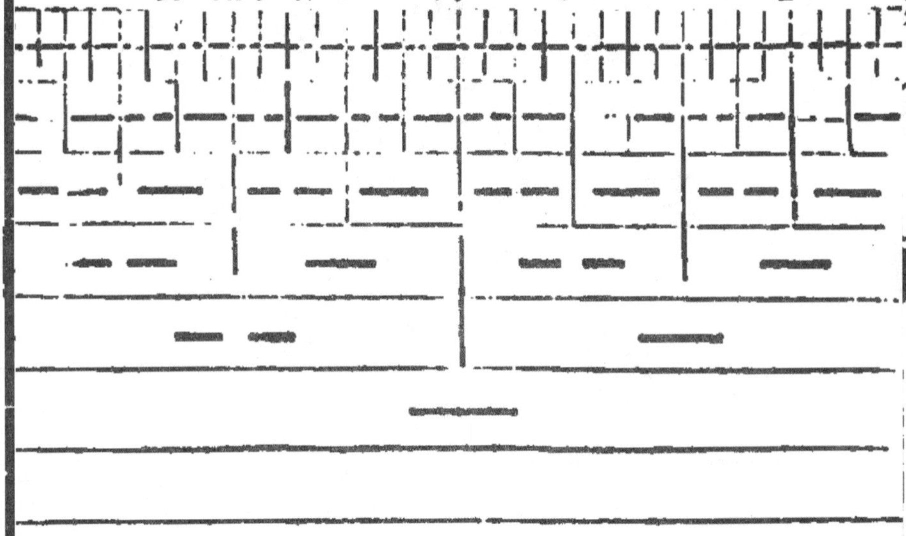

前八卦次序圖卽繫辭所謂八卦成列者此圖卽其所謂因而重之者也故下三爻畫卽前圖之八卦上三畫則各以其序重之而下卦因亦各衍而爲八也若逐爻

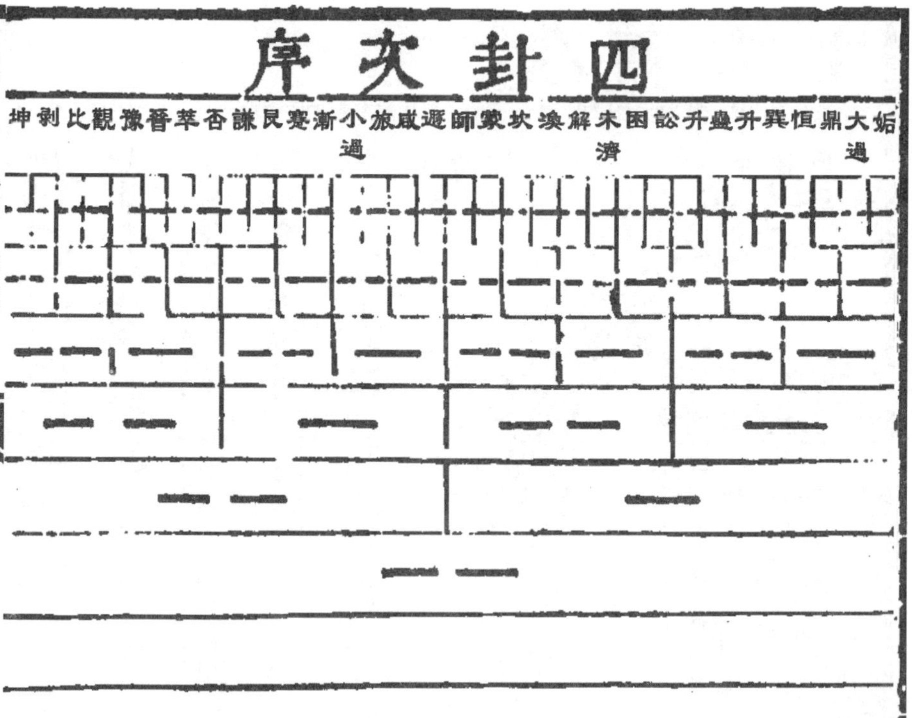

漸生則邵子所謂八分爲十六十六分爲三十二三十二分爲六十四尤見法象自然之妙也

伏羲六十

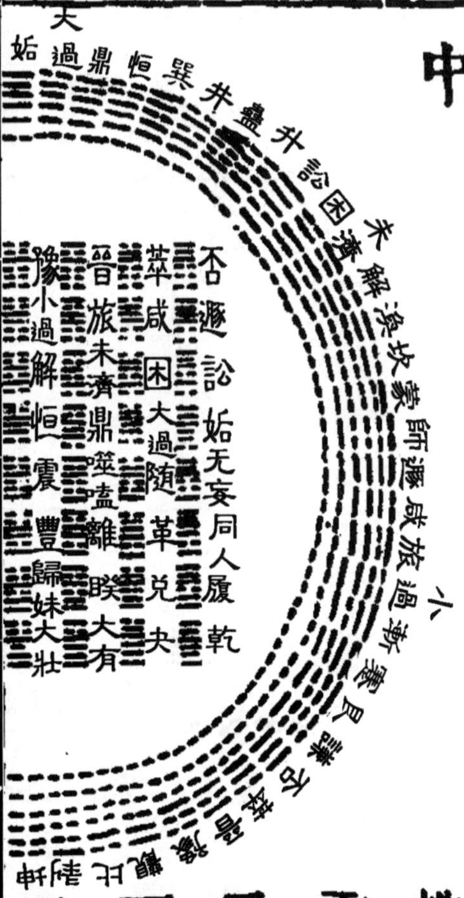

伏羲四圖其說皆出邵氏蓋邵氏得之李之才挺之挺之得之穆修伯長伯長得之華山希夷先生陳摶圖南者所謂先天之學也此圖圓布者乾盡午中坤盡子中離盡卯中坎盡酉中陽生于子中極于午中

說卦傳曰

雷以動之

風以散之

雨以潤之

日以晅之

四卦方位

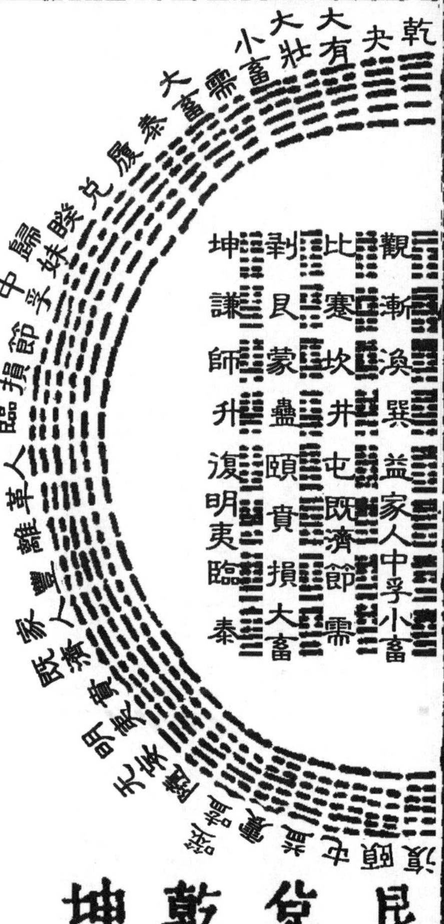

艮以止之
兌以說之
乾以君之
坤以藏之

陰生于午中極于子中其陽在南其陰在北方布者乾始于西北坤盡于東南其陽在北其陰在南此二者陰陽對待之數圓於外者爲陽方於中者爲陰圓者動而爲天方者靜而爲地也

文王八卦次序

乾父☰

坤母☷

震長男☳　得乾初爻

坎中男☵　得乾中爻

艮少男☶　得乾上爻

巽長女☴　得坤初爻

離中女☲　得坤中爻

兌少女☱　得坤上爻

文王八卦方位

說卦傳曰帝出乎震齊乎巽相見乎離致役乎坤說言乎兌戰乎乾勞乎坎成言乎艮

邵子曰此文王八卦乃入用之位後天之學也

卦變圖象傳或以卦變爲說今作此圖以明之盍易中之一義非畫卦作易之本指也

凡一陰一陽之卦各六皆自復姤而來五陰五陽卦同圖異

䷗復 ䷆師 ䷎謙 ䷏豫 ䷇比 ䷖剝

䷫姤 ䷌同人 ䷉履 ䷈小畜 ䷍大有 ䷪夬

凡二陰二陽之卦各十有五皆自臨遯而來

䷒臨 ䷣明夷 ䷲震 ䷂屯 ䷚頤

䷃蒙　䷜坎　䷧解　䷭升

䷳艮　䷦蹇　䷽小過

䷢晉　䷬萃

䷓觀

䷛大過　䷱鼎　䷸巽　䷅訟　䷠遯

䷰革　䷝離　䷤家人　䷘无妄

䷹兌　䷥睽　䷼中孚

䷄需　䷙大畜

䷡大壯

凡三陰三陽之卦各二十皆自泰否而來

䷨損　䷻節　䷵歸妹　䷊泰

䷕賁　䷾既濟　䷶豐

䷔噬嗑　䷐隨

䷩益

䷑蠱　䷯井　䷟恒

䷿未濟

䷺渙

䷷旅　䷞咸

䷴漸

䷋否

䷞咸　䷷旅　䷴漸　䷋否

䷮困　䷿未濟　䷺渙

䷯井　䷑蠱

䷟恒

䷐隨　䷔噬嗑　䷩益

䷾既濟　䷕賁

䷶豐

周易序例

䷻節　䷨損

䷵歸妹

䷊泰

凡四陰四陽之卦各十有五皆自大壯觀

而來二陰二陽圖已見前

䷙大畜䷄需　䷡大壯

䷥睽　䷹兌

䷼中孚

䷝離

䷤家人

䷘无妄

䷱鼎　䷛大過

䷸巽

䷅訟

䷠遯

䷬萃　䷢晉　䷓觀

䷦蹇　䷳艮

䷽小過

周易序例

坎　蒙

解

升

屯　頤

震

明夷

臨

凡五陰五陽之卦各六皆自夬剝而來　一陰一陽圖已見前

䷍大有 ䷪夬
䷈小畜
䷉履
䷌同人
䷫姤
䷇比 ䷖剝
䷏豫
䷎謙
䷆師

䷗復

右易之圖九有天地自然之易有伏羲之易有文王周公之易有孔子之易自伏羲以上皆无文字只有圖書最宜深玩可見作易本原精微之意文王以下方有文字即今之周易然讀者亦宜各就本文消息不可便以孔子之說爲文王之說也

擇地潔處爲蓍室南戶置牀于室中央牀大約長五尺廣三尺毋太近壁蓍五十莖韜以纁帛貯以皂囊納之櫝中置于牀北櫝以竹筒或堅木或布漆爲之圓徑三寸如蓍之長半爲底半爲蓋下別爲臺函之使不偃仆設木格于櫝南居牀二分之北格以橫木板爲之高一尺長竟牀當中爲兩大刻相距一尺大刻之西爲三小刻相距各五寸許下施橫足側立案上置香爐一于格南香盒一于爐南日炷香致敬將筮則洒掃拂拭滌硯一注水及筆一墨一黃漆板一于爐東東上筮者齋潔衣冠北面盥手焚香致敬

筮者北面見儀禮若使人筮則主人焚香畢少退北面立筮者進立于牀前少西南向受命主人直述所占之事筮者許諾主人右還西向立筮者右還北向立兩手奉櫝蓋置于格南爐北出蓍于櫝去囊解韜置于櫝東合五十策兩手執之熏于爐上此後所用蓍策之數其說並見啟蒙命之曰假爾泰筮有常假爾泰筮有常某官姓名今以某事云云未知可否爰質所疑于神于靈吉凶得失悔吝憂虞惟爾有神尚明告之乃以右手取其一策反于櫝中而以左右手中分四十九策置格之左

右兩大刻此第一營所謂分而爲二以象兩者也次以左手取左大刻之策執之而以右手取右大刻之一策掛于左手之小指間此第二營所謂掛一以象三者也次以右手四揲左手之策此第三營之半所謂揲之以四以象四時者也次歸其所餘之策或一或二或三或四而扐之左手无名指間此第四營之半所謂歸奇于扐以象閏者也次以右手反過揲之策于左大刻遂取右大刻之策執之而以右手四揲之此第三營之半次歸其所餘之策如前而扐之左手中指之間此第

四營之半所謂再扐以象再閏者也一變所餘之策左一則右必三左二則右亦二左三則右必一左四則右亦四通掛一之策不五則九五以一其四而爲奇九以兩其四而爲偶奇者三而偶者一也次以右手反過揲之策于右大刻而合左手一掛二扐之策置于格上第一小刻以東爲上後放此是爲一變再以兩手取左右大刻之蓍合之或四十四策或四十策復四營如第一變之儀而置其掛扐之策于格上第二小刻是爲二變二變所餘之策左一則右必二左二則右必一左三則右必四左四則右必三通掛一之策不四則八四以一其四而爲奇八以兩其四而爲偶奇偶各得四

之二焉又再取左右大刻之蓍合之或四十策或三十六策或三十二策復四營如第二變之儀而置其掛扐之策于格上第三小刻格是爲三變三變餘策與二變同三變既畢乃視其三變所得掛扐過揲之策而畫其爻于版掛扐之數五四爲奇九八爲偶掛扐三奇合十三策則過揲三十六策而爲老陽其畫爲□所謂重也掛扐兩奇一偶合十七策則過揲三十二策而爲少陰其畫爲--所謂拆也掛扐兩偶一奇合二十一策則過揲二十八策而爲少陽其畫爲一所謂單也掛扐三偶合二十五策則過揲二十四策而爲老陰其畫爲乂所謂交也如是每三變而成爻第一第四第七第十第十三第十六

凡六變並同但第三變以下不命而但用四十九蓍耳第二第五第八第十一第十四第十七凡六變亦同第三第六第九第十二第十五第十八凡六變亦同凡十有八變而成卦乃考其卦之變而占其事之吉凶卦變別有圖說見啟蒙六爻不變則占本卦之彖辭一爻變則占本卦之變爻二爻變則占本卦之二變爻仍以上爻為主三爻變則占本卦及之卦之彖辭則以前十卦主貞後十卦主悔四爻變則占之卦二不變爻仍以下爻為主五爻變則占之卦不變爻六爻變則乾坤占二用餘卦占之卦彖辭禮畢韜蓍囊之以囊入櫝加蓋斂筆硯墨版再焚香致敬而退如使人筮則主人焚香揖筮者而退

圖書說

聖人之心與天地流通其有所作則因感而發焉河圖十數對待聖人則之以作易洛書九數流行聖人則之以作範易所以道陰陽也範所以道五行也蓋一陰一陽之謂道圖有生成之相合故易以奇偶像之圖有方而之相錯故易以老少像之圖有內外之相重故易以貞悔像之圖之中邊層級渾之則爲三析之則爲六故易以三畫小成六畫大成

像之至於大衍之所則則聖人固已詳言不必拘拘於方隅之配合也若乃書之九宮乃五行之位也天有五氣地有五質人稟之而三德分焉平康土也彊弗友金也燮友木也沉潛水也高明火也聖人參贊之業因是而生所以則其下部也八政即六官也五卜固分五行之兆二占各具八卦之體皇極立而徵諸庶民質諸鬼神所以則其中部也五紀有元亨利貞之運福極有生長收藏之宜聖人恭已敬天而威福天下

所以則其上部也豈屑屑於子目之同符也哉且如聽鳳鳴而作樂但取雌雄唱和之聲耳必求雲門咸池韶夏頀武之義於其中則固矣觀鳥跡而製字但取横斜曲直之體耳必求象形指事會意諧聲轉注假借之法於其中則迂矣學易而會圖書者固爲拔本塞源之術然學易而深究夫圖書者亦不兗爲刻脂鏤冰之技惟精擇之而可矣

先天說

伏羲之圖包涵萬有先儒推演象數已無餘蘊矣獨其爲聖學之根源則未之辟也蓋乾健坤順坎誠離明震爲艮守巽婉兌和此八卦之在吾身心者也故君子之爲學也健順以爲基宇亦若天地之設位也誠明以爲運用亦若日月之錯行也其造道也則有爲不啻大塗之往焉其立德也則有守不啻兼山之定焉其動行也則遜以出之其發言也則

易其心而語之不啻風之動物而澤之滋物
爲夫如是則先天之全體具備於當躬矣而
後研象之精微極數之蕃變則先天之大用
亦流行於日用矣故曰自從會得環中意豪
氣胸間一點無至哉言乎

後天說

先天之義一本於造化之自然而後天之義則儒者各以其意見推之而未能探夫立象之原也惟楓林朱氏以爲對待之法乾三陽與坤三陰爲一對震初陽與兌末陰爲一對坎中陽與離中陰爲一對艮末陽與巽初陰爲一對此造化自然之法象而先後天之所同也先天方位乾尊於南陽畫多於上陰畫多於下故乾坤相對於南北坎離相對於東

西震兌相對於東南東北巽艮相對於西南西北八卦四對坎離橫而六卦縱易之體也後天方位震用於東陽卦降而下陰卦升而上故震兌相對於東西坎離相對於南北巽艮相對於東南東北乾坤相對於西南西北震兌橫而六卦縱易之用也是說可謂闡先儒未發之藴矣蓋日月者天地之精神也雷澤者水火之機緘也故代居大中之位風積氣而山積形也地附氣而天依形也故皆居

用中之偏是則後天之變通豈能出先天之範圍哉且也陰足以因陽故火鬱其焰而爲雷剛足以坊柔故水塞其流而爲澤陰聚則陽必散之故天氣之有闔者風也剛著則柔必附之故地形之特隆者山也然則六合之內天地水火而已天陽而風陰其運順行陽生於子而終於亥故乾居西北陰生於午而終於巳故巽居東南地柔而山剛其運逆行柔生於午而終於未故坤居西南剛生於子

而終於丑故艮居東北火生於寅而旺於午故震東而離南水生於申而旺於子故兌西而坎北立體之與致用固相資者也若其周環之運以正四方以行四時則說卦固言之矣而往來交感之機亦不可以不明焉蓋坎離互藏其宅既未之象也乾坤更置其位否泰之象也震兌巽艮迭易其形咸恒損益之象也是故乾坤坎離爲先天之正位故上經之始終以之咸恒既未爲後天之正位故下

經之始終以之推之人事男女之幼也必咸焉長而或損或益其情不同矣壯而或濟或否其境不同矣過此則老亢及之其否其泰皆可得而見也豈非生民之恒理乎邵子曰天地定位否泰反類山澤通氣咸損見義雷風相薄恒益起意水火相交既濟未濟四象相交成十六事八卦相盪爲六十四正此之謂也而舊說以爲指方圖之次則謬矣今復立縱橫反復二圖於後以推明其意云

後天縱橫圖

後天反復圖

錯綜説

錯者一左一右之謂伏羲六十四卦之圖是也綜者一上一下之謂文王六十四卦自乾坤坎離頤大過中孚小過之外餘皆是也邵子三十六宮之云其意固已明矣孔子彖傳屢以卦綜爲言而程伯子謂易中只是言反覆往來上下可謂一言以蔽之獨朱子卦變之法每更一爻即變一卦意若可通而頗非自然之法象故近世梁山來氏嘗力辨之今

固不可得而易也以故聖人之繫辭彖言全體屢兼錯而立義象言一節恒兼綜而成章不然則牝馬何以列於坤而十朋之龜何以同於損益耶易之體要於是乎在而先哲未之詳言故今於訟泰否隨蠱噬嗑賁无妄大畜咸恒晉睽蹇解升鼎漸渙諸卦既採來氏之說以入彖傳之中矣而又爲圖以明之云

乾☰☰　坤☷☷

屯☵☳蒙　需☵☰訟

師 ䷆ 比

泰 ䷊ 否

謙 ䷎ 豫

臨 ䷒ 觀

剝 ䷖ 復

頤 ䷚

坎 ䷜

右上經

咸 ䷞ 恒

小畜 ䷈ 復

同人 ䷌ 大有

隨 ䷐ 蠱

噬嗑 ䷔ 賁

无妄 ䷘ 大畜

大過 ䷛

離 ䷝

遯 ䷠ 大壯

晉䷢　明夷䷣　家人䷤　睽䷥
蹇䷦　解䷧　損䷨　益䷩
夬䷪　姤䷫　萃䷬　升䷭
困䷮　井䷯　革䷰　鼎䷱
震䷲　艮䷳　漸䷴　歸妹䷵
豐䷶　旅䷷　巽䷸　兌䷹
渙䷺　節䷻　中孚䷼
小過䷽　既濟䷾　未濟䷿

右下經

易象說

朱子曰易之有象其取之有所從其推之有所用非苟爲寓言也然兩漢諸儒必欲究其所從則既滯泥而不通王弼以來直欲推其所用則又疎畧而無據二者皆失之一偏而不能闕其所疑之過也且以一端論之乾之爲馬坤之爲牛說卦有明文矣馬之爲健牛之爲順在物有常理矣至於案文責卦若屯之有馬而無乾離之有牛而無坤乾之六龍

則或疑於震坤之牝馬則當反爲乾是皆有不可曉者是以漢儒求之說卦而不得則遂相與創爲互體變卦五行納甲飛伏之法參互以求而牽其偶合其說雖詳然其不可通者終不可通其可通者又皆附會穿鑿而非有自然之勢惟其一二之適然而無待於巧說者爲若可信然上無所關於義理之本源下無所資於人事之訓戒則又何必苦心極力以求於此而必欲得之哉故王弼曰義苟

應健何必乾乃爲馬爻苟合順何必坤乃爲
牛而程子亦曰理無形也故假象以顯義此
其所以破先儒膠固支離之失而開後學玩
辭玩占之方則至矣然觀其意又似直以易
之取象無復有所自來但如詩之比興孟子
之譬喻而已如此則是說卦之作爲無所與
於易而近取諸身遠取諸物者亦剩語矣故
疑其說亦若有未盡者因竊論之以爲易之
取象固必有所自來而其爲說必已具於太

卜之官顧今不可復考則姑闕之而直據辭中之象以求象中之意使足以爲訓戒而決吉凶如王氏程子與吾本義之云者其亦可矣固不必深求其象之所自來然亦不可直謂假設而遽欲忘之也

今按易之爲道有三焉理也象也數也理者聖人之精象數者聖人之蘊聖人之精周子研其微聖人之蘊邵子於數極其變而本義之書實會二家之長焉其於健順

中正之德承乘應比之情吉凶消長進退存亡之故莫不燦然獨於立象之故不無少闕然觀於此論固未嘗遂以爲無因而設也但未能推之而悉通故於本義未之及焉愼之至也然其所疑屯離乾坤之失類則皆有說矣六子皆統於乾坤而得陽之始者惟震得陰之純者惟離此馬牛之象所由名也龍在重淵之下雖象乎震而潛見飛躍之全體非乾不足以當之坤質

本陰而能承乾故爲牝馬然陽能統陰而陰不能兼陽是以坤有牝馬而乾無牡牛此其所以不可爲典要與至若互體之說則傳固言雜物撰德辨是與非非中爻而不備苟爲不然則一卦二體截然整齊而爻何物之可雜何德之可撰乎變卦之說尤爲爻辭之大義經不云七八而云九六非主於變而何耶本義用九用六之訓亦最詳明使其推之於諸爻則不待辨而明

矣惟是納甲飛伏之法當別爲一家方技之書而引之以釋聖經是則漢儒之謬也太卜之書既已不傳學者正當以意逆志或可以彷彿於一得若曰何必苦心而極力也則張子何以有觀聖人之書須徧布周密之訓與又況不明其所自來則於辭或有不能强通者而何有於意恐未必悉足以爲訓戒而决吉凶也夫聖人立象以盡意故易之爲文亦以日月之合而名之

彖象之爲義亦以決斷信實之歟而取之强設云乎哉天垂象見吉凶聖人象之夫七政列宿其運有常而其變不測故古今之升降不能外焉易之立象亦猶是也且胡不以太極圖觀之乎雖其廣大精微不可涯涘然無一字一義不自圖中而出也使易象而不與卦爻脗合焉則亦徒爲無當之險語而已矣今請得而辟列之

一

日形器

乾爲天以祭之之所而言則曰郊以其上覆則爲衣以其周環則爲帶以其堅剛則爲金　坤爲地大而言之曰國小而言之曰邑以其下承則爲裳以其内容則爲囊以其持載則爲輿　震爲雷後天之位爲木以其虚而有節則爲竹以其上仰則爲缶爲筐簋爲七鬯以其仰而善動則爲舟以其動而無阻則爲道路　巽爲風以其被物則爲命又爲木以其陰柔則爲草莽

以其主利則爲市邑以其制物而固結則爲繩故曰攣曰係以其柔而有制則爲帛

坎爲水其在上則爲雲爲雨以其正位於西則爲月以其潤澤則爲酒以其飽飫則爲食以其隱伏則爲宫廟以其中强則爲弓輪以其外陷則爲桎梏

離爲火故曰焚曰乾其在上則爲電以其正位於東則爲日以其中虚則爲輿以其外固則爲城墉以其善衛則爲凶器以其明所從受

則爲牖　艮爲山小而言之曰邱大而言之曰陵以其內藏則爲家爲屋以其上橫則爲門爲戸以其下植則爲牀爲机以其剛止於外則爲石　兌爲澤後天之位爲金以其汚下則爲泥塗以其文著於外則爲旌旆服飾以其上缺則爲幾望之月

二曰人倫

乾爲父以其帥陰則爲夫以其親物則爲君　坤爲母以其從陽則爲婦以其承陽

則爲臣以其耦而聚也則爲朋以其聚而多也則爲衆　震爲長男以其臨陰而首陽卦則爲公侯以其陽之始也則爲主　巽爲長女以其陰之始也則爲賓以其司文則爲史　坎爲中男以其始生而當壬下則爲婚媾以其處幽而貴誠則爲鬼神　離爲中女以其向明則爲王以其文明之相麗則爲宗以其剛暴之發露則爲寇害　艮爲少男言其幼則爲小子言其賤

則爲童僕　兌爲少女言其幼則爲妹言其賤則爲妾以其善言則爲巫

三曰身體

乾爲首以其純剛則爲骨以其居上則爲頂以其當前則爲顙　坤爲腹以其純柔則爲肉爲膚　震爲足故曰蹄曰升曰行以其動而張則爲噣爲言　巽爲股故曰躍曰蹢躅　坎爲耳故曰聽曰聰以其四體外附則爲身以其潤身則爲血爲膏以

其流濁則爲臂　離爲目故曰視曰觀以其虛靈則爲心以其炎上則爲飛　艮爲手故曰執曰獲曰握以其無爲則爲背以其善褒則爲華　兌爲口故曰言曰號以其類而言之則爲輔爲頰舌

四曰物類

乾爲馬以其陽德則爲龍　坤爲牛以其配乾則爲牝馬　震爲龍以其得陽之始則爲馬　巽爲鷄以其善入則爲豚以其

善伏則爲魚　坎爲豕以其善隱則爲狐以其陷於險則爲田獵之禽　離爲雉以其類而言之則爲鳥以其文明則爲虎以其外堅則爲龜爲貝以其得陰之正則爲牛　艮爲狗以其柔而止物則爲狐以其剛鋭於前則爲鼠　兑爲羊以其壯者言之則爲羝

五曰性情

乾健也其氣壯其質武其志惕　坤順也

其性敦其德允其量包其質文故曰命曰告　震動也其情懼其力振其志愉　巽入也其體伏其意順其性好利其才進退而不果　坎陷也其德孚其遇險其用汞其質疾其情憂且疑故曰涕曰洟　離麗也其德明其韞章其情樂且笑　艮止也其形安其力固其發光　兌說也其氣和其意喜其事慶其令嚴肅故曰說折曰跛耿

此立象之則也而其取之之情可得而推焉

一曰貞卽內體也

二曰悔卽外體也

三曰錯卽對體也象辭多取之如坤晉之馬以其對乾也夬之邑同人之野以其對坤也夬之王庭以其對艮也臨之八月以其對遯也復之七日以其對姤也小畜之密雲同人大畜益中孚之大川則以其對豫

師萃恒小過皆爲坎體耳爻辭惟同人對師而取攻伐頤對大過而取涉大川渾天家八純之伏神亦其遺意與

四曰互卽中爻之兼體也爻辭所取至多如泰之帝乙歸妹（下互兌上互震）尤其顯然者已

五曰變卽內外及中爻之之卦也爻辭所取至多如巽之先庚後庚（外體變艮全體成蠱）尤其顯然者已

六曰綜卽反體也外卦上爻多取之如豐之

屋戸艮象也大畜之天衢震象也隨之維係巽象也至若損益之十朋之龜姤夬之無膚次且既濟未濟之高宗伐鬼方其於反復之義尤明且切矣

七曰複卽兩爻相倍之卦也臨複震則取泄民之義遯複巽則取從豚之文觀複艮則取崇門以名卦大壯複兌則取羝羊以命爻小過複坎則變習而言飛中孚複離則因卵而言翠鳥坎者鳥之形離者鳥之性大過之棟亦

以其似坎也頤之靈龜亦以其似離也坎中藏離而言孀離中藏坎而言戚若此之類葢難以枚舉云

此取象之情也他若蠱之幹漸之鴻則主於義者賁夬大壯之趾晉姤之角咸艮之身則主於位者神而明之葢無往而不通矣

蓍策説

震川歸氏曰大衍者何也所以求卦也卦必演之而後成也衍法因蓍而起蓍之半故爲五十也其衍以四十八進退離合成陰陽老少之畫與其初掛之一亦不盡五十故用四十九也衍之變自分二而定也其掛其扐其揲所以衍之也等之四十八而已矣分而掛掛而揲揲而歸奇乃所以不齊也歸奇者何也四十九之策若得老陽之九則扐掛必有

十二之餘若得少陰之八必有十六之餘若得少陽之七必有二十之餘若得老陰之六必有二十四之餘其所餘之數不揲而歸之扐者此所謂治數之法舉其要也九具於揲則三奇見於餘六具於揲則三耦見於餘七具於揲則二耦一奇見於餘八具於揲則二奇一耦見於餘不必返觀其在揲之數而已舉其要此所以爲營之終也其曰乾之策二百一十有六坤之策百四十有四二篇之策

萬有一千五百二十何也此揲之以四之數
也掛扐雖舉其要而七八九六之數仍以在
揲之策爲正掛扐十二無當於太陽之九而
揲四之三十六則九也掛扐十六無當於少
陰之八而揲四之三十二則八也掛扐二十
無當於少陽之七而揲四之二十八則七也
至於太陽之六雖其數相當而以前三者爲
此亦必揲數之二十四而爲六也故七八六
九者自揲之以四而取也陽道盈而主進太

陽進之極而數最多極則退矣故爲少陰之三十二陰道乏之而主退太陰退之極而數最少極則進矣故爲少陽之二十八若揲扐之策因過揲而見者也故陽本進而反見其退而數之少至於十二陰本退而反見其進而數之多至於二十四此曆家逆行之術也故曰揲之以四以象四時又曰當期之日歸奇以象閏也閏也者時與日之餘也

今按此說是也或曰然則參伍錯綜之數

若何以合之耶曰以參爲三數之伍爲五數之錯爲一左一右綜爲一低一昂朱子之說既失於游移以參爲歸奇之陰策伍爲歸奇之陽策以錯綜爲三揲之歸奇所積亦具八卦之狀吳氏之說又過於巧密今以過揲推之而豁然矣蓋揲蓍之法分二掛一是參以變也左右各揲是伍以變也而天奇地耦之文於是乎成矣二老相對其策六十二少相對其策六十是錯其

數也自少陽而老陽其策六十四自少陰而老陰其策五十六是綜其數也而俯仰遠近之象於是乎定矣不以過揲計之而何所準哉然則參天兩地之數又何取與曰謂圓者徑一而圍三方者徑一而圍四圓用其全方用其半朱子之說頗疑於煩難謂河圖生數一三五爲天之參二四爲地之兩來氏之說又苦於率畧今亦以過揲推之而無不通也蓋宇宙之間陽有餘

而陰不足凡外圓而包者徑得三分内方而居者徑得二分天地法象其狀亦然是以太陽之策三十六太陰之策二十四所差者十二乾之策二百一十六坤之策百四十有四所差者七十二此過揲自然之進退而數皆倚之以起焉故陽畫連而陰畫圻也日體全而月體缺也晝候盈而夜候縮也暑節舒而寒節促也男子三十而娶女子二十而嫁也男子八八外而猶生

女子七七內而不育也其致一而已矣過揲之用不窮如此謂蓍家歸奇之法猶曆家逆行之術取譬最的蓋曆理固以左旋爲定也

變占說

易之爲書主於占事而秦漢以下占法失傳乃或並與蓍策而亂之朱子於本義舉其例於啟蒙詳其數雖起古太卜筮人之官而問之亦無間然矣但筮法雖明而占法未備於是獨據左氏旁參已意而有視彖視象之分主上爻主下爻之別焉然嘗平心以思之六爻之不動者視彖一爻之獨動者視象與夫六爻之皆動者視用九用六及之卦之彖此

固不待論而明者獨夫二爻以至五爻之動則經傳皆無明文而本義所謂二爻動則以本卦上爻之動者爲主四爻動則以之卦下爻之靜者爲主而五爻動則全視乎之卦之靜爻於義恐猶未安也蓋爻之繫辭多視其變一爻之動與二爻之動其之卦各不同也如乾之同人則有文明之德故爲見龍之遇若其之遯則有退避之義矣如之何而仍守舊徹乎至於爻辭本以九六命占不以七八

命占則言動而不言靜明矣如乾之姤則陰幾復萌復之乾則陽德漸盛而槩以潛龍斷之可謂疎矣左氏於艮之隨亦以元亨利貞無咎爲說初未嘗以係小子失丈夫爲說然則豈獨三爻之動者當恭諸之卦之彖耶故嘗因其遺意而推之本卦主事之始之卦主事之終而以變之多少爲事之分數故二爻變則貞主其大半四爻五爻變則悔主其大半三爻變則各得其平焉而皆以彖酌之故

曰智者觀其彖辭則思過半矣蓋四千九十有六之爻辭未備則直以是爲斷而大體判如豈若郢書而燕説者哉焦氏之書蓋有以識此而其辭顯與經文立異則謬矣且如飛伏納甲之占術其於生剋比洩各視其所化以定吉凶焉其法雖未而其理則當彼固有所受之也

六爻不變例

孔成子筮立衛公子元遇屯曰利建侯

䷂震下坎上 互坤下互艮上

坎爲多難之世震有主器之道此衛靈公之所以能守其社稷也

一爻變例

畢萬遇屯之比初九變也

䷂震下坎上 互坤下互艮上 變坤下

屯而有所比得主而事之矣其卒分晉豈建侯之應與

蔡墨遇乾之同人九二變也

䷀ 乾下乾上 互乾下互乾上 變離下 互巽下

此非筮得乃論及之耳

晉文公遇大有之睽九三變也

䷍ 乾下離上 互乾下互兌上 變兌下 互離下互坎上

戰克而王享之可以納王矣五霸雖曰假之然其事則固君子之所爲也

陳敬仲遇觀之否六四變也

䷓ 坤下巽上 互坤下互艮上 變乾上 互艮下互巽上

此固仕進之吉占也但變而之否故其後

有竊國之雄而非君子之貞矣

南蒯遇坤之比六五變也

☷☷ 坤下 坤上　互坤下 互坤上　變坎上 互艮上

不忠不順固不足以當黃裳之吉矣且無

比人之德安能免於後夫之凶乎

晉獻公遇歸妹之睽上六變也

☱☳ 兌下 震上　互離下 互坎上　變離上

歸妹爲婚姻之義而睽乃爭競之情此伯

姬歸秦之後所以兵戈未已也張弧說弧

豈三遣晉君之兆耶

二爻變例

經傳無文

今按朱子將上疏得遯之家人是初四兩

爻動也

䷠ 艮下乾上 互巽下乾上 變離下巽上 互坎下離上

遯者陰之方長利於家則不利於朝焚稿

宜矣

又明英宗北狩仝寅筮之得乾之巽是亦

初四兩爻動也
☰☰ 乾下乾上　互乾下互乾上　變巽下變巽上　互兌下互離上
君象而重巽焉故深入敵境而退處南宮
也然終有大人之占而天下利見之是以
復辟
三爻變例
晉公子重耳筮得國遇貞屯悔豫皆八蓋
初與四五凡三爻變也
☵☳ 震下坎上　互坤下互艮上　變坤下變震上　互艮下互坎上

建侯者有國之兆也始而屯故有出亡之

艱継而豫且利於行師故一戰而伯天下

乎

四爻變例

經傳亦無文

五爻變例

穆姜往東宮筮遇艮之八史曰是謂艮之

隨蓋五爻皆變惟二得八故不變也

□✕□✕ 艮下艮上 互坎下震上 變震下兌上 互艮下巽上

不獲其身不見其人四係明矣而又無元亨利貞之德安能出乎朱子反謂史妄引隨象者非也

六爻變例

蔡墨曰乾之坤曰見羣龍無首吉是也

○○○○○○

乾下 乾上　互乾下 互乾上　變坤下 變坤上　互坤下 互坤上

此亦非占得乃論之耳

今按張德遠將治兵湯思退將議和或筮之得睽之蹇是也

兌下 互離下 變艮下 互坎下
離上 互坎上 變坎上 互離上

當時斷者謂離爲兵戈而之坎則用兵者有險矣兌爲口舌而之艮則議和者將止矣二者宜皆無成後卒如其言

周易本義拾遺目次

卷之五

繫辭上傳　繫辭下傳

卷之六

文言傳　說卦傳　序卦傳　雜卦傳

在昔太古風氣方開天地之變化形於圖書是故伏羲畫卦以明之逮夫夏商卦失其次（夏之連山首艮商之歸藏首坤）有占無文而民用勿彰是故文王繫辭以釋之爰暨末流溺於術數而聖人之大義微言幾乖且絕矣是

故孔子作傳以申之自茲以降家私其書人私其學田何之學凡十二篇費直之易則以彖象雜二經之中王弼又以文言益之焦贛之易更不類聖經矣其得言而失理者又紛然雜出於其間揚雄之太玄司馬光之潛虛元嵩之元苞王通之贊是也自濂溪周子心契遺經而作圖以明其綱領一傳於伊川程子乃爲傳以釋經而易理明矣自華山陳氏得圖畫於方外之學三傳以及河南邵子推演其義而易數傳矣自嵩山晁氏考訂古經釐爲八卷

迨東萊呂氏復因而辭正之而易書亦復其文矣三者既備乃作本義以折衷之蓋易之晦而復明明而復晦者反覆幾數千年而至是始克集其大成也無何明儒編輯大全冠程傳於本義之前既失其潔净精微之旨附諸儒之說於其下又不免於雜亂支離之失而本義之故編遂不行於世矣惟敬軒薛氏深知其非也故其言曰朱子本義依呂氏所定經二卷傳十卷古

易之次序後儒以本義附今程易之次序失朱子之意矣竊因是購求故編而卒不可得也於是乎錄古本本義而又別爲拾遺一編以補其未備焉雖其遺世獨異之罪所不敢辭然而輯聖言之渾成復先民之條理則或不無千慮之一得云

周易本義拾遺卷之一

李文炤著

周易上經

周代名也。易書名也。其卦本伏義所畫，有交易變易之義，故謂之易。其辭則文王周公所繫，故繫之周。以其簡袠重大，故分為上下兩篇。經則伏羲之畫，文王周公之辭也。并孔子所作之傳十篇，凡十二篇。中間頗為諸儒所亂。近世晁氏始正其失而未能盡合古文。呂氏又更定著為經二卷，傳十卷，乃復孔氏之舊云。㊀愚按：易創於伏羲而成於文王，故其傳曰：易之興也，其於中古乎？作易者其有憂患乎？又曰：易之興也，其當殷之末世，周之盛德邪？當文王與紂之事邪？則非周公其成之可知矣。司馬季主云：伏羲作八卦，周文王演三百八十四爻而天下治。揚子雲云：宓犧氏綿絡天地，經以八卦；文王附大爻；孔子錯其象而彖其辭。魏伯陽云：王

聖不過伏羲畫八卦效天圖文王帝之宗
結體演爻辭夫子庶聖雄十翼以輔之獨
馬融以爻辭爲周公所作而後儒遂因之
然賓無他左證也其上篇以天道託始下
篇以人道託始亦不專以簡衮之重大也
經傳分卷朱子之舊而大全復亂之今悉
從古
本焉

☰☰ 乾下乾上

乾元亨利貞

六畫者伏羲所畫之卦也一者奇也陽之數也乾者健也陽之性也本註乾字三畫卦之名也下者內卦也上者外卦也經文乾字六畫卦之名也伏羲仰觀俯察見陰陽有奇偶之數故畫一奇以象陽畫一偶以象陰見一陰一陽有各生一陰一陽之象故自下而上再倍而三以成八卦見陽之性健而其成形之大者爲天故三

奇之卦名之曰乾而擬之于天也三畫已其八卦已成則又三倍其畫以成六畫而于八卦之上各加八卦以成六十四卦也此卦六畫皆奇而上下皆乾則易之純而健之至也故乾之名天之象皆不易焉元亨利貞文王所繫之辭以斷一卦之吉凶所謂彖辭者也元大也亨通也利宜也貞正而固也文王以爲乾道大通而至正故于筮得此卦而六爻皆不變者言其占當得大通而必利在正固然後可以保其終也此聖人所以作易教人卜筮而可以開物成務之精意餘卦放此○按健而無息之謂乾其德固元亨而其位則利貞故初三以得正而美二五以得中而☰善四多疑上有悔則以其不足於貞爾

⚊○初九潛龍勿用初九者卦下陽爻之名凡畫卦者自下而上故以下爻爲初陽數九爲老七爲少老變而少不變故謂陽爻爲九潛龍勿用周公所繫之辭以

斷一爻之吉凶所謂爻辭者也潛藏也龍陽物也初陽在下未可施用故其象爲潛龍其占曰勿用凡遇乾而此爻變者當觀此象而玩其占也餘爻放此◎按乾之爲德也無所不繇龍之爲物也無所不之賛陽其性健故其體脩久其用變化故取以象乾焉深入故潛勿用則時未可以有爲也

☰九二見龍在田利見大人

見龍之見賢遍反◦二謂自下而上第二爻也後放此九二剛健中正出潛離隱澤及於物物所利見故其象爲見龍在田其占爲利見大人九二雖未得位而大人之德已著常人不足以當之故值此爻之變者但爲利見此人而已蓋亦謂在下之大人也此以爻與占者相爲主賓自爲一例若有見龍之德則爲利見九五在上之大人矣◎按文明之德固必見見矣田者地位也陽剛中正是謂大人其殆同人之盛愚乎

☰九

三君子終日乾乾夕惕若厲无咎九陽交三陽位重剛不中居下之上乃危地也然性體剛健有能乾乾惕厲之象故其占如此君子指占者而言言能憂懼如是則雖處危地而无咎也◎按三處人位故以君子當之朝乾夕惕日新又新之象也勿扭於說而虎尾之危庶幾可免矣

☰九四或躍在淵无咎或者疑而未定之辭躍者无所緣而絕于地特未飛耳淵者上空下洞深昧不測之所龍之在是若下于田或躍而起則向乎天矣九陽四陰居下之上改革之際進退未定之時也故其象如此其占能隨時進退則无咎也◎按四亦人位故不質言龍而或之且進退而不果也股見於澤非躍而何客雲不雨茲非其時乎

☰九五飛龍在天利見大人剛健中正以居尊位如以聖人之德居聖

人之位故其象如此而占法與九二同特所利見者在上之大人爾若有其位則爲利見九二在下之大人也◎按飛者炎上之性則天其位也明良相際大有之至也語其全體則日田日天語其內外之介則皆日人而三才之道備矣

○☰上九亢龍有悔亢苦浪反○上者最上一爻之名亢者過于上而不能下之意也陽極于上動必有悔故其象占如此◎按出烟雲之外入霄漢之間豈能霖雨天下乎亢可知矣剛決已甚而能免於悔者未之有也○○○○○○

用九見羣龍无首吉用九言凡筮得陽爻者皆用九而不用七蓋諸卦百九十二陽爻之通例也以此卦純陽而居首故于此發之而聖人因繫之辭使遇此卦而六爻皆變者即此占之蓋六陽皆變剛而能柔吉之道也故爲羣龍无首之象而其占爲如是則吉也春秋傳曰乾之坤曰見羣龍

无首吉蓋創純坤卦辭牝馬之貞先迷後得東北喪朋之意◎按自初至上舉一偶也用九用六竭兩端也而四千九十有六爻可以默識矣乾无十坤无一陽皆化陰群龍所以无首也龍德具備而以柔遜居之吉孰加焉

☷☷ 坤下坤上

坤元亨利牝馬之貞君子有攸往先迷後得主利西南得朋東北喪朋安貞吉○喪息浪反一者偶也陰之數也坤者順也陰之性也註中者三畫卦之名也經中者六畫卦之名也陰之成形莫大於地此卦三畫皆偶故名坤而象地重之又得坤焉則是陰之純順之極故其名與象皆不易也牝馬順而健行者陽先陰後陽主義陰主利西南陰方東北陽方安順之

爲也貞健之守也遇此卦者其占爲大亨而利以順健爲正如有所往則先迷後得而主於利往西南則得朋往東北則喪朋大抵能安於正則吉也。坤古作巛得主句絕◎按順而有常之謂坤其元亨者承天之施也乾馬而坤實配之特不爲牝而利爲牝之貞耳有攸往焉爭先則迷其常處後則得其主先天之位也其所利者西南所遇皆陰則得朋東北所遇皆陽則喪朋後天之位也能如二三四之正五之中二之處下斯安貞而吉矣

爻初六履霜堅冰至六陰爻之名陰數六老而八少故謂陰爻爲六也霜陰氣所結盛則水凍而爲冰此爻陰始生於下其端甚微而其勢必盛故其象如履霜則知堅冰之將至也夫陰陽者造化之本不能相无而消長有常亦非人所能損益也然陽主生陰主殺則其類有淑慝之分焉故聖人作易于其不能相无者既以健順仁義

之屬明之而无所偏主至其消長之際淑慝之分則未嘗不致其扶陽抑陰之意焉蓋所以贊化育而參天地者其旨深矣不言其占者謹微之意已可見於象中矣◎按地一有大☷塗人之所履履霜十月之候也堅冰至一之日之候也陰道將盛無望其來復矣

爻 六二直方大不習无不利 柔順正固坤之直也賦形有定坤之方也德合无疆坤之大也六二柔順而中正又得坤道之純者故其德內直外方而又盛大不待學習而无不利占者有其德則其占如是也◎按六二陰之純也故以全體之德屬焉重險而后習不重則不待習矣內外咸宜利之至也䷁

爻 六三含章可貞或從王事无成有終 六陰三陽內含章美可貞以守然居下之上不終含藏故或時出而從上之事則始雖无成而後必有終爻有此象故戒

占者有此德則如此占也◎按章者陰之輻止則含矣可貞之道也居下之上能無王事之及乎无成而有終可謂讚也已矣

☷六四括囊无咎无譽

括占活反譽音餘又音預。括囊言結囊口而不出也譽者過實之名謹密如是則无咎而亦无譽矣六四重陰不中故其象占如此蓋或事當謹密或時當隱遯也◎按坤體如囊變陽而横亘於其間且上促而下舒焉則括之矣豫樂故无咎譽備故譽亦不得以及之

☷六五黃裳元吉

黃中色裳下飾六五以陰居尊中順之德克諸內而見于外故其象如此而其占為大善之吉也占者德必如是則其占亦如是矣春秋之傳南蒯將叛筮得此爻以為大吉子服惠伯日忠信之事則可不然必敗外强內温忠也和以率貞信也故日黃裳元吉黃中之色也裳下之飾也元善之長也中不忠不得

其色下不其不得其飾事不善不得其極且夫易不可以占險三者有闕筮雖當未也後蒯果敗此可以見占法矣◎本義備矣

☷上六龍戰于野其血玄黃陰盛之極至與陽爭兩敗俱傷其象如此占者如是其凶可知◎按陰非龍也化陽則似龍而敵之矣能无戰乎居天位之上郊外之野也其血玄黃剝及其身矣

爻爻用六利永貞用六言凡筮得陰爻者皆用六而不用八亦通例也以此卦純陰而居首故發之遇此卦而六爻俱變者其占如此辭蓋陰柔而不能固守變而爲陽則能永貞故戒占者以利永貞即乾之利貞也自坤而變故不足於元亨云◎按順而能健懼猶未離其類不能如乾德之純也故戒以利永貞永貞則不息豈僅牝馬之貞而已哉

䷂ 震下 坤上 互坤下 互艮上

屯元亨利貞勿用有攸往利建侯。屯張倫反震坎皆三畫卦之名震一陽動於二陰之下故其德為動其象為雷坎一陽陷於二陰之間故其德為陷為險其象為雲為雨為水屯六畫卦之名也難也物始生而未通之意故其為字象屮穿地始出而未申也其卦以震遇坎乾坤始交而遇險陷故其名為屯震動在下坎險在上是能動乎險中能動雖可以亨而在險則宜守正而未可遽進故筮得之者其占為大亨而利于正但未可遽有所往耳又初九陽居陰下而為成卦之主是能以賢下人得民而可君之象故筮立君者遇之則吉也

◎按屯者難也勾萌出地而寒威薄之也然生意終不可遏故元亨而利貞動而遏止將何所往以長子而臨大衆則建侯可矣

三。初九磐桓利居貞利建侯磐桓難進之陽屯難之初以陽在下爻居動體而上應陰柔險陷之爻故有磐桓之象然居得其正故其占利于居貞又本成卦之主以陽下陰爲民所歸侯之象也故其象又如此而占者如是則利建以爲侯也◎按磐石也民止象之桓木也震象之皆不輕於動者順而止焉故居貞則吉動而止焉故未嘗不利建侯

䷂六二屯如邅如乘馬班如匪寇婚媾女子貞不字十年乃字邅張連反班分布不進◎之貌字許嫁也禮曰女子許嫁笄而字六二陰柔中正有應於上而乘初剛故爲所難而邅回不進然初非爲寇也乃求與己爲婚媾耳但已守正故不之許至于十年數窮理極則妄求者去正應者合而可許矣爻有此象故因以戒占者◎按過險則邅如動而將正

則功如陰陽相比志在婚媾少而知節則能守貞矣十者土之數亦極而必變之時也震女相遇多言婚媾

其諸妊娠之義與䷂六三即鹿无虞惟入于林中君子幾不如舍往吝幾音機舍音捨○陰柔居下不中不正上无正應妄行取困爲逐鹿无虞陷入林中之象君子見幾不如舍去若往逐而不舍必致羞吝戒占者宜如是也◎按山出林爲鹿動則即之震之一陽濟屯之主而道路險阻欲從之而無由也動衆操戈而无虞人所見木耳以其動而明也故猶以見幾之哲望之不然其吝甚矣䷂六四乘馬班如求婚媾往吉无不利陰柔居屯不能上進故爲乘馬班如之象然初九守正居下以應于巳故其占爲下求婚媾則吉也○按陰在其前是以班如女少男長此說彼動而志

在于隨能無求乎然亦人道之常故不失其吉且利也比爻中言往來者彼我之辭卦中言在來者內外之辭

䷂九五屯其膏小貞吉大貞凶

九五雖以陽剛中正居尊位然當屯之時陷于險中雖有大二正應而陰柔才弱不足以濟初九得民于下衆皆歸之九五坎體有膏澤而不得施爲屯其膏之象占者以處小事則守正猶可獲吉以處大事則雖正而不免于凶◎按水流而過坊是屯其膏也不可以有爲矣祭祀田獵皆小貞也立君建國則大貞也小貞坎爲之大貞震爲之吉凶因時而異其安可冒昧而行之哉

䷂上六乘馬班如泣血漣如

陰柔无應處屯之終進无所之憂懼而已故其象如此◎按處險之極將何往哉徒憂而已既曰班如又曰漣如則卑伏之已甚也震坎皆有馬象故諸爻取之

䷃ 坎下 艮上　互震下 互坤上

蒙亨匪我求童蒙童蒙求我初筮告再三瀆瀆則不告利貞告音谷三息暫反。艮亦三畫卦之名一陽止于二陰之上故其德為止其象為山蒙昧也物生之初蒙昧未明也其卦以坎遇艮山下有險蒙之地也內險外止蒙之意也故其名為蒙亨以下占辭也九二內卦之主以剛居中能發人之蒙者而與六五陰陽相應故遇此卦者有亨道也我二也童蒙幼穉而蒙昧謂五也筮者明則人當求我而其亨在人筮者暗則我當求人而其亨在我人求我者當視其可否而應之我求人者當致其精一而叩之以明者之養蒙與蒙者之自養又皆利于以正也

◎按蒙者昧也方瀆而忽止也以明覺昧帥道亨焉少而能順可以從人矣一索而遇動

則告之再索而遇陷三索而遇止清泉化爲濁瀆矣則不告之君子不貶道以徇人也故利貞

䷃初六發蒙利用刑人用說桎梏以往吝

說吐活反。以陰居下蒙之甚也占者遇此當發其蒙然發之之道當痛懲而暫舍之以觀其後若遂往而不舍則致羞吝矣戒占者當如是也◎按發以射言坎之象也發蒙之初必損乃濟刑人損之之具也苟說桎梏以往則和說之失矣豈不吝哉䷃

九二包蒙吉納婦吉子克家

九二以陽剛爲內卦之主統治羣陰當發蒙之任者然所治既廣物性不齊不可一槩取必而爻之德剛而不過爲能有所包容之象又以陽受陰爲納婦之象又居下位而能任上事爲子克家之象故占者有其德而當其事則如是而吉矣◎按地無不載故曰包蒙二之所遇者羣陰耳具坤之質

則婦也處艮之內則家也量足以容之誠足以動之而受教者能承其緒吉之至也〓

〓六三勿用取女見金夫不有躬无攸利取七具反。六三陰柔不中不正女之見金夫而不能有其身之象也占者得之則其取女必得如是之人无所利矣金夫蓋以金賂已而挑之若魯秋胡之爲者◎按以長女之體懷好利之心故舍應而從比也從欲忘返不有其躬矣蠱惑而无節則何利之有哉〓

〓六四困蒙吝既遠於陽又无正應爲困于蒙之象占者如是可羞吝也能求剛明之德而親近之則可免矣◎按群陰相遇困之道也身心俱陷吝可知矣〓

〓六五童蒙吉柔中居尊下應九二純一未發以聽于人故其象爲童蒙而其占爲如是則吉也◎按少而能順巽且　焉其蒙易開矣何。

〓上

九擊蒙不利爲寇利禦寇以剛居上治蒙過剛故爲擊蒙之象然取必大過攻治太深則必反爲之害惟捍其外誘以全其真純則雖過於嚴密乃爲得宜故戒占者如此凡事皆然不止爲誨人也◎按蒙之不可關者必用師苗民頑民是也无哀矜之心是爲寇也有保全之意是禦寇也治蒙者可以自審矣

䷄ 乾下坎上 互兌下 互離上

需有孚光亨貞吉利涉大川需待也以乾遇坎乾健坎險以剛遇險而不遽進以陷於險待之義也孚信之在中者也其卦九五以坎體中實陽剛中正而居尊位爲有孚得正之象坎水在前乾健臨之將涉水而不輕進之象故占者爲有所待而能有信則光亨矣若又得正則吉而利涉大川正固无所不利而涉川尤貴於能

待則不欲速而犯難也。需篆作需◎按需輭緩也聖人於天下事無所不用其孚與貞而況於遇險乎以僞以邪皆苟道也光亨且吉難言之矣健而知險其力克其志定夫何有于涉川哉

䷄。**初九需于郊利用恒无咎**郊曠遠之地未近乎險之象也而初九陽剛又有能恒于其所之象故戒占者能如是則无咎也◎按去險既遠而能居其所何咎之有

䷄。**九二需于沙小有言終吉**沙鄭本作沚。沙則近于險矣言語之傷亦災害之小者漸進近坎故有此象剛中能需故得終吉戒占者當如是也◎按沙者澤旁之物也言者口舌之徵也健而能明雖險獲濟是以吉與

䷄。**九三需于泥致寇至**泥將陷于險矣寇則害之大者九三去險愈近而過剛不中故其象如此◎按澤水相際所以爲泥

火金交騤禮牌作矣皆不飾則已有以取之耳

爻六四需于血出自穴

坎血者殺傷之地穴者險陷之所四交柔得其正需而入乎險矣故爲需于血之象然者如是則雖在傷地而終得出也◎按險難之間戈兵毀折非血而何幽昧不測非穴而何其應陽剛能決而聽之則可以出矣

九五需于酒食貞吉

酒食宴樂之具言安以待之九五陽剛中正需于尊位故有此象占者如是而貞固則得吉也◎食音嗣◎按坎潤酒也中滿食也時將泰矣故安且樂也如是

上六入于穴有不速之客三人來敬之終吉

陰居險極无復有需有陷而入穴之象下應九三九三與下二陽需極並進爲不速客三人之象柔不能禦而能順之有敬之之象占者

當陷險中然于非意之來敬以待之則得終吉也◎按土可以出矣然其德固不免於入也以陰畜陽而能巽則其交固矣君子之與人一于敬而已而況于遇險乎凡六爻初至下爲陽中之陰上至高爲陰中之陽故雖得正者亦多不宜云

☰☵ 坎下 互離下
乾上 互巽上

訟有孚窒惕中吉終凶利見大人不利涉大川 訟爭辯也上乾下坎乾剛坎險上剛以制其下下險以伺其上又爲內險而外健又爲已險而彼健皆訟之道也九二中實上无應與下爲加憂且於卦變自遯而來爲剛來居二而當下卦之中有有孚而見窒能懼而得中之象上九過剛居訟之終有終極其訟之象九五剛健中正以居尊位有大人之象以剛乘險以實履陷有下利涉大川之象

故戒占者必有爭辨之事而隨其所處爲吉凶也◎按訟爭辨也中實在上則光亨在下則窒惕勢使然也惕不可過險而得中則吉忿不可逞健而終訟則凶匪人決訟勝敗俱辱見大人斯利矣恃健蹈虛雖風水相偷而安可以涉川乎

䷅初六不永所事小有言終吉陰柔居下不能終訟故其象占如此◎按水流不已有永之義而塞其下流斯不永矣且訟亦非可永之事也辨而能和故小有言而終吉

䷅九二不克訟歸而逋其邑人三百戶无眚九二陽剛爲陰之主本欲訟者也然以剛居柔得下之中而上應九五陽剛居尊勢不可敵故其象占知此邑人三百戶邑之小者言自處卑約以免災患占者如是則无眚矣◎按大人奠應滋无所施且上下不交安能訟乎傷于外者必返其家故自需而

歸也隱伏則逃矣與坎相乘而土敷極
焉故其戶三百知難而退可以無眚矣三爻
六三食舊德貞厲終吉或從王事无成食猶食邑
之食言所享也六三陰柔非能訟者故守舊
居正則雖危而終吉然或出而從上之事則
亦必无成功占者守常而不出則善也◎按
險終而復于與食舊德也居匪其正必能貞
則厲而終吉矣與乾相姤而才不足也故從王而無成二〇三三九四不克
訟復即命渝安貞吉渝以朱反。即就也命天理見渝變也九四剛
而不中故有訟象以其居然坎又爲不克而
復就正理渝變其心安應於正之象占者如
是則占矣◎按所應微弱健无所應矣二知
務勢四明義理是以皆不克訟也三忘其險
而守舊四化其健而卽命其皆與之德
手動則渝止則安貞斯訟渙而吉矣二〇三三

九五訟元吉　陽剛中正以居尊位聽訟而得其平者也占者遇之訟而有理必獲伸矣◎按剛而且明所謂大人也聽訟之最善者是以元吉

䷅上九

或錫之鞶帶終朝三褫之　褫敕紙反◎鞶帶以剛居訟極終訟而能勝之故有錫命服之飾褫奪也之象然以訟得之豈能長久故又有終朝三褫之象其占爲終訟无理而或取勝然其所得終必失之聖人爲戒之意深矣◎按兌爲章服乾圜則帶也以健極之才比大君之命錫以服未可知也然其應險極能无褫乎居乾之上終朝之久耳說而卒困蓋終訟者也其敗宜矣

䷆坎下　互震下
坤上　互坤上

師貞丈人吉无咎　師兵衆也下坎上坤坎險坤順坎水坤地古者寓兵

於震伏土險于大順藏不測于至靜之中又卦惟九二一陽居下卦之中爲將之象上下五陰順而從之爲衆之象九二以剛居下而用事六五以柔居上而任之爲人君命將出師之象利其卦之名曰師丈人長老之稱用師之道利于得正而任老成之人乃得吉而无咎戒占者亦必如是也◎按一陽動於下乃而衆從焉師之義也與馬既備威和既濟將擇天下之不正者而征之禁暴誅亂吉也謂兵黷武咎也以長子而馭大衆吉且无咎也

䷆爻初六師出以律否臧凶律法也否臧謂不善也晁氏曰否字先儒多作不是也在卦之初爲師之始出師之道當謹其始以律則吉不臧則凶戒占者當謹始而守法也◎按律者用兵之節制水流而塞其下則其象也王者之師以是爲臧不然則凶矣

䷆九二在師中吉无咎王三錫

命九二在下爲衆陰所歸而有剛中之德上應于五而爲所寵任故其象占如此◎按居衆陰之間在師中也有靜深之慮有奮之威有忠順之節故吉且无咎文遂于上下命之所由錫也五師一將上大夫爲之三錫命則爲牧伯矣

䷆六三師或輿尸凶輿尸謂師徒撓敗輿尸而歸也以陰居陽才弱志剛不中不正而犯非其分故其象占如此◎按進退不果故或之不宜升而升則有輿尸之凶矣尸者隱伏之物也

䷆六四師左次无咎左次謂退舍也陰柔不中而居陰得正故其象如此全師以退賢于六三遠矣故其占如此◎按左者震之位也居險阻之間能无交乎當解而解何咎之有

䷆六五田有禽利執言无咎長子帥師弟子輿尸貞凶長于丈反六五用師之

主柔順而中不爲兵端者也敵加于己不得已而應之故爲田有禽之象而其占利以搏執而无咎也言語辭也長子九二也弟子三四也又戒占者專于委任若使君子用事而又使小人參之則是使之輿尸而歸故雖貞而亦不免于凶也。言或作之◎按動衆而而得陷體之全有止物之具田有禽而利執言矣寧有濫殺之咎乎三男具列惟所用耳故各著其占以戒之

上六大君有命開國承家小人勿用

爲師之終順之極論功行賞之時也坤主故有開國承家之象然小人則雖有功亦不可使之得有爵土但優以金帛可也戒行賞之人于小人則不可用此占而小人遇之亦不得用此爻也◎按文布于上大君之命坤終則開國艮著則承家隨其功而報之厚之至也非丈人而爲弟子則小人也有止德焉故能勿川豈合德而取才者哉

☷坤下　互坤下
☵坎上　互艮上

比吉原筮元永貞无咎不寧方來後夫凶比毗志反。此親輔也九五以陽剛居上之中而得其正上下五陰比而從之以一人而撫萬邦以四海而仰一人之象故筮者得之則當為人所親輔然必再筮以自審有元善長永正固之德然後可以當衆之歸而无咎其未比而有所不安者亦將皆來歸之若又遲而後至則此交已固彼來已晚而得凶矣若欲比人則亦以是而反觀之耳◎按一陽止於上而衆陰爲比之義也原筮者再索也有元永貞之德則可以長人可以守邦而无咎矣不寧方來順之機也後夫之凶險之至也

☷**爻初六有孚比之无咎有孚盈缶終來有他吉**他湯何反。比之初貴乎有信則可

以无咎矣若其克賓則又有他吉也◎按初之應坎乃有孚者也比之斯无失身之咎矣屯者盈也土器之仰者則缶也見人之孚而效之使至于克賓五雖非正應亦將信之他吉豈待外求哉䷇**六二比之自內貞吉**柔順中正上應九五自內比外而得其貞吉之道也占者如是則正而吉矣◎按以純德而居內是比之自內也上下一德可謂貞吉矣䷇**六三比之匪人**陰柔不中正承乘應皆陰所比皆非其人之象其占大凶不言可知◎按險阻相比失其順德羣邪聚處其得謂之人乎不言凶咎猶望其能止也䷇**六四外比之貞吉**以柔居柔外比九五爲得其正吉之道也占者如是則正而吉矣◎按五以純德居外而能比之舉主致身亦可謂貞吉矣比而萃焉變之固者也䷇**九五顯比王**

用三驅失前禽邑人不誡吉一陽居尊剛健中正卦之羣陰皆來比已顯其比而无私如天子不合圍開一面之網來者不拒去者不追故爲用三驅失前禽而邑人不誡之象雖私屬亦喻上意不相警備以求必得也凡此皆吉之道占者如是則吉也◎按本性內明山體光輝而居天位故謂之顯比設險用衆獲禽王用三表以驅逆之象也先注後得則失前禽矣至順无阻邑人所以不誡也上下无私吉孰加焉

☵☷上六比之无首凶陰柔居上无以比下凶之道也故爲无首之象而其占則凶也◎按上者六爻之首而以陰居之有身无首不能比下非復顚若之尊矣故无首而凶

☴☰乾下巽上　互兑下離上

小畜亨密雲不雨自我西郊畜敕六反大畜卦同。巽亦三畫卦之名一陰伏於二陽之下故其德為巽為入其象為風為木小陰也畜止之之義也上巽下乾以陰畜陽又卦惟六四一陰上下五陽皆為所畜故為小畜又以陰畜陽能繫而不能固亦為所畜者小之象內健外巽二五皆陽各居一卦之中而用事有剛而能中其志得行之象故其占當得亨通然畜未極而施未行故有密雲不雨自我西郊之象蓋密雲陰物西郊陰方我者文王自我也文王演易于羑里視岐周為西方正小畜之時也筮者得之則占亦如其象云◎按小畜者陰畜乎陽也畜而不固則猶可亨與豫相對其體類坎雲則密矣而方畜之始其能和而雨乎兑乘乎乾有西郊之位焉聖人之所深慨也

☰。初九復自道何其咎吉下卦體乾本皆任上之物

志欲上進而爲陰所畜然初九體乾居下得正前違于陰雖與四爲正應而能自守以正不爲所畜故爲進復自道之象占者如是則无咎而吉也◎按窮上反下之謂復畜者在前故不敢輕進而復自道也无岐途之惑何咎之有吉之至也

䷈九二牽復吉三陽志同而九二漸近于陰以其剛中故能與初九牽連而復亦吉道也占者如是則吉矣◎按志雖上進而以中德自守故與初九相牽而復也與善待時宜其同歸於吉乎

䷈九三輿說輻夫妻反目。說叶活反九三亦欲上進然剛而不中迫近于陰而又非正應但以陰陽相說而爲所繫畜不能自進故有與說輻之象然以志剛故又不能平而與之爭故又爲夫妻反目之象戒占者如是則不得進而有所爭也◎按中虛之體動而毀折是與說輻也畜而中睽能无反目之變乎信

非所信宜其及矣

六四有孚血去惕出无咎

去上聲◦以一陰畜衆陽本有傷害憂懼以其柔順得正虛中巽體二陽助之是有孚而血去惕出之象也无咎宜矣故戒占者亦有其德則无咎也◎按四中虛五中實故皆能有孚以陰畜陽其外宜傷也其內宜憂也而能巽順之則去且出矣是以无咎

九五有孚攣如富以其鄰

攣力專反◦巽體三交同力畜乾鄰之象也而九五居中處尊勢能有爲以兼乎上下故爲有孚攣固用富厚之力而以其鄰之象以猶春秋以某師之以言能左右之也占者有孚則能如是也◎按兩手執繩之謂攣拾於小畜終于大畜固之至矣以近利之資挾同類之助不殆于得志乎哉鄰者離也兌也凡互體多稱鄰◦

上九既雨既處尚德載婦貞厲

月幾望君子征凶　幾音機。畜極而成陰陽和矣故爲既雨既處之象蓋尊尚陰德至于積滿而然也陰加于陽故雖正亦厲然陰既盛而抗陽則君子亦不可以有行矣其占如此爲戒深矣◎按既雨陰盛也既處陽不能行也輪輿其備而所尚之德惟在于載婦安得不至此極乎反常之事雖貞亦厲月者坎體應兌則幾望矣君子有安時之學險將極而猶欲征則自取其凶耳

䷉ 兌下 乾上　互離下 互巽上

履虎尾不咥人亨　咥直結反。兌亦三畫卦之名一陰見于二陽之上故其德爲說其象爲澤履有所躡而進之義以兌遇乾和說以躡剛強之後有履虎尾而不見傷之象故其卦爲履而占如是也人能如是則處危而不傷矣◎按履者人之所踐

也和而肅禮之大法也物之暴而文者莫若虎其首雖前其身猶後而能履其尾不使至于咥人是故非意之變惟禮可以已之⚊。初九素履往无咎以陽在下居履之初未爲物遷率其素履者也占者如是則往而无咎也◎按太素者西方之色也禮以質爲先以文爲後素履之往所以无咎乎⚊。九二履道坦坦幽人貞吉剛而在下无應于上故爲履道平坦幽獨守貞之象幽人履道而遇其占則貞而吉矣◎按行于大途之中是履道之坦坦也文明處下故稱幽人履而有无妄之德貞且吉矣⚋。六三眇能視跛能履履虎尾咥人凶武人爲于大君跛波我反。六三不中不正柔而志剛以此履乾必見傷害故其象如此而占者凶又爲剛武之人得志而肆暴之象如

秦政項籍豈能久也◎按目也眇也皆不免於毀折則眇且跛矣動于口舌之間能无咥人之凶乎武人乾質也大君乾位也得志一時亦奚足貴哉

䷉九四履虎尾愬愬終吉愬山華反◎九四亦以不中不正履九九之剛然以剛居乘故能戒懼而得終吉◎按處多懼之地而其情與焉是以愬愬終必相爭而吉矣

䷉九五夬履貞厲九五以剛中正履帝位而下以兌說應之凡事必行无所疑礙故其象爲夬決其履雖使得正亦危道也故其占爲雖正而危爲戒深矣◎按卦惟一陰乃履之主而五獨違之故謂之夬履夬者履之變也剛明自用而物情下睽雖正而危矣

䷉上九視履考祥其旋元吉視履之終以考其祥周旋无虧則得元吉占者禍福視其所履而未定也◎按視履者人視之考祥者已

考之乾圜兌缺故貴于其旋從容乎禮法之場斯可以致元吉矣

䷊ 乾下 坤上 互兌下 互震上

泰小往大來吉亨 泰通也為卦天地交而二氣通故為泰正月之卦也小謂陰大謂陽言坤往居外乾來居內又自歸妹來則六往居四九來居三也占者有剛陽之德則吉而亨矣◎按地氣上濟天氣下降說以動焉此之謂泰小往大來而萬物之塗皆啟矣是以吉亨

☰○**初九拔茅茹以其彙征吉** 茹汝據反彙音胃○三陽在下相連而進拔茅連茹之象征行之吉也占者陽剛則其征吉矣郭璞洞林讀至彙字絕句下卦放此◎按巽震皆木故否泰皆言茅三陽同類是拔茅而以彙也可升則升所以征吉

☰○**九二包荒用馮河不遐**

遺朋亡得尙于中行馮音憑。九二以剛居乘在下之中上有六五之應主乎泰而而得中道者也占者能包容荒穢而剛斷果決不遺遐遠而不昵朋比則合乎此爻中行之道矣。荒說文作巟◎按水廣曰巟澤臨乎地有包之象洽之之用以健以明以公馮河健而臨險也不遐遺明无或畧也朋亡陰不能係也斯得尙乎中行而盡洽泰之道矣䷊。九三无平不陂无往不復艱貞无咎勿恤其孚于食有福將過于中泰將極而否欲來之時也恤憂也孚所期之信也戒占者艱難守貞則无咎而有福◎按平陂地之形往復天之運陰不常处陽不常內乾惕而不溺于說也斯可以无咎勿憂造化之必然盡人事之當然而已福豈易食者哉䷊六四翩翩不富以其鄰不戒

以孚已過乎中泰已極矣故三陰翩然而下復不待富而其類從之不待戒令而信也其占爲有小人合交以害正道君子所當戒也陰虛陽實故凡言不富者皆陰爻也◎按自上而下其動也翩翩鄰其類也孚其志也不富而與以之不戒而能孚之則其黨已成矣泰欲常保得乎

六五帝乙歸妹以祉元吉以陰居尊爲泰之主柔中虛己下應九二吉之道也而帝乙歸妹之時亦嘗占得此爻占者如是則有祉而元吉矣凡經以古人爲言如高宗箕子之類者皆放此◎按以動應說有歸妹之體焉爲其居尊也故以帝乙擬之

上六城復于隍勿用師自邑告命貞吝泰極而否城復于隍之象戒占者不可力爭但可自守雖得其貞亦不免于羞吝也◎按七相積而體外圍城也泰極反否道徑四達則

俊于隍矣勿用師師時不可以不止也自邑
告命文不足以被逆也雖貞而能无咎乎

☷坤下　互艮下
☰乾上　互巽上

否之匪人不利君子貞大往小來。否備鄙反　否閉塞也七月之卦也正與泰反故曰匪人謂非人道也其占不利于君子之正道蓋乾往居外坤來居內又自漸卦而來則九往居四六來居三也或疑之匪人三字衍文由比六三而誤也傳不特解其義亦可見◎按地氣不齊天氣不降然而伏焉此之謂否　雖人用事君子之貞安能容之大往小來而萬物之塗皆塞矣

☷初六拔茅茹以其彙貞吉亨　三陰在下當否之時小人連類而進之象而初之惡則未形也故戒其貞而告則亨蓋能如是則變而爲君子矣◎按三陰同在亦拔茅而以彙也

以其或能无妄故以貞戒之以吉亨勸之聖人之仁也䷋六二包承小人吉大人否亨陰柔而中正小人而能包容承順乎君子之象小人之吉道也故占者小人如是則吉大人則當安守其否而後道亨蓋不可以彼包承于我而自失其守也◎承與否同◎按二陽在上而欲順之包羞其否體以獻媚小人之吉矣所應則陽剛中正又何求焉大人如是斯身否而道亨矣䷋六三包羞以陰居陽而不中正小人志於傷善而未能也故爲包羞之象然以其未發故无凶咎之戒◎按陰極欲進包裹其醜羞以下之小人之常態故不言吉凶二三坤體肉之象也䷋九四有命无咎疇離祉否過中矣將消之時也九四以陽居陰不極其剛故其占爲有命无咎而疇類三陽皆獲其福也命謂天命◎按承君之

命微民設教非復命亂之咎也君子小人各從其類故泰有嚮而否有疇陽德方亨祉可矣離

䷋九五休否大人吉其亡其亡繫于苞桑苞與包同。陽剛中正以居尊位能休時之否大人之事也故此爻之占大人遇之則吉然又當戒懼如繫辭傳所云也◎按人息木下之謂休否休則吉矣知幾防患是以慮其亡失而恐其所繫之不固也原野之木故以苞桑象之

䷋上九傾否先否後喜以陽剛居否極能傾時之否者也其占為先否後喜◎按否喜即為泰矣故曰傾否說而能萃能无喜乎

䷌離下 乾上 互巽下 互乾上

同人于野亨利涉大川利君子貞離亦三畫卦之名一

陰麗于二陽之間，故其德爲麗爲文明，其象爲火爲日爲電。同人，與人同也。以離遇乾，火上同于天，六二得位得中而上應九五，又卦惟一陰而五陽同與之，故爲同人。于野，謂曠遠而无私也，有亨道矣。以健而行，故能涉川。爲卦內文明而外剛健，六二中正而有應，則君子之道也。占者能如是，則亨而又可涉險，然必其所同合於君子之道，乃爲利也。㊁按以陰從陽，其所同者人位也，與師爲對，故對與大川，其列焉有大公之心，是以于野有知險之德，是以涉川同焉，而不正能无比匪之傷乎。

䷌。初九，同人于門，无咎。同人之初，未有私主，以剛在下，上无繫應，可以无咎，故其象占如此。㊀按麗而止焉，故同人於門。火性炎上，不終止也，无孤曠之咎矣。

䷌。六二，同人于宗，吝。宗，黨也。六二雖中且正，然有應于上，不能大同而繫于私，吝之道也。

故其象占如此◎按乾其應也承三乘初乃其宗也苟舍正應而惟宗之同能无失人之咎乎

九三伏戎于莽升其高陵三歲不興

剛而不中上无正應欲同于二而非其正懼九五之見攻故有此象◎按火炎畜欲同之至者求木爲莽丘山爲陵伏則入之性也升則動之情也不與則止之德也凡卦至三而小成至七而盡變故吉凶之期多以三是爲準焉其近者言日其遠者言歲

九四乘其墉弗克攻吉

剛不中正又无應與亦欲同于六二而爲三所隔故爲乘墉以攻之象然以剛居柔故有自反而不克攻之象占者如是則是能改過而得吉也◎按據離之上則乘其墉矣然有巽伏之德故不克攻而吉也

九五同人先號咷而後笑大師克相遇號戶羔反

兆道乃反旅卦同●五剛中正二以柔中正相應于下同心者也而爲三四所隔不得其同然義理所同物不得而間之故有此象然六二柔弱而三四剛强故必用大師以勝之然後得相遇也◎按先號咷者術卩而惕也後笑者以其衆也戈兵重疊是大師也一德一心孰得而間之乎同人與師爲對故多攻伐之象焉

䷌ **上九同人于郊无悔** 居外无應物莫與同然亦可以无悔故其象占如此郊在野之内未至于曠遠但荒僻无與同耳◎按乾體之盡故同人于郊而濫交之悔亦可以无矣

䷍ 乾下離上 互乾下 互兌上

大有元亨 大有所有之大也離居乾上火在大上无所不照又六五一陰居尊得中而五陽應之故爲大有乾健離明居尊應天有亨之道占者有其德則大善而亨也

◎按以陰御陽所有之大可知也明明在下赫赫在上不問而知其元亨矣

三◎初九无交害匪咎艱則无咎雖當大有之時然以陽居下上无繫應而在事初未涉乎害者也何咎之有然亦必艱以處之則无咎戒占者宜如是也◎按應離所謂害與伏則无交矣然乾陽之意終不可忘也能艱斯无躁進之咎焉火金相過多言寇害曆曰之庚伏天象之參伐皆此義與

三◎九二大車以載有攸往无咎剛中在下得應于上為大車以載之象有所往而如是可以无咎矣占者必有此德乃應其占也◎按重離以火車象之有攸往者以其健也寧有不勝任之咎乎

三◎九三公用亨于天子小人弗克亨春秋傳作享謂朝獻也古者亨通之亨享獻之享亨烹飪之亨烹皆作亨字九三居下之上

公侯之象剛而得正上有六五之君虛中下賢故爲亨于天子之象占者有其德則其占如是小人无剛正之德則雖得此爻不能當也◎按居下之上公也王處尊位飲食具列則亨于天子矣小人容說之徒耳豈足以當大臣之任乎君臣相睽宜其勿克䷍

九四匪其彭无咎 彭蒲郎反◎彭字音義未詳程傳曰盛貌理或當然

也六五柔中之君九四以剛近之有僭偪之嫌然以其處柔也故有不極其盛之象而得无咎戒占者宜如是也◎按出車之盛則曰彭彭權龍之隆遲亦猶是也明而能止故匪其彭云

䷍**六五厥孚交如威如吉** 大有之世柔順而中以處尊位虛己以應九二之賢而上下歸之是其孚信之交也然君道貴剛太柔則廢當以威濟之則吉故其象占如此亦戒辭也◎按其應德純故厥孚交如其位柔中故當威

如人有而行乾。
道吉可量耶
䷍上九自天祐之吉无不
利大有之世以剛居上而能下從六五是能
履信思順而尚賢也滿而不溢故其占如
此◎按居天位應天德故自天
祐之動而壯則吉而无不利矣
䷎艮下　互坎下
坤上　互震上
謙亨君子有終謙者有而不居之義止乎內
而順乎外謙之意也山至高
而地至卑乃屈而止於其下謙之象也占者
如是則亨通而有終矣有終謂先屈而後伸
也◎按謙者遜也內止其分外順乎理而謙
德成矣故亨藏萬物者坤也成萬物者艮也
是以君子
必有終也
䷎初六謙謙君子用涉大川吉
以柔處下謙之至也君子之行也以此涉難
何往不濟占者如是則利以涉川矣◎按居

地與山之下謙而又謙者也木
在水上而應之可以涉川矣爻六二鳴
謙貞吉柔順中正以謙有聞正而且吉者也
故其占如此◎按與震相比故鳴其
謙止而巽中心達於聲
音謙之至也貞吉宜矣○九三勞謙君子
有終吉卦惟一陽居下之上剛而得正上下
所歸有功勞而能謙尤人所難故有
終而吉占者如是則如其應矣◎按萬物勞
乎坎因其勞而勞之也勞而能謙尤人所難
順止德備有
終而吉矣爻六四无不利撝謙撝毀皮
反。柔而得正上而能下其占无不利矣然居九三
之上故戒以更當發揮其謙以示不敢自安
之意也◎按坎身之上則手也故以
撝擬之行過乎恭是以无不利與爻上六
五不富以其鄰利用侵伐无不利以柔居尊
在上而能

謙者也故爲不富而能以其鄰之象益從之者衆矣猶有未服者則利以征之而于他事亦无不利人有是德則如其占也◎按不富以其鄰險動相爭也謙而蹇難反加之安能已於侵伐乎動衆而長于帥師則何不利之有耶

䷎上六鳴謙利用行師征邑國謙極有聞人之所與故可用行師然以其質柔而无位故可以征已之邑國而已◎按與震相應故亦鳴其謙動衆則行師而僅征邑國者則以上下之敵應也

䷏ 坤下 互艮下
震上 互坎上

豫利建侯行師豫和樂也人心和樂以應其上也九四一陽上下應之其志得行又以坤遇震爲順以動故其卦爲豫而其占利以立君用師也◎按豫者樂也主

器而止其所可以建侯矣大衆而險伏其間可以行師矣樂極而爲之備不使至于怠焉則聖人之教也

䷏初六鳴豫凶

陰柔小人上有強援得時主事故不勝其豫而以自鳴凶之道也故其占如此卦之得名本爲和樂然卦辭爲衆樂之義爻辭除九四與卦同外皆爲自樂所以有吉凶之異◎按雷聲能鳴而反凶者豫不當鳴且震懼隨其後也

䷏六二介于石不終日貞吉

豫雖主樂然易以溺人溺則反而憂矣卦獨此爻中而得正是上下皆溺于豫而獨能以中正自守其介如石也其德安靜而堅確故其思慮明審不俟終日而見凡事之幾微也大學曰安而后能慮慮而后能得意正如此占者如是則正而吉矣◎按介于石則止之至矣是以不終日而脫然也定而明故見之審豫而解故去之速貞且吉矣

䷏六三

盱豫悔遲有悔盱况于反。盱上視也陰不中正而近于四四爲卦主故六三上視于四而下溺于豫宜有悔者也故其象如此而其占爲事當速悔若悔之遲則必有悔也。盱當作盱◎按盱謂日晏陷面且止則過于豫者也能无盱豫之悔乎陰性緩而坤德迷故警其遲焉

☳☷。九四由豫大有得勿疑朋簪簪側林反。九四卦之所由以爲豫者也故其象如此而其占爲大有得然又當至誠不疑則朋類合而從之矣故又因而戒之簪聚也又速也◎按成卦之主塗徑相連故曰由豫衆陰從之大有得矣爲其性之多疑也故以勿疑示之陰與類行而以一陽總之所以盍簪歟

☳☷六五貞疾恒不死當豫之時以柔居尊沉溺于豫又乘九四之剛衆不附而處勢危故爲貞疾之象然以其得中故又爲恒不死

之象即象而觀占在其中矣◎按居險之爻極是謂貞疾以其猶相萃也故恒不死焉

☷☳ **上六冥豫成有渝无咎** 以陰柔居豫極爲昏冥于豫之象以其動體故又爲其事雖成而能有渝之象戒占者如是則能稱過而无咎所以廣遷善之門也◎按雷聲上動豫于青冥之上者也善動則明凡晉矣故渝而无咎三豫方溺則勸以見幾上豫已成則勸以改過仁之至義之畫也或日豫有萬物出地之象焉不終日者旦也盱其晝也冥則長夜而已矣

☳☱ 震下兌上 互艮下互巽上

隨元亨利貞无咎 隨從也以卦變言之本自困卦九來居初又自噬嗑九來居五而自未濟來者兼此二變皆剛來隨柔之義以二體言之爲此動而彼說亦隨

之義故爲隨已能隨物物來隨已彼此相從其通易矣故其占爲元亨然必利于貞乃得无咎若所隨不貞則雖大亨而不免于有咎矣春秋傳穆姜曰有是四德隨而无咎我皆无之豈隨也哉今按四德雖非本義然其下云云深得占法之意◎按隨者從也男求乎女也故大亨而利貞斯无咎矣動則能亨說則當貞隨其可易言哉

初九

官有渝貞吉出門交有功卦以物隨爲義爻以隨物爲義初九以陽居下爲震之主卦之所以爲隨者也既有所隨則有所偏主而變其常矣惟得其正則吉又當出門以交不私其隨則有功也故其象占如此亦因以戒之◎按官者主也以陽隨陰其失可知而動體則能渝之門當其前出而交焉則陽剛相萃而有功矣

六二係小子失丈夫初陽在下而近五陽正應而遠二陰柔不

能自守以須正應故其象如此凶吝可知不假言矣◎按隨者歸妹之変也故以女之適人明之舍應而從乘弱于說者也

☱☳六三係丈夫失小子隨有求得利居貞

丈夫謂九四小子亦謂初也三近係四而失于初其象與六二正相反四陽當任而已隨之有求必應然非正應故有不正而爲邪媚之嫌故其占如此而又戒以居貞也◎按舍乘而從承有華志焉其性入而好利故多求而得也苟非居貞能无疑于苟得乎

☱☳九四隨有獲貞凶有孚在道以明何咎

九四以剛居上之下與五同德故其占隨而有獲然勢凌于五故雖正而凶惟有孚在道而明則上安而下從之可以无咎也占者當時之任宜審此戒◎按獲卽得也但兼艮手言耳以陽比陰隨所求而无不獲雖貞亦凶有中實之體是

有孚也居大塗之上是在道也文明丙蘊而光輝外達則以明之至也兩剛相應何咎之有平

䷐九五孚于嘉吉 陽剛中正下應中正是信于善也占者如是其吉宜矣◎按嘉禮所以親萬民美之會也中正相應則能孚之矣

䷐上六拘係之乃從維之王用亨于西山 居隨之極隨之固結而不可解者也誠意之極可通神明故其占為王用亨于西山亨亦當作祭亨之亨自周而言岐山在西凡祭山川者得之其誠意如是則吉也◎按所乘巽也其反亦巽也故拘係之又從而維之以无妄事神神必享之矣王指五言其應為山居兌而類坎故為西山之神

䷑ 巽下艮上 互兌下震上

蠱元亨利涉大川先甲三日後甲三日先息薦反
後胡豆反。蠱壞極而有事也其卦艮剛居
上巽柔居下上下不交下卑巽而上苟止故
其卦爲蠱或曰剛上柔下謂卦變自賁來者
初上二下自井來者五上上下自既濟來者
兼之亦剛上而柔下皆所以爲蠱也蠱壞之
極亂當復治故其占爲元亨而利涉大川甲
日之始事之端也先甲三日辛也後甲三日
丁也前事過中而將壞則可自新以爲後事
之端而不使至于大壞後事方始而尚新然
更當致其丁寧之意以監其前事之失而不
使至于速壞聖人之深戒也◎按蠱者壞也
女惑乎男也壞極則當變是以元亨濟險具
備則涉大川而利矣苟止所以成蠱也反而
震動則有爲巽卑所以致蠱也反而和說則
合志是東南東北之圖位皆更新之象也動
而說隨豈終於壞乎吳氏曰下巽納辛中兌

納丁卜日之占也亦通

䷑爻初六幹父之蠱有子考无咎厲終吉

幹如木之幹枝葉之所附而立者也蠱者前人已壞之緒故諸爻皆有父母之象子能幹之則飭治而振起矣初六蠱未深而事易濟故其占爲有子則能治蠱而考得无咎然亦危矣戒占者宜如是又知危而能戒則終吉矣◎按震巽合體皆木也故自初至五以幹言之蠱爲前人已壞之緒而民則其家也故諸爻皆言子之治家初六以巽順之德施乾剛之才是以无咎而終吉也

䷑九二幹母之蠱不可貞

九二剛中上應六五子幹母蠱而得中之象以剛承柔而治其壞故又戒以不可堅貞言當巽以入之也◎按諸爻皆言父而九二獨言母者二當內體之中處重門之內男子无所不統而門內則婦人之職也不可貞斯善用其巽矣

䷑

九三幹父之蠱小有悔无大咎過剛不中故小有悔巽體得正故无大咎◎按動而險伏焉故小有悔然才足以勝其任則无大咎六四裕父之蠱往見吝以陰居陰不能有爲寬裕以治蠱之象也如是則蠱將日深故往則見吝戒占者不可如是也◎按柔極而止裕之意也雖動而往亦終不免于吝矣六五幹父之蠱用譽柔中居尊而九二承之以德以此幹蠱可致聞譽故其象占如此◎按无治事之才有巽順之德賢者樂爲之用是以用譽蓋實才雖歉而虛名則盛也上九不事王侯高尙其事陽剛居上在事之外故爲此象而占與戒皆在其中矣◎按上在幹外王侯其所乘而不事之止之德也長高其所處而更據于上升之至也復政明農事後之高

尙也却粟爻身事外之高尙也夫豈潔身以亂倫者哉

䷒ 兌下 互震下
坤上 互坤上

臨元亨利貞至于八月有凶 臨進而凌逼于物也二陽浸長以逼于陰故爲臨十二月之卦也又其爲卦下兌說上坤順九二以剛居中上應六五故占者大亨而利于正然至于八月當有凶也八月謂自復卦一陽之月至于遯卦二陰之月陰長陽遯之時也或曰八月謂夏正八月于卦爲觀亦臨之反對也又因占而戒之◎按以貴馭賤之謂臨君道也陽德方盛則元亨柔說居內則利貞與遯爲對至八月而陰長隨之雖氣化之常而不可以不戒也

䷒。**初九咸臨貞吉** 推卦二陽徧臨四陰故二爻皆有咸臨之象初九剛而得正故其占爲貞吉

䷒。**九**

二咸臨吉无不利剛得中而勢上進故其占吉而无不利也◎按以二陽臨群陰且萬物之所說也山體高澤上乃咸焉地體卑澤下即感焉是以咸臨險必貞而后吉動則无往不利矣爻六三甘臨无攸利既憂之无咎陰柔不中正而居下之上爲以甘說臨人之象其占固无所利然能憂而改之則无咎也勉人遷善爲教深矣◎按甘者土之味也以口舌臨人何利之有倘能乾惕不說于外而變于內也庶无咎乎爻六四至臨无咎處得其位下應初九相臨之至宜无咎者也◎按居地澤之間而又有主器之象臨之至者也何咎之有爻六五知臨大君之宜吉知音智◎以柔居中下應九二不自用而任人乃知之事而大君之宜吉之道也◎按水性內明所謂知臨也當體震之尊

位故曰大君明四目達四聰則何不宜乎貞以內臨外悔以上臨下變動不居也如此

䷒上六敦臨吉无咎居卦之上處臨之終敦厚於臨吉而无咎之道也故其象占如此◎按土體博厚而山體篤實所謂敦臨也臨下之道明與信而已明則物情服信則物志孚六五之吉上六之吉无咎豈倖致也哉

☷坤下　互坤下
☴巽上　互艮上

觀盥而不薦有孚顒若觀官奐反。觀者有以示人而爲人所仰也九五居上四陰仰之又內順外巽而九五以中正示天下所以爲觀盥將祭而潔手也薦奉酒食以祭也顒然尊敬之貌言致其潔清而不輕自用則其孚信在中而顒然可仰戒占者當如是也或曰有孚顒若謂在下之人信而仰之也此卦四陰長而二陽消正爲八月之卦而名卦繫辭更取他義亦扶陽抑陰之意◎按以尊示卑之謂觀門之崇者也兩觀方入社稷宗廟位焉手巳盥而薦不敢輕致其潔齊此道之至也陽剛尊嚴故有孚顒若則上巽而下順之矣䷓初六童觀小人无咎君子吝觀如字下同。卦以觀示爲義據九五爲主也爻以觀瞻爲義皆觀乎九五也初六爲陰柔在下不能遠見童觀之象小人之道君子之羞也故其占在小人則无咎君子得之則可羞矣◎按居艮之始故曰童觀百姓日用而不知豈君子之道哉䷓六二闚觀利女貞陰柔居內而觀乎外闚觀之象女子之正也故其占如此丈夫得之則非所利矣◎按居門內而外視焉故曰闚觀婦道也亦安能見其大耶于初言童于二言女者位有陰陽也䷓六三觀我生進退我生我之所行也六三居下之上可進可退故不觀九五而御觀己所行之通塞以爲進退占者宜自審也◎按陰生陽陽生陰觀我生者謂所應之陽也止則有守漸則有序故其進退之際從容如此

䷓六四觀國之光利用賓于王

六四最近于五故有此象其占爲利于朝覲仕進也◎按坤艮之間天光臨之所謂國之光也朝廷淸明威儀完善賓于王而利矣以月卦論亦鴻雁來賓之候與

䷓九五觀我生君子无咎

九五陽剛中正以居尊位其下四陰仰而觀之君子之象也故戒居此位得此占者當觀己所行必其陽剛中正亦如是焉則得无咎也

䷓上九觀其生君子无咎

上九陽剛居尊位之上雖不當事任而亦爲下所觀故其戒辭畧與五同但以我爲其小有主賓之異耳◎按觀我生謂所涖

之群陰也觀其生者謂五所撫之群陰也古者以貴治賤以賢治不肖主治輔治其任相同苟非其德則何以稱其位哉

䷔ 震下離上 互艮下互坎上

噬嗑亨利用獄 噬齧也嗑合也物有間者齧而合之也爲卦上下兩陽而中虛頤口之象九四一陽間于其中必齧之而後合故爲噬嗑其占當得亨通者有間故不通齧之而合則亨通矣又三陰三陽剛柔中半下動上明下雷上電本自益卦六四之柔上行以至于五而得其中是以陰居陽雖不當位而利用獄蓋治獄之道惟威與明而得其中之爲貴故筮得之者有其德則應其占也◎按噬嗑者有間而合之[illegible]間去、則亨矣戈兵列桎梏具而後明聽可得而悉焉威斷可得而行焉故利用獄

☳。初

九屨校滅趾无咎 校音教○初上无位爲受刑之象中四爻爲用刑之象初在卦始罪薄過小又在卦下故爲屨校滅趾之象止惡于初故得无咎占者小傷而无咎也◎按初在下乃趾也足與桎梏爲應則屨校而滅之矣動而過止是以无咎

六二噬膚滅鼻无咎 祭有膚鼎蓋肉之柔脆噬而易嗑者六二中正故其所治如噬膚之易然以柔乘剛故雖甚易亦不免于傷滅其鼻占者雖傷而終无咎也◎按卦之中爻坤體而一陽間之故皆以肉爲象六二重柔乃膚也止而發折則能滅人之鼻矣而寧有寃濫之咎乎

六三噬腊肉遇毒小吝无咎 腊音昔○腊肉謂獸腊全體骨而爲之者堅韌之物也陰柔不中正治人而人不服爲噬腊遇毒之象占雖小吝然時當噬嗑于義爲无咎也◎按剛中之柔則腊

肉也毒乃隱伏之物遇之固小吝矣而无咎者以其明之至耳

二。三九四噬乾胏得金矢利艱貞吉

乾音干下同胏緇美反。胏肉之帶骨者與胾通周禮獄訟入鈞金束矢而後聽之九四以剛居柔得用刑之道故有此象言所噬愈堅而得聽訟之宜也然必利于艱難正固則吉戒占者宜如是也◎按柔中之剛而居離體則乾胏也質剛金也中直矢也頤中无物故噬而有得然務喜之心不可萌艱貞斯吉矣

ㄨ三三六五噬乾肉得黃金貞厲无咎

噬乾肉難于膚而易于腊胏者也黃中色金亦謂鈞金六五柔順而中以居尊位用刑于人人无不服故有此象然必貞厲乃得无咎亦戒占者之辭也◎按剛中之柔亦居離體非乾肉而何黃中之色也金健之質也治獄而无妄可謂善矣然失出失入之咎非貞厲不能无也

噬嗑中爻賤者得之爲噬之人貴者得之爲用噬之人。䷔上九何校滅耳凶何同可反。何負也過極之陽在卦之上惡極罪大凶之道也故其象占如此◎按上乃人之首而所乘者桎梏是何校而滅耳也震懼已甚而失其明其凶可知滅趾剕也滅鼻劓也滅耳刖也

䷕ 離下艮上 互坎下震上

賁亨小利有攸往賁飾也卦自損來者柔自三來而文二剛自二上而文三自既濟而來者柔自上來而文五剛自五上而文上又內離而外艮有文明而各得其分之象故爲賁占者以其柔來文剛陽得陰助而離明于內故爲亨以其剛上文柔而艮止于外故小利有攸往◎按賁者飾也明而輝焉宜其亨矣然曰薄于山光華无幾安

能以不止乎故小利有攸往文豈君子之所貴也哉

○初九賁其趾舍車而徒

舍音捨○剛德明體自賁于下爲舍非道之車而安于徒步之象占者自處當如是也◎按居下故賁其趾履則車也動則徒也以正相應故舍車而相從于徒止道之純也

六二賁其須

二以陰柔居中正三以陽剛而得正皆无應與故二附三而動有賁須之象占者宜從上之陽剛而動也◎按上體止中爻動是乃頤也二在其下非附頤之須乎陰柔不能自立而擇所附焉賁之善者也

○九三賁如濡如永貞吉

一陽居二陰之閒得其賁而潤澤者也然不可溺于所安故有永貞之戒◎按處陷之中故賁如而濡如然慮其易溺也能永于貞斯吉矣

六四賁如皤如白馬翰如匪寇

婚媾皤白波反○皤白也馬人所乘人白則馬亦白矣四與初和賁者乃爲九三所隔而不得遂故皤如而其往求之心如飛翰之疾也然九三剛正非爲寇者也乃求婚媾耳故其象如此◎按賁采色也自本質也六四止于陷地不能受初九之賁是以皤如坎馬色白動而重離是以翰如雖匪寇婚媾然終不合應而從比也

䷕六五

賁于丘園束帛戔戔吝終吉戔在千反又音殘○在六五柔中爲賁之主敦本尚質得賁之道故有丘園之象然陰性吝嗇故有束帛戔戔之象束帛薄物戔戔淺小之意人而如此雖可羞吝然禮奢寧儉故得終吉◎按木藝山峙乃邱園也束帛其巽之制乎求賁于上而以戔戔者將其誠物薄意厚故雖吝而終吉也

䷕

上九白賁无咎賁極反本復于无色善補過矣故其象占如此◎按賁而

周易本義拾遺　卷之一

明夷光輝晝揜其應坎西以白
相賁然白能受采何咎之有哉

䷖ 坤下艮上　互坤下互坤上

剝不利有攸往剝落也五陰在下而方生一陽在上而將盡陰盛長而陽消落也九月之卦也陰盛陽衰小人壯而君子病又內坤而外艮有順時而止之象故占得之者不可有所往也◎按剝者陽之窮也若果之落若膚之屠不于斯時而止焉往必多虞矣

䷖ **初六剝牀以足蔑貞凶**剝自下起滅正則凶故其占如此蔑滅也◎按一陽亘上五陰如下故以牀廬象之初居下而體動是足也貞之既滅人理盡矣凶莫甚焉

䷖ **六二剝牀以辨蔑貞凶**辨牀幹也進而上矣◎按牀辨兩分二當坤中而體兼乎陷是以象之

䷖ **六**

三剝之无咎衆陰方剝陽而已獨應之去其黨而從正无咎之道也占若如是則得无咎◎按本陰類也變而與應同德群陰將起而剝之于事固難而于理无咎矣當剝之時消陽者若得志而反凶與陽者若失時而反无咎易之計是非不計利害不于茲可見乎

爻☷六四剝牀以膚凶陰禍切身故不復言蔑貞而直言凶也◎按背腹之際是乃膚也

爻☷六五貫魚以宮人寵无不利魚陰物宮人陰之美而受制于陽者也五為衆陰之長當率其類受制于陽故有此象而占者如是則无不利也◎按魚乃善伏之物而宮人處重闈之中剝而為觀則陰之尊者也其象繩故曰貫其性入故曰寵巽順以帥群陰何所不利哉

☷上九碩果不食君子得輿小

人剝廬一陽在上剝未盡而能復生君子在上則爲衆陰所載小人居之則剝極于上自失所覆而无復碩果得輿之象矣取象既明而君子小人其占不同聖人之情益可見矣◎按物止而果成陽斯碩矣不食則其仁有復生之望焉反下是得輿也窮上是剝廬也君子小人之所終不亦較然可覩乎

☳震下 亙坤下
☷坤上 亙坤上

復亨出入无疾朋來无咎反復其道七日來復利有攸往反復之復方福反又作覆◎復陽復生于下也剝盡則爲純坤十月之卦而陽氣已生于下矣積之踰月然後一陽之體始成而來復故十有一月其卦爲復以其陽既往而復反故有亨道又內震外坤有陽動于下而以順上行之象故其占

又爲巳之出入既得无疾朋類之來亦得无咎又自五月姤卦一陰始生至此七爻而一陽來復乃天運之自然故其占又爲反復其道至于七日當得來復又以剛德方長故其占又爲利有攸往也反復其道往而復來來而復往之意七日者所占來復之期也◎按復者陽之始也姤則亨矣出入无疾大塗方啟也朋來无咎群陰不侵也與姤爲對故反復其道七日而來復焉動而无阻則何往不利乎防陰之至則言入月奉陽之反則言七日其辨亦勝矣哉

䷗ 初九不遠復无祇悔元吉

一陽復生于下復之主也祇抵也又居事初失之未遠能復于善不抵于悔大善而吉之道也故其象占如此◎按道路之際未至曰遠巳至曰祇悔自惡而趨善不遠而復則惡之幾不萌矣并何至于悔乎元吉宜矣

䷗ 六二休復吉

柔順中正近于

初九而能下之復之休美吉之道也◎按☷得其所息是謂休復純德和貴美之至也又

爻☷六三頻復厲无咎

處以陰居陽不中不正又屢復之象屢失固危復則无咎故其占又如此◎按上體坤中爻震又一復也且火性无常故曰頻復厲而无咎廣遷善之門也

爻☷六四中行獨復

四處羣陰之中而獨與初應為與衆俱行而獨能從善之象當此之時陽氣甚微未足以有為故不言吉然理所當然吉凶非所論也董子曰仁人者正其誼不謀其利明其道不計其功于剝之六三及此爻見之◎按處群陰之閒發而與應同德是中行而獨復也中之為德有全體之中焉有內外之中焉此則又以其在五陰之中也中无定體其隨時而在乎

爻☷六五敦復无悔

以中順居尊而當復之時敦復之象无悔之道

[illegible]按有博厚之量有篤誠之蘊復而敦者也无可悔矣

䷗上六迷復凶有災眚用行師終有大敗以其國君凶至于十年不克征以陰柔居復終終迷不復之象凶之道也故其占如此以猶及也◎按當坤之極故迷而凶且災眚並作也復反則剝師安得不敗而君安得不凶乎十年不克征以其止也凡一陽師象陰者師象也故謙豫復皆及之

䷘震下乾上　互艮下互巽上

无妄元亨利貞其匪正有眚不利有攸往无妄實理自然之謂史記作无望謂无所期望而有得焉者其義亦通爲卦自訟而變九自二來而居于初又爲震主動而不妄者也故爲无妄又二體震動而乾健九五剛中而應六

二故其占大亨而利于正若其不正則有眚而不利有所往也◎按靜虛而動直妄之所由无也純乎天德則元亨而利貞矣其位有正有不正焉正則當動不正則當止聖人所以能研幾也

☳。初九无妄往吉

以剛在內誠之主也如是而往其吉可知故其象占如此◎按以震應乾☰居得其正所謂動以天者也往而吉矣

☳六二不耕穫不菑畬則利有攸往

菑側其反畬音餘。柔順中正因時順理而无私意期望之心故有不耕穫不菑畬之象言其无所為于前无所冀于後也占者如是則利有所往矣◎按二為田位震乃禾稼上入下動耒耨之利也震正春兌正秋則東作而西成矣故以耕穫菑畬象之屢得其正是以无所營為而利有攸往也

☰☳六三无妄之災或繫之牛行人

之得邑人之災卦之六爻皆无妄者也六三處不得正故遇其古者无故而有災如行人牽牛以去而居者遭詰捕之擾也◎按離牛巽繩或繫之矣三非有妄者但居非其位故遇非其人行人動者也所以者得牛邑人入而止者也所以反災同人豈可以妄爻乎

☰。☰九四可貞无咎陽剛乾體下无應與可固守而无咎不可以有爲之占也◎按居雖失正而有止德焉故可貞而无咎

☰。☰九五无妄之疾勿藥有喜乾剛中正以居尊位而下應亦中正无妄之至也如是而有疾勿藥而自愈矣故其象占如此◎按无妄之時而陷爲之間不能无疾也然大德既純豈待噬之而後嗑哉故勿藥而有喜忘利害三齊得喪五一死生妄念何自而擾之乎

☰。☰上九无妄行有眚无攸利非上九有

妄也但以其窮極而不可行耳故其象占如此◎按居不當位而有妄隨之失所謂匪正者也以是而行有眚而无利矣

☰☶ 乾下艮上　互兌下　互震上

大畜利貞不家食吉利涉大川　大陽也以艮畜乾又畜之大者也又以內乾剛健外艮篤實輝光是以能日新其德而爲畜之大也以卦變言此卦自需而來九自五而上以卦體言六五尊而尙之以卦德言又能止健皆非大正不能故其占爲利貞而不家食吉也又六五下應于乾爲應乎天故其占又爲利涉大川也不家食謂食祿于朝不食于家也◎按內實而外固畜之所以大也陽不可輕進利貞而已頤食而指天家非爲口腹之欲也故不家食吉[illegible]謂陷體不獨舟楫之備也故利涉大

川萃恒小大過皆坎象也此及益中孚頤正與之對是以俱言涉川與

䷙初九有厲利已 已夷止反○乾之三陽爲艮所止故內外之卦各取其義初九爲六四所止故其占往則有危而利于止也◎按蠱將及之故有厲而利已也

䷙九二輿說輹 說吐活反輹音服又音福○九二亦爲六五所畜以其處中故能自止而不進有此象也◎按陽中而當發折之間猶輿之說輹也矣說輹者不能行說輹者不欲行

䷙九三良馬逐利艱貞曰閑輿衛利有攸往 三以陽居健極上以陽居畜極極而通之時也又皆陽爻故不相畜而俱進有良馬逐之象焉然過剛銳進故其占必戒以艱難閑習乃利于有攸往也曰當爲日月之日◎按萃馬相聚健而動則逐矣有乾惕之慮是以艱貞中虛輿也旁列衛也

止者在前毀折者在內慮其損而附之斯利有攸往矣

六四童牛之牿元吉　牿古毒反○童者未角之稱牿施横木於牛角以防其觸詩所謂楅衡者也止之於未角之時爲力則易大善之吉也故其象占如此學記曰禁於未發之謂豫正此意也◎按少而且順故曰童牛剛極于前者角也止之是加牿矣

六五豶豕之牙吉　豶符云反○陽已進而止之不若初之易矣然以柔居中而當尊位是以得其機會而可制故其象如此占雖吉而不言元也◎按躁而能伏故曰豶豕剛着于外者首也止之則係于栈牙矣馬牛豕皆人所畜者故諸爻取之

上九何天之衢亨　何天之衢言何其通達之甚也畜極而通豁達无礙故其象占如此○何與荷同◎按上天位也乘震大塗也是謂天衢陽横陰亞則擔荷之

象也以大畜之才而居要路當大任泰治可期矣安得不亨

䷚ 震下艮上 互坤下互坤上

頤貞吉觀頤自求口實 頤口旁也口食物以自養故爲養義爲卦上下二陽而含四陰外實內虛上止下動爲頤之象養之義也貞吉者占者得正則吉觀頤謂觀其所養之道自求口食謂觀其所以養身之術皆得正則吉也◎按頤者形也養人養已皆貞則吉矣觀頤人觀之也自求口實已求之也及于人者貴剛且明給于已者貴順且止日用之間焉往而非經德哉

䷚。初九舍爾靈龜觀我朵頤 舍音捨朵多果反。靈龜不食之物朵垂也朵頤欲食之貌初九剛在在下足以不食乃上應六四之陰而動欲凶凶之道也故其象占如此◎按外剛而虛[illegible]明者靈龜也初象之上養而下垂輔者朶頤也上象之當動之初不能自守而求養于上故設爲上詰之之辭失其剛明則凶矣凡純錯之卦初與上對三與四對非若他卦之相應也

䷚六二顛頤拂經于丘頤征凶求養于初則顛倒而違于常理求養于上則往而得凶卽土之高者上之象也◎按陽實陰虛故實者養人虛者養于人倒首在下曰顛引手摩上曰拂二與初比雖顛頤可也若拂其常道而求養于在上之邱是窮口腹之欲也凶且隨之矣

䷚六三拂頤征凶十年勿用无攸利陰柔不中正以處動極拂于頤矣旣拂于頤雖正亦凶故其象占如此◎按三求上之養然此則動之極彼則止之極是拂于頤也雖貞而凶矣无所求養亦終焉而已口容貲止故動而求養者皆凶止而求養者皆吉

䷚

六四顛頤吉虎視眈眈其欲逐逐无咎柔居上而得正所應又正而賴其養以施于下故雖顛而吉虎視眈眈下而專也其欲逐逐求而繼也又能如是則无咎矣◎按四賴初之養而其性動雖顛而吉矣文明爲虎視顧中有物故得遂其欲焉天下之動物自養于內者莫如寵求養于外者莫如虎象雖賾而實精矣

六五拂經居貞吉不可涉大川六五陰柔不正於尊位而不能養人反賴上九之養故其象雖占如此◎按五求養于上不免于拂常矣大過對待而本道具備亦可靜而不可動也君子之于養或豊或約順之而已故自下求上皆云拂自上求下皆云顛索于己欲而失其順故也聖人之戒嚴哉

䷚上九由頤厲吉利涉大川六五賴上九之養以養人是物由上九以養也

位高任重故厲而吉陽剛在上故利涉川◎
按以剛養柔以上養下塗徑不窮頤之所由
也養道皆係之故厲而吉焉下動上覆舟
也中虛多偶楫也凡涉川者多取此象云

☴巽下　互乾下
☱兌上　互乾上

大過棟橈利有攸往亨橈乃教反。大陽也
四陽居中過盛故爲
大過上下二陰不勝其重故有棟橈之象又
以四陽雖過而二五得中內巽外說有可行
之道故利有所往而得亨也◎按大過者陽
[illegible]而越險也健而生險中強外弱棟必橈焉
盛大流行必往之勢非物
之所能滔也故利往而亨

☰爻初六藉用白

茅无咎藉在夜反。當大過之時以陰柔居
巽下過于畏慎而无咎者也故其象
占如此白茅物之潔者◎按居下承陽其志
甚巽故其藉之之周如此大體似坎故主祭

祀禘酌妖灌薦牲薦盛皆藉以茅白者西方之色也

九二枯楊生稊老夫得其女妻无不利

稊徒稽反○陽過之始而比初陰故其象占如此稊根也榮于下者也榮于下則生于上矣夫雖老而得女妻猶能成生育之功也◎按陽者近水之木巽體在下猶木之有根二比在下之陰是稊也過而咸則積欲通老夫而得女妻矣故无不利

九三棟橈凶

三四二爻居卦之中棟之象也九三以剛居剛不勝其重故象橈而占凶

九四棟隆吉有它吝

它湯何反○以陽居陰過而不過故其象隆而占吉然下應初六以柔濟之則過于柔矣故又戒以有它則吝也◎按三四皆以坎體而居大過之中故以棟象之然三化坎而外曲則橈而凶四化坎而內幽則隆而吉特不可係于初柔則及失其剛而

不免於吝耳

䷛ **九五枯楊生華老婦得其士夫无咎无譽** 華如字。九五陽過之極又比過極之陰故其象占皆與二反◎按枯楊之上猶木之有枝五比在上之陰是華也過而恒則室家久老婦而得士夫矣故无咎无譽

䷛ **上六過涉滅頂凶无咎** 處過極之地才弱不足以濟然于義爲无咎矣蓋殺身成仁之事故其象占如此◎按乾體而在澤中滅及于頂過于涉者也于事雖凶于理无咎易之觀會通以行典禮于此可見矣

䷜ 坎下坎上　互震下互艮上

習坎有孚維心亨行有尚 習重習也坎險陷也其象爲水陽陷陰中外虛而中實也此卦上下皆坎是爲重險中實爲有孚心亨之象以是而行必有功

矣故其占如此◎按陽陷于陰有數飛之象爲坎而習者也積之厚斯維心亨矣流之光斯行有尚矣動心忍性增益其所不能非乎而何以得此哉

☵ 初六習坎入于坎窞凶 習徒坎陵感二反◎以陰柔居重陰之下其陷益深故其象占如此◎按陰而節焉坎中之窞也无可出之理其凶至矣

☵ 九二坎有險求小得 處重險之中未能自出故爲有險之象然剛而得中故其占可以求小得也◎按居坎之中是有險也然猶有所比焉故求小得

☵ 六三來之坎坎險且枕入于坎窞勿用 枕針甚反◎以陰柔不中正而居重險之閒來往皆險前險而後枕其陷益深不可用也故其象占如此◎枕倚着未安之意◎按來之坎坎即往來井井也前陷乎險後枕乎木水中有井則入窞而勿

用矣 爻☵ 六四樽酒簋貳用缶納約自牖終无缶方有反○晁氏云元儒讀樽酒簋爲一咎句貳用缶爲一句今從之貳益之也周禮大祭三貳弟子職左執虛豆右執挾匕周旋而貳是也九五尊位六四近之在險之時剛柔相際故有但用薄禮益以誠心進結自牖之象牖非所由之正而室之所以受明也始雖艱阻終得无咎故其占如此◎按在頤之中故有飲宴之象焉簋竹器也缶上器也持而入于中虛之處是納約自牖也四之干五誠足以孚之明足以啟之斯能濟困而无咎矣 ☵☵ 九五坎不盈祇既平无咎九五雖在坎中然以陽剛中正居尊位而時亦將出矣故其象占如此○來氏曰祇當作坻◎按猶未離險坎之不盈者也水中之坻既平則流行而无咎矣 爻☵ 上六係用徽纆

寘于叢棘三歲不得凶以陰柔居險極故其象占如此◎按徽纆
纆之黑者也叢棘木之險者也三歲不得幽囚之凶不已甚哉

☲☲ 離下離上 互巽下互兌上

離利貞亨畜牝牛吉畜許六反◎離麗也陰麗于陽其象爲火體陰
而用陽也物之所麗貴乎得正牝牛柔順之
物也故占者能正則亨而畜牝牛則吉也◎
按陰附于陽而文著焉離之義也內暗而外
明故利貞而後亨牝牛順之至也養其順德
而燥烈之氣潛消是以吉也

☲ 初九履錯然敬之无咎

以剛居下而處明體志欲上進故有履錯然
之象敬之則无咎矣戒占者宜如是也◎按
水性无定旅非久處且入于徑路之中故所
履錯然靜足以創動二足以待紛敬之斯无

咎矣☲☲六二黃離元吉黃中色柔麗乎中而得其正故其象占如此○本義備矣☲☲九三日昃之離不鼓缶而歌則大耋之嗟凶重離之間前明將盡故有日昃之象不安常以自樂則不能自處而凶矣戒占者宜如是也◎按居下之上日之昃也缶者土器動則鼓矣不安常而樂則歎老而憂惟所目處耳當坎離之際故歌與嗟各著其象云☲☲九四突如其來如焚如死如棄如後明將繼之時而九四以剛迫之故其象如此◎按後明之新炎既至前明之餘燼猶存而忽遇止焉則火之所聚也故必至于火焚水死邱陵棄之而後已也☲☲六五出涕沱若戚嗟若吉沱徒何反○以陰居尊柔麗乎中然不得其正而迫于上下之陽故憂懼如此

然後得吉戒占者宜如是也◎按重明之主繼世宅憂在倜体之中不以得位爲樂目涕口嗟吉之道也☲☲上九王用出征有嘉折首獲匪其醜无咎剛明及遠威震而刑不濫无咎之道也故其象占如此◎按恃剛揚威兵戈震動故王者不得已而用征之居高者爲首附從者爲醜所當辨也有折有肯而天討明矣

周易本義拾遺卷之二　李文炤著

周易下經

䷞ 艮下兌上　互巽下互乾上

咸亨利貞取女吉 取七具反。咸交感也兌柔在上艮剛在下而交相感應又艮止則感之專兌說則應之至又艮以少男下於兌之少女男先於女得男女之正婚姻之時故其卦爲咸其占亨而利貞取女則吉蓋感有必通之理然不以貞則失其亨而所爲皆凶矣。咸與函同◎接感欲物之器也男女之情合山澤之氣通皆所以爲咸也亨而利貞則无邪媚之感矣婚姻當冠笄之年男女有先後之節取女若是吉莫大焉

䷞ 爻**初六咸其拇** 拇茂后反。拇足大指也咸以人身取象感於

最下咸拇之象也感之尚淺欲進未能故不言吉凶此卦雖主於感然六爻皆宜靜而不宜動也◎按咸體似坎故以人身言之初居最下拇也當止之初是以欲感而未能與

䷞六二咸其腓凶居吉腓房非反○腓足肚也欲行則先自動躁妄而不能固守者也二當其處又以陰柔不能固守故取其象然有中正之德能居其所故其占動凶而靜吉也◎按在下之中乃腓也入而不已此三則凶止而有常應五則吉

䷞九三咸其股執其隨往吝股隨足而動不能自專者也執者主當持守之意下二爻皆欲動者三亦不能自守而隨之往則吝矣故其象占如此◎按在下之上則股矣其乘切近故不能自守舍其正應固執其所隨之人而往從之能无苟合之吝乎

䷞九四貞吉悔亡憧憧往來

朋從爾思憧昌容反又音同。九四居股之上脢之下又當三陽之中心之象咸之主也心之感物當正而固乃得其理今九四以陽居陰爲失其正而不能固故因占設戒以爲能正而固則吉而悔亡若憧憧往來不能正固而累於私感則但其朋類從之不復能及遠矣◎按當設之初故戒以貞男女俱心童必未去往來不一蹇之義也朋者群陰也思者必之官也初四相應皆失其正朋從爾思其所遺者不已多乎

䷞

九五咸其脢无悔脢武杯反又音每。脢背肉在心上而相背不能感物而无私係九五適當其處故取其象而戒占者以能如是則雖不能感物而亦可以无悔也◎按在上之出乃脢也五與上比故舍其正應而專係之豈能偏感夫物哉然亦无紛擾之悔矣

䷞

上六咸輔頰舌輔頰舌皆所以言者而在

身之上上上六以陰居說之終處咸之極感人以言无其實又兌爲口舌故其象如此凶咎可◎按以說之極而居最上輔頰舌當之全而從乘亦徒爲言語之感而已咸之爲象谷從其應故拇與心皆在身之前晦與脢皆在身之後而股與輔頰皆在身之傍然其志在速感故多從所比焉

䷟ 巽下震上 互乾下 互兌上

恒亨无咎利貞利有攸往 恒常久也爲卦震剛在上巽柔在下震雷巽風二物相與巽順震動爲巽而動二體六爻陰陽相應四者皆理之常故爲恒其占爲能久于其道則亨而无咎然又必利于守貞則乃爲得所常久之道而利有所往也、恒古作恆◎按恒維舟之牢也水流而能永木楠而能則皆所以爲恒也如是斯亨而无

終矣巽則當貞動則能往守其常適其變而恒道盡矣

初六浚恒貞凶无攸利浚句闔反。初與四為正應理之常也然初居下而在初未可以深有所求四震體而陽性上而不下又為二三所隔應初之意與平常矣初之柔暗不能度勢又以陰居巽下為巽之主其性務入故深以常理求之浚恒之象也占者如此則雖貞亦凶而无所利矣◎按恒體亦似坎故言浚恒浚者入水而求深也恒有常理而浚以求之雖貞亦凶何利之有耶

九二悔亡以陽居陰本當有悔以其久中故得亡也。本義備矣

九三不恒其德或承之羞貞吝位雖得正然過剛不中志從於上不能久于其所故為不恒其德或承之羞之象或者不知其何人之辭承奉也言人之皆得奉而進之不知其所自來也貞吝者正

而不恒為可羞吝申戒占者之辭◎按巽而險是不恒其德也恒而忽解則夫婦離而或士中饋之羞矣本貞而至于吝蓋自取之耳

九四田无禽

以陽居陰久非其位故為此象占者田无所獲而凡事亦不得其所求也◎按動象設險田之象也而禽皆升去失弋言加之之職矣師之有禽應剛故實恒之无禽應柔故虛

六五恒其德貞婦人吉夫子凶

以柔中而應剛中常久不易正而固矣然乃婦人之道非夫子之宜也故其象占如此◎按恒而大過則固守之已甚者婦人之德尚其說夫子之德尚其動柔中不易宜吉凶之相懸乎

上六振恒凶

振者動之速也上六居恒之極處震之終恒極則不常震終則過動又險柔不能固守居上非其所安故有振恒之象而其占則凶也◎按動而日燥[illegible]

有振恒之凶矣風撼水謂之振故以此擬之

䷠艮下　互巽下
乾上　互乾上

遯亨小利貞 遯退避也爲卦二陰浸長陽當退避故爲遯六月之卦也陽雖當遯然九五當位而下有六二之應若猶可以有爲但二陰浸長於下則其勢不可以不遯故其占爲君子能遯則身雖退而道亨小人則利于守正不可以浸長之故而遂侵迫於陽也小謂陰柔小人也此卦之占與否之初二兩爻相類◎按陰長于下陽當遯矣諸道伸身豈得謂之亨哉小人雖得志猶有巽止之德焉戒以利貞或庶幾其能改也

爻初六遯尾厲勿用有攸往 遯而在後尾之象危之道也占之者不可以有所往但晦處靜俟可免災耳◎按居下而當遯後尾也遯當先幾處後則危

隨時而止勿用䷠六二執之用黃牛之革
有攸往可也 勝音升說吐活反。以中順自守
莫之勝說 人莫能解必遯之志也占者固守
亦當如是◎按以中順而止其外故爲黃牛
之革執之而莫之勝說則固之至也初二皆
侵陽者而勸其䷠九三係遯有疾厲畜臣
止爲教深矣
妾吉 畜許六反。下比二陰當遯而有所係
吉之象有疾而危之道也然以畜臣妾則
吉蓋君子之於小人惟臣妾則不必其賢
可畜耳故其占如此◎按必有所比故係之
而不能舍豈非疾乎牽于物欲而不能自克
危道也處門闔而順承者臣妾也善止斯能
畜之矣以是爲吉其可
以懲出處去就之變哉䷠九四好遯君子
吉小人否 好呼報反否方有反○下應初六
而乾體剛健有所好而能絕之以

遯之象也惟自克之君子能之而小人小能故占者君子則吉而小人否也。好上聲◎按好則相得而已未至于後也與初止應不亢相好乾剛有自克之志巽柔有多欲之慮君子小人之分于此決矣

䷠九五嘉遯貞吉

陽剛中正下應六二亦柔順而中正遯之嘉美者也占者如是則正而吉矣◎按嘉則所耦非係好之私也明足以奈微健足以致決故雖正應之二而亦避離焉貞而吉矣

䷠上九肥遯无不利

以陽剛居卦外下无係應遯之違而處之裕者也故其象占如此肥者寬裕自得之意◎按超然物外絕无比應遯而潤澤是以肥也與疾憊異矣何不利之有哉遯體複巽故其文從豚曰尾曰疾曰肥皆因豚而立象也

䷡乾下震上　互乾下互兌上

大壯利貞大謂陽也四陽盛長故爲大壯二月之卦也陽壯則占者吉亨不假言但利在正固而已◎按陽盛而萬物長養焉壯之大者也陰懸猶未能盡不可徂說而妄動也故利貞**☰。初九壯于趾征凶有孚**趾在下而進動之物也剛陽處下而當壯時壯于進者也故有此象居下而壯于進其凶必矣故其占又如此◎按壯于趾欲進之至者也速動則征凶可必矣陽剛之德非不足也位下而時未可爾**☰。九二貞吉**以陽居陰已不得其正矣然所處得中則猶可因以不失其正故戒占者使因中以求正然後可以得吉也。本義備矣**☰。九三小人用壯君子用罔貞厲羝羊觸藩羸其角**過剛不中當壯之時是小人用壯而君子則用壯也罔无也視有如无君子之過於勇者必如此則雖正亦危矣羝羊剛壯喜觸之物藩籬也羸困也貞厲之占其象如此◎按詩剛自喜故有用壯用罔之戒雖貞亦厲矣藩以竹葦爲之一陽前阻是觸藩而羸其角也

䷡九四貞吉悔亡藩決不羸壯于大輿之輹貞吉悔亡與咸九四同藩決不羸承上文而言也決開也三前有四猶有藩焉四前二陰則藩決矣壯于大輿之輹亦可進之象也以陽居陰不極其剛故其象占如此◎按居不當位故戒之以貞前无阻而能夫則藩決而不羸矣大輿之輹坤之體也壯而泰故能如此

䷡六五喪羊于易无悔喪息浪反易以豉反一作場旅卦同◎卦體似兌有羊象焉外柔而內剛也獨六五以柔居中不能抵觸雖失其壯然亦无所悔矣故其象如此而占亦與咸九五同易容易之易言忽然不覺其亡也或

作疆埸之埸亦通漢食貨志埸作易◎按无剛是喪羊也疆埸之間四達之途而羊喪焉其能遂得乎然亦无羸困之悔矣

䷡上六羝羊觸藩不能退不能遂无攸利艱則吉壯終動極故觸藩而不能退然其質本柔故又不能遂其進也其象如此其占可知本然猶幸其不剛故能艱以處則猶可以得吉也◎按動燥之極與柔中者異矣故又爲觸藩之羊也位高則壯甚安能退乎其質本柔安能遂乎无所往而利矣戒之以艱或庶幾其能止也大壯視兌故諸爻以羊象之

䷢坤下離上 互艮下互坎上

晉康侯用錫馬蕃庶晝日三接晉進也康侯安國之侯也錫馬蕃庶晝日三接言多受大賜而顯被親禮也蓋其爲卦上離下坤有日出地上之象

順而麗乎大明之德又其變自觀而來爲六四之柔進而上行以至於五占者有是三者則亦當有是寵也。晉古作晉◎按晉者日之升也明王下交順而止焉能安其國矣輿需爲對貞悔皆馬衆者在下則錫之多麗者在上則接之動覲禮延升一也覲畢致享升致命二也享畢三勞之升成拜三也可不謂盛遇乎

䷢初六晉如摧如貞吉罔孚裕无咎以陰居下應不中正有欲進見摧之象占者如是而能守正則吉設不爲人所信亦當處以寬裕則无咎也◎按順而動欲進者也而應止則見阻矣險則多疑矣然雖摧如而不可失其貞也雖罔孚而不可不裕以待之也則有守已之吉无躁進之咎矣此噬嗑之遇與

䷢六二晉如愁如貞吉受茲介福于其王母六二中正上无應援故欲進而愁占

者如是而能守正則吉而受福于王母也王母指六五蓋享先妣之吉占而凡以陰居尊者皆其類也◎按居險應險不能无愁然有中正之德則必吉矣雖當尊位而據家上是爲王母坎有祭祀之義宜其受福也

䷢六三衆允悔亡三不中正宜有悔者以其與下二陰皆欲上進是以爲衆所信而悔亡也◎按旅而皆止是衆允也處明順之　閒悔可亡矣

䷢九四晉如鼫鼠貞厲鼫音石。不中不正以竊高位貪而畏人蓋危道也故爲鼫鼠之象占者如是雖正亦危◎按止非所止如鼠之夜出焉大明將幷雖貞且厲而況于不貞乎

䷢六五悔亡以陰居陽宜有悔矣失得勿恤往吉无不利以大明在上而下皆順從故占者得之則其悔亡又一切去其計功謀利之心則往吉而无不利也然亦必有

其德乃應其占耳◎按離多苛察坎多憂疑故雖悔亡而戒以失得勿恤如是以往斯吉矣曰利。

䷢上九晉其角維用伐邑厲吉无咎貞吝

角剛而居上上九剛進之極有其象矣占者得之而以伐其私邑則雖危而吉占。无咎然以剛極治小邑雖得其正亦可吝矣◎按晉終无所往矣人心和豫戈兵震動而加于所應之邑故與吝所不免也角者高亢之物兌羊也離牛也乾龍也故大壯晉姤皆以角言之

䷣ 離下坤上 互坎下互震上

明夷利艱貞

夷傷也爲卦下離上坤日入地中明而見傷之象故爲明夷又其上六爲暗之主六五近之故占者利于艱離以守正而自晦其明也◎按明夷者日之

没也或潔身或弔民或見義之明決或用意之中心厚皆不可以易心處之也故利艱貞

〓○初九明夷于飛垂其翼君子于行三日不食有攸往主人有言飛而垂翼見傷之象占者行而不食所如不合時義當然不得而避也◎按小過者飛鳥也謙體似之垂翼則不无傷矣于行而不食者中虛也動止躰性攸往而能免于主人之言乎

〓○六二明夷夷于左股用拯馬壯吉傷而未切救之速則免矣故其象占如此◎按離東其位左居身之後乃股也陷則溺動則拯馬健而奮則壯矣明夷而値泰故見傷而豪拯也可不濟吉乎

〓○九三明夷于南狩得其大首不可疾貞以剛居剛又在明體之上而屈於至暗之下正與上六闇主為應故

有向明除害得其首惡之象然不可以亟也故有不可疾貞之戒成湯起於夏臺文王興於羑里正合此爻之義而小事亦有然者◎按操兵動衆有待象焉南其方也其應之居高而在身之上是謂大首以明除暗斯得矣大亂將復當安靜以俟之故不可疾貞

爻三六四入于左腹獲明夷之心于出門庭

此爻之義未詳竊疑左腹者幽隱之處獲明夷之心于出門庭者得意於違去之義言筮而得此心者其自處當如是也蓋離體爲明故之德坤體爲至闇之地下三爻明在闇外居隨其違近高下而處之不同六四以柔正闇地而倘淺故猶可以得意于違去五以中居闇地而已迫故爲內難正志以晦其明之象上則極乎闇矣故爲自傷其明以至于闇而又足以傷人之明蓋下五爻皆爲君子獨上一爻爲闇君也◎按履東其位亦爲左坤

乃腹也身前爲心震而反行門庭之象入于左腹則退暗之至矣獲明夷之心者得行已之志也出門庭者不立君之朝也

六五箕子之明夷利貞

居至闇之地逅至闇之君而能正其志箕子之象也貞之至也利貞以飛占者◎接坎有囚辱之象故箕子當之訪範陳疇則既濟之遇爽明夷之中而解存焉故諸爻皆傷而不死也

上六不明晦初登于天後入于地

以陰居坤之極不明其德以至于晦始則處高位以傷人之明終必至于自傷而墜厥命故其象如此而占亦在其中矣◎接迷暗之至无復望其明矣君臣一體也腹心離股肱傷則元首之道喪矣天上位也地下位也明夷之反爲晉之大明升而昏德蔌豈非千古之永鑒哉

䷤ 離下 巽上 互坎下 互離上

家人利女貞 家人者一家之人卦之九五六二外內各得其正故爲家人利女貞者欲先正乎內也內正則外无不正矣◎按展內牖閒謂之家女子歸焉內明外順所謂而人位各當家人之義也少長有序乃所謂貞人倫察于內而後風化被于外利孰加焉

䷤◎初九閑有家悔亡 初九以剛陽處有家之始能防閑之其悔亡矣戒占者當如是也◎按閑所以止門者治家之法當杜其漸則悔可亡矣

䷤六二无攸遂在中饋貞吉 六二柔順中正女之正位乎內者也故其象占如此◎按麗德之純則无攸遂矣中蒲爲饋食之具婦人之所司也貞吉不亦宜乎

䷤◎九三家人嗃嗃悔厲吉婦子嘻嘻終

吝嗃，呼落反。嘻，喜必反。以剛居剛而不中，過乎剛者也，故有嗃嗃嚴厲之象。如是則雖有悔厲而吉也。嘻嘻者，嗃嗃之反，吝之道也。占者各以其德爲應，故兩言之。◎按：震主嚴肅，離主歡笑，嗃嗃嘻嘻則其狀也。長少男女蓋具列焉。嚴者傷恩而有法，和者傷義而无節，吉吝之分可以鑒矣。

六四：富家，大吉。

陽主義，陰主利。以陰居陰而在上位，能富其家者也。◎按：性入則好利，金玉備列，可謂富家矣。處明順之間，明則知足，順則无驕，吉之大者也。

九五：王假有家，勿恤，吉。

假，更白反。假，至也，如假于太廟之假。有家，猶言有國也。九五剛健中正，下應六二之柔順中正，王者以是至于其家，則勿用憂恤而吉可必矣。蓋聘納后妃之吉占，而凡有是德者遇之皆吉也。◎按：其應王也，退朝適寢，入而止焉，假有家也。居險之外，又何恤焉。內外

正位而人文化。☲☴上九有孚威如終吉上九
成吉茂以加矣
以剛居上在卦之終故言正家久遠之道占
者必有誠信威嚴則終吉矣◎按中實則有
孚矣不過强則當威如矣誠正修
齊之道備于二者終吉何待言哉

☲☱兌下 互離下
離上 互坎上

睽小事吉 睽苦圭反。睽乖異也為卦上火
下澤性相違異中女少女志不同
歸故為睽然以卦德言之內說而外明以卦
變言之則自離來者柔進居三自中孚來者
柔進居五自家人來者兼之以卦體言之則
六二得中而下應九二之剛是以其占不可
大事而小事尚有吉之道也◎按睽自背也
澤火相違而中爻失位睽之義也睽之極則
合之機矣相說相麗
小事之所以吉也 ☲☱。初九悔亡喪馬勿

逐自復見惡人无咎喪息浪反○上无正應有悔也而居睽之時同
德相應其悔亡矣故有喪馬勿逐而自復之
象然亦必見惡人然後可以辟咎如孔子之
於陽貨也◎按无應而得正則悔可亡矣至
心之馬易于喪失而其體本說則勿逐自復
馬彼寇此和不與之競是以見惡
人而无咎也其體重明故多言見
䷥九二
遇主于巷无咎二五陰陽正應居睽之時乖戾不合必委曲相求而得會
遇乃爲无咎故其象占如此◎按五乃主也
大塗之中小徑存焉是之謂巷嗌之而嗌則
遇焉而无咎矣暫而有隔則見摧睽而而
有間則反合聖人所以極人情之變也䷥
六三見輿曳其牛掣其人天且劓无初有終掣昌逝反劓魚器反○六三上九正應而三居二陽之間後爲二所曳前爲四所掣而當

睽之時上九猜狠方深故又有覞劓之傷然邪不勝正終必得合故其象占如此○天當作而與耐同◎按輿牛相麗說者曳之險者掣之火金交惡不免于刑矣而容傷則耐首髗鈌則劓睽而大有

九四睽孤遇元夫交孚厲无咎 睽孤謂无應遇元夫謂得初九故无初而有終焉 交孚謂同德相信然當睽時故必危厲乃得无咎占者亦如是也◎按火烈而難近故四上皆孤元夫與四同德而中實能交孚矣孤則厲孚則无咎豈所謂一人行則得其友者耶

六五悔亡厥宗噬膚往何咎 以陰居陽悔也居中得應故能亡之厥宗指九二噬膚言易合六五有柔中之德故其象占如是◎按兩明相麗宗也兌口上張莫能間之如噬膚之易合則咎无從生矣

上九睽孤見豕負塗

載鬼一車先張之弧後說之弧匪寇婚媾往遇雨則吉說吐活反。睽孤謂六三爲二陽所制而已以剛處明極睽極之地又自猜狠而乖離也見豕負塗見其汚也載鬼一車以无爲有也張弧欲射之也說弧疑相釋也匪寇婚媾知其非寇而實親也往遇雨則吉疑盡釋而睽合也上九之與六三先睽後合故其象占如此◎按與三爲應而甚疑之陷而近澤若豕之負塗然隱而乘虛若鬼之載車然弧乃矯揉之物燥勁則張之毀折則說之終于歸妹是匪寇而婚媾矣歷險而餘熄遇雨之所以吉與

䷦ 艮下坎上　互坎下互離上

蹇利西南不利東北利見大人貞吉蹇難也足不能

進行之難也爲卦艮下坎上見險而止故爲蹇西南平易東北險阻又艮方也方在蹇中不宜走險又卦自小過而來陽進則往居五而得中退則入於艮而不進故其占曰利西南不利東北當蹇之時必見大人然後可以濟難又必守正然後得吉而卦之九五剛健中正有大人之象自二以上五爻皆得正位則又貞之義也故其占又曰利見大人貞吉蓋見險者貴於能止而又不可終於止處險者利於進而不可失其正也◎按蹇者足不前也動反而止水流而阻皆蹇道也止在東北則利在西南矣大人者濟險之具也貞者濟險之方也才與德稱吉可知矣

䷦爻初六往蹇來譽往遇險來得譽◎按蹇因足取義故諸爻皆言往來初无濟難之才而有豫樂之安者止而麗故也

䷦爻六二王臣蹇蹇匪躬之故柔順中正正應在上而在

險中故蹇而又蹇以求濟之非以其身之故也不言吉凶者占者但當鞠躬盡力而已至於成敗利鈍則非所論也◎按處重險之間而往來非井故爲王臣之蹇蹇也匪躬之故欲拯所應之陷耳

䷦**九三往蹇來反**反就二陰得其所安◎按止終則反矣陽剛而能比人亦爲人所比善處蹇者也

䷦**六四往蹇來連**連於九三合力以濟◎按在蹇而能成則與人之意孚是以來連也

䷦**九五大蹇朋來**大蹇者非常之蹇九五居尊而有剛健中正之德必有朋來而助之者占者有是德則有是助矣◎按以尊居蹇蹇之大者也其朋至衆謙則能受之

䷦**上六往蹇來碩吉利見大人**已在卦極往无所之益以蹇耳來就九五與之濟蹇則有碩大之功大人指九五曉占者宜如是也◎按

蹇終何所往哉其戀陽剛所謂須也就之則吉矣見大人而利者君德方隆也蹇終則解豈終止乎

☵坎下　互離下
☳震上　互坎上

解利西南无所往其來復吉有攸往夙吉解音蟹。解難之散也居險能動則出於險之外矣解之象也難之既解利於平易安靜不欲久爲煩擾且其卦自升來三往居四入於坤體二居其所而又得中故利於西南平易之地若无所往則宜來復其所而安靜若倘有所往則宜早往早復不可久煩擾也◎按解者散也止反而動水流而通皆解意也東北僅見于險止則西南利矣不往而歸亦无止之者不以多事自擾來復之所以吉也欲往則不可緩動必思奮矣不以无事自怠夙之所以吉

也

䷧初六无咎 難既解矣以柔在下上有正應何咎之有故其占如此

此義備。本䷧九二田獲三狐得黃矢貞吉 爻義未詳或曰卦凡四陰除六五君位餘三陰即三狐之象也大抵此爻爲卜田之吉占亦爲去邪媚而得中直之象能守其正則无不吉矣◎按弋兵操大衆動禽陷隄則田而有所獲也重險且止益三狐馬黃色三之中者矢物之直者以正去邪貞而吉矣

䷧六三負且乘致寇至貞吝 乘如字又石證反。繫辭備矣 貞吝言雖以正得之亦可羞也惟避而去之爲可免耳◎按下伏負也中虛乘也以險而居下之上可謂尊貴然寇發于内其能久據乎雖貞亦吝又況不貞邪

䷧九四解而拇朋至斯孚 解佳買反。拇指初初與四皆不得其位而相

應應之不以正者也然四陽初陰其類不同若能解而去之則君子之朋至而相信也◎授拇乃初也而四與之應解之則无險矣化而得朋故朋至斯孚君子小人豈容于並立哉

䷧六五君子維有解吉有孚于小人解音蟹◎卦凡四陰而六五當君位與三陰同類者必解而去之則吉也孚驗也君子有解以小人之退爲驗也◎授與陰同類疑牽于私也苟能解之則純乎君子矣省德无關小人亦華商而悔必何不可孚之有哉

䷧上六公用射隼于高墉之上獲之无不利射食亦反隼荀尹反◎繫解備矣◎授希高而動悖終不倦故公挾弓矢而用射之飛而有威者突若隼陷而罹焉則射之于高墉而獲之矣奸慝盡解可不謂利耶二地位則言狐上天位則言隼象之切當如此

䷨ 兌下艮上 互震下 互坤上

損有孚元吉无咎可貞利有攸往損減省也為卦損下卦上畫之陽益上卦上畫之陰損兌澤之益艮山之高損下益上損內益外剝民奉君之象所以為損也損所當損而有孚信則其占當有此下四者之應矣**曷之用二簋可用享**言當損時則至薄无害◎按泰之至則有所損矣說而止其分損道然也有徵約之吉无刻削之咎止所當止而可貞行所當行而利有攸往皆非有孚不能也簋仰而乘兌其數二焉變神猶可而況其他乎

䷀ **初九已事遄往无咎酌損之**遄市專反◎初九當損下益上之時上應六四之陰輟所為之事而速往以益之无咎之道也故其象占如此然居下而益上亦當斟酌其淺

深也◎按已事已然之弊事也遄往以損之斯无積滯之咎矣然亦不可已甚也當酌損之而後適宜焉坎有酒象困以酌言

☶☱九二利貞征凶弗損益之九二剛中志在自守不肯妄進故占者利貞而征則凶也弗損益之言不變其所守乃所以益上也◎按說而奸動故利貞而征凶以剛居柔不可更損乃所以能益乎陰也損過而至于失中可乎

☶☱六三三人行則損一人一人行則得其友下卦本乾而損上爻以益坤三人行而損一人也一陽上而一陰下一人行而得其友也兩相與則尋三則雜而亂卦有此象故戒占者當致一也◎按此損之主也故言損之道三當人位動則行矣三陽同進而損三居上三人行而損一人也一陽居于坤衆之前一人行而得其友也如是則各相應而不亂矣

爻

六四損其疾使遄有喜无咎以初九之陽剛益已而損其陰柔之疾惟速則善戒占者如是則无咎矣◎按柔而陷乃疾也初九爲應以損去之使能速就則有喜而无咎矣喜自外至故以有言之損鮮損疾皆利于速者也損以遠害此之謂也

六五或益之十朋之龜弗克違元吉柔順虛中以居尊位當損之時受天下之益者也兩龜爲朋十朋之龜大寶也或以此益之而不能辭其吉可知占者有是德則獲其應也◎按受二之益或益之也損益皆有大龜之象上者十之數也五貝爲一朋卜以決疑十朋之龜弗克違則順之至矣承應皆陽故受益如此

上九弗損益之无咎貞吉利有攸往得臣无家上九當損下益上之時居卦之上受益之極而欲自

損以益人也然居上而益下有所謂惠而不費者不待損已然後可以益人也能如是則无咎然亦必以正則吉而利有所往惠而不費其惠廣矣故爻曰得臣无家◎按剛柔有節何所損哉但益乎羣陰而已止則貞吉動則利有攸往家象變而臣道著于以臨之故得臣而无家

䷩ 震下巽上 互坤下 互艮上

益利有攸往利涉大川 益增益也爲卦損上卦初畫之陽益下卦初畫之陰自上卦而下于下卦之下故爲益卦之九五六二皆得中正下震上巽皆木之象故其占利有所往而利涉大川也◎按否之至則存所益矣動而善入焉益道然也如是以往何不利之有御風乘木險難與對亦涉之而利矣而況其他乎

䷀。初

九利用爲大作元吉无咎初雖居下然當益下之時受上之益者也不可徒然无所報效故利用爲大作必元吉然後得无咎◎按善動而順可以大作矣位卑而任重苟非元吉其能无咎乎

䷩六二或益之十朋之龜弗克違永貞吉王用享于帝吉六二當益下之時虛中處下故其象占與損六五同然爻位皆陰故以永貞爲戒以其居下而受上之益故又爲卜郊之吉占◎按損以與而受下之益則曰元吉益以說而受上之益則曰永貞吉其分然也孚信之至可以享出震之神爲損濟物而享益盛禮而亦享惟其孚而已矣

䷩六三益之用凶事无咎有孚中行告公用圭六三陰柔不中不正不當得益者也然當益下之時居下之上故有益之以凶

事者益警戒震動乃所以益之也占者如此然後可以无咎又戒以有孚中行而告公用圭用圭所以通信◎按戈兵動險難生是謂凶事而无咎者其德順也中虛之至則有孚而言足信矣居中而動故曰中行四當三爻公位圭以玉為之所以通信者震象也

六四中行告公從利用為依遷國三四皆不得中故皆以中行為戒此言以益下為心而合于中行則告公而見從矣傳曰周之東遷晉鄭焉依蓋古者遷國以益下必有所依然後能立此爻又為遷國之吉占也◎按三四全體之中故皆曰中行與則受三之告而從矣乾陽下行于坤陰國而動為遷之狀也後屏前藩大衆順止而御以君道故利用依之

☰ **九五有孚惠心勿問元吉有孚惠我德**上有信以惠于下則下亦有信以惠于上矣不問而

元吉可知◎按複離象必能養萬民故上下相信如此實而不妄上之孚也虛而能受下之孚也善鳴而過此則元吉豈待問哉大作大役也享帝大禮也凶事大師也遷國大遷也惠心惠德大澤也故曰益以興利

☴☶ **上九莫益之或擊之立心勿恆凶** 以陽居益之極求益不已故莫益而或擊之立心勿恆戒之也

⑦按剛者益人柔者益于人上以剛居益終而好利也啇反求下之益焉故莫益之而其應或擊之矣恒者益之變因其立必之勿恒故為德不卒而凶也

䷪ 乾下　兌上　互乾下　互乾上

夬揚于王庭孚號有厲告自邑不利即戎利有攸往 夬古快反號戶羔反○夬決也陽決陰也三月之卦也以五陽去一陰決

之而已然其决之也必正名其罪而盡誠以呼號其衆相與合力然亦尙有危厲不可安肆又當治其私而不可專尙威武則利有所往也皆戒之之辭◎按夬者陰之窮也與剝爲對庭也邑也位小人得意于高位故揚于王庭當決之時號以求衆信其言則有厲告方自邑則決之之助也不利即戎則決之之以也說者著戰者隱以理勝而不以威勝于以攸往其庶幾乎

䷪初九壯于前趾往不勝爲咎

前猶進也當決之時居下任壯不勝宜矣故其象占如此◎按夬而大過壯而必往者也乾南其位前然居下而本末皆弱豈能勝其任哉初非有他過以是爲咎耳

䷪九二惕號莫夜有戎勿恤

莫音暮◎九二當決之時剛而居柔又得中道故能憂惕呼號以自戒備而莫夜有戎亦可无患也◎按其應當決者闇其號聲于日在

澤下之時不可以不惕也兵革起焉故莫夜有戎然乾惕有備則可以勿恤矣〇**九三壯于頄有凶君子夬夬獨行遇雨若濡有慍无咎**頄求龜反○頄顴也九三當決之時以剛而過乎中是欲決小人而剛壯見于面目也如是則有凶道也然在衆陽之中獨與上六為應若能果決其決不係私愛則雖合于上六如獨行遇雨至于若濡而為君子所慍然終必能決去小人而无所咎也溫嶠之于王敦其事類此◎按耳目口頰之間乃首中之頄也壯發于外則有反噬之凶矣純兌似乎重夬故曰夬夬備應上六而類坎是獨行而遇雨也濡者澤之汚慍者陷之窒終能決之又何咎焉〇**九四臀无膚其行次且**臀徒敦反次七私反且七余反**牽羊悔亡聞言不信**以陽居陰不

中不正居則不安行則不進若不與衆陰競進而安處其後則可以亡其悔然當決之時志在上進必不能也占者聞其言而信則轉凶而吉矣牽羊者當其前則不進縱之使前而隨其後則可以行矣◎按以剛變陷則臀无膚矣以健遇兌則其行次且矣居兌之後故云牽羊縱一陰使前而徐制之也口司言耳司德聞言不信以其不能需之故耳二○二

三九五莧陸夬夬中行无咎莧閑辯反又胡練反○莧陸今馬齒莧感陰氣之多者九五當決之時為決之主而切近上六之陰如莧陸然若決而決之而又不為過暴合于中行則无咎矣戒占者當如是也◎莧當作萈音丸◎按萈乃山羊陸其所行之路大塗之象也以夬互夬故曰夬夬五居群陽之前猶羖羊之引路者以是決陰而不牽于比斯中行而无咎矣

三上六无號終有凶

險柔小人居窮極之時黨類已盡无所號呼
終必有凶也占者有君子之德則其敵當之
不然反是◎按陰慝將盡號復何爲所比
者夬夬也所應者亦夬夬也其凶明矣

䷫ 巽下乾上 互乾下互乾上

姤女壯勿用取女姤女豆反取七喻反◎姤遇也決盡則爲純乾四月之卦至此然後一陰可見而爲五月之卦以其本非所望而卒然值之如不期而遇者故爲遇而遇已非正又一陰而遇五陽則女德不貞而壯之甚也取以自配必害乎陽故其象占如此◎按姤者陰之姤也女將有家而遇非其正故壯而不可取也五陽方盛而決之者猶有危辭一陰甫生而遇之者已有深慮聖人之戒切矣

初六繫于金柅貞吉有攸往見凶羸豕孚蹢躅柅乃李反

躑直益反躅直六反。柅所以止車以金爲之其剛可知一陰始生靜正則吉往進則凶故以二義戒小人使不害於君子則有吉而无凶然其勢不可止也故以羸豕蹢躅曉君子使深爲之備云◎按巽乃柅也乾則金爲之一陰不可遇五陽故小吉而行凶剛而少肉是曰羸豕牝假之狀也將求孕如此則蹢躅矣攸往之狀其可醜如此䷫

九二包有魚无咎不利賓魚陰物二與初遇爲包有魚之象然制之在巳故猶可以无咎若不制而使遇于衆則其爲害廣矣故其象占如此◎按包謂苞苴多以草茅爲之當姤而能止故包有魚而无咎也若使之遇于衆賓則何利之有哉䷫

九三臀无膚其行次且厲无大咎九三過剛不中下不遇于初上无應于上居則不安行則不進故其象占如此然既无所遇則无陰邪之傷故

雖危厲而无大咎也◎按夬之九四過于決者也故不免于悔姤之九三不及遇者也則雖危而无大咎矣

䷫九四包无魚起凶　初六正應已遇于二而不及于已故其象占如此◎按失應是无魚也性剛能无爭乎凶由此起矣

䷫九五以杞包瓜含章有隕自天　瓜陰物之在下者甘美而善潰杞高大堅實之木也五以陽剛中正主卦于上而下防始生必潰之陰其象如此然陰陽迭勝時運之常若能含晦章美靜以制之則可以回造化矣有隕自天本无而倏有之象也◎按杞即杞柳中虛之果爲瓜皆五月之物也以巽承乾若杞之包瓜然含章有爻明之德而不露也施命誥于四方則如瓜之熟落有隕自天矣所謂剛遇中正天下大行者也

䷫上九姤其角吝无咎　角剛乎上者也上九以剛

居上而无位不得其遇故其
象占與九二類。義見晉卦

䷬ 坤下 兌上 互艮下 巽上

萃亨王假有廟利見大人亨利貞用大牲吉
利有攸往 假更白反豐渙卦辭並同。萃聚
也坤順兌說九五剛中而二應之
又爲澤上于地萬物萃聚之象故爲萃亨字
衍文王假有廟言王者可以至于宗廟之中
王者卜祭之吉占也祭義曰公假于太廟是
也廟所以聚祖考之精神又人必能聚己之
精神則可以至于廟而承祖考也物既聚則
必見大人而後可以得亨然又必利于正所
聚不正則亦不能亨也大牲必聚而後能有
聚則可以有所往皆占吉而有戒之辭◎按
萃者物之精華也澤潤乎地萬物蕃焉則其
象也門宮既成鬼神處焉可以假廟矣陽剛

中正見之所以亨也獨說則失其貞焉牲牢具列大畜爲對故川大牲而利聚而不往豈所以成天下之務乎

䷬初六有孚不終乃亂乃萃若號一握爲笑勿恤往无咎

號戶羔反握烏學反。初六上應九四而隔于二陰當萃之時不能自守是有孚而不終志亂而妄聚也若號呼正應則衆以爲笑但勿恤而往從正應則无咎矣戒占者當如是也◎按大體類有孚坤德本有終而妄隨則其孚不終矣性迷能无亂乎應司戶舌是以號之群陰所止其象也握同而不和故皆笑之也陷體失而能動則勿恤而往无咎矣

䷬六二引吉无咎孚乃利用禴

禴羊畧反。二應五而雜于二陰之間必牽引以萃乃吉而无咎又二中正柔順虛中以上應九五剛健中正誠實而下交故卜祭者有其孚誠則

雖薄物亦可以祭矣◎按開方謂之引三之
志在應五猶射者之於正鵠也其孚如此則
吉而无咎矣孚其蘊也交神誠順故雖薄而利
六三萃如嗟如
无攸利往无咎小吝六三陰柔不中不正上无應與欲求萃于近而
不得故嗟如而无所利雖往從于上可以无
咎然不得其萃困然後往復得陰極无位之
爻亦可小羞矣戒占者當近捨不正之強援
而遠結正應之窮變則无咎也◎按[illegible]而感
焉欲萃之至者也其應方變形于口[illegible]嗟如
而无攸利也往而從之巽順固无咎而自求
獨非齊乎
九四大吉无咎上比九五下比衆陰得其萃矣然以
陽居陰不正故戒占者必大吉然後得无咎
也◎按有萃物之才有此物之勢而惜其失
正也故必大吉而後无咎
九五萃有位无咎匪孚元

永貞悔亡九五陽剛中正當萃之時而居尊固无咎矣若有未信則亦修其元永貞之德而悔亡矣戒占者當如是也◎按此即所謂大人也故日有位致性多疑而豫過易溺故或有未孚者然亦修其德而悔可亡矣

☱☷上六齎咨涕洟无咎齎將啼反洟音夷◎處萃之終陰柔无位求萃不得故戒占者必如是而後可以无咎也◎按齎咨憂形于日也涕洟擇散于面也如是而无咎者所謂生于憂患也聚散者恒物之大情故諸爻多蹙悲歡之狀焉

☷☴巽下坤上　互兌下互震上

升元亨用見大人勿恤南征吉升進而上也卦自解來柔上居四內巽外順九二剛中而五應之是以其占如此南征前進也◎按升者物之崇高

也木萌于地長而不已則其象也元亨可知矣大人在上則利見在下則用見尊卑之分也見之而其憂釋矣萬物齊乎巽致役爻乎坤必越離而相見焉是以南征吉

初六允升大吉 初以柔順居下巽之主也當升之時巽于二陽占者如之則信能升而大吉◎按應順故允升而泰焉何吉如之

九二孚乃利用禴无咎 義見萃卦

九三升虛邑 陽實陰虛而坤有國邑之象九三以陽剛當升時而進臨乎坤故其象占如此◎按四邑爲邱四邱爲虛地勢相重也動而无阻升道成矣

爻六四王用亨于岐山吉无咎 義見隨卦◎按大體順坎故多以祭享言之所比之陽反而成大壯居其間山之岐者也用之以亨順

爻六五貞吉升階 以陰誠焉吉又何咎矣

居陽當升而居尊位必能正固則可以得吉而升階矣階升之易者◎按居非其正必貞乃吉大塗居高故謂之升階

上六冥升利于不息之貞

以陰居升極昏冥不已者也占者遇此无適而利但可反其不已於外之心施之於不息之正而已◎按迷而不已升于杳冥之上者也以其或縱或止故循以不息之貞望之天理人欲不容並立一轉念而消長分矣

坎下兌上 互離下互巽上

困亨貞大人吉无咎有言不信

困者窮而不能自振之義坎剛爲兌柔所揜九二爲二陰所揜四五爲上六所揜所以爲困坎險兌說處險而說是身雖困而道則亨也二五剛中又有大人之象占者處困能亨則得其正矣非大人其孰

能之故曰貞又曰大人者明不正之小人不能當也有言不信又戒以當務晦默不可尚口益取困窮◎按坎凶流決卒歸于涸困象相也亨而能貞斯說而不流矣大人以袛德相節故吉且无咎處困而以口舌爭乀其誰信之知語默之節則无往而不宜矣䷮

初六臀困于株木入于幽谷三歲不覿臀物之底也困于株木傷而不能安也初六以陰柔處困之底居暗之甚故其象占如此◎按應爻故困于株木處水中之澤故入于幽谷◎既隱矣則安能覿耶陰柔在下而志欲拚剛宜其及矣

䷮九二困于酒食朱紱方來利用亨祀征凶无咎紱音弗亨讀作享乁困于酒食厭飫苦惱之意酒食人之所欲然醉飽過宜則是反爲所困矣朱紱方來上應之也九二有剛中之德以處困時雖无凶

害而反困于得其所欲之多故其象如此而
其占利以亨祀若征行則非其時故凶而于
義為无咎也◎按酒食人所常需而反為困
者憂功之不能浮于食也離色為赤紱係于股
者剛中相應而志相萃焉能无爵節之來乎
險則生凶順則无咎時雖未可而義固安矣

六三困于石據于蒺藜入于其宮不見其妻凶陰柔而不中正故有此象而其占則凶石指四蒺藜指二宮謂三而妻則六也其義則繫辭備矣◎按石亦金玉之類蒺藜則木之多險者言其居也妻其匹也柔剛則有蒺藜石之居乘險則有剛土之憂且其之性故入于其宮失離之體則不見其妻矣家破身危何暇傷善哉

◎九四來徐徐困于金車吝有終初六九四之正應九四處位不當不能濟物而初六方困于下又為九二所隔

故其象如此然邪不勝正故其占雖爲可吝而必有終也金車爲九二象未詳疑或有輪象也。按與初爲應欲拯之而陷于重險故初徐徐而後能來也車在兌下則以金飾之者當困亦不安于乘之矣與陰雖可吝而濟困則有終也

䷮九五劓刖困于赤紱乃徐有說利用祭祀說音悅。劓刖者傷于上下上下既傷則亦紱无所用而反爲困矣九五當困之時上爲陰揜下則乘剛故有此象然剛中而說體故能遲久而有說也占具象中又利用祭祀久當獲福。說吐活反。按體缺劓也足毀刖也亦紱猶朱紱當困亦不能安于佩矣然久而必解故徐有說中實相應祭祀之利也

䷮上六困于葛藟于臲卼曰動悔有悔征吉藟力軌反臲五結反卼五骨反。以陰柔處困極故有困于葛藟于

臲卼曰動悔之象然物窮則變故其占曰若能有悔則可以征而吉矣◎按巽多纏如葛藟也乾處高亢臲卼也不安甚矣然猶望其能自訟焉曰動悔而自訟之辭也若前已之所爲而知剛之不可恃則征而吉矣

☵☴ 巽下坎上　互兌下　互離上

井改邑不改井无喪无得往來井井汔至亦未繘井羸其瓶凶喪息浪反汔許訖反繘音橘。井者穴地出水之處以巽水入乎坎水之下而上出其水故爲井改邑不改井故无喪无得而往者來者皆井其井也汔幾也繘綆也羸敗也汲井幾至未盡綆而敗其瓶則凶也其占爲事仍舊无得喪而又當敬勉不可幾成而敗也。羸一作纍◎按彖辭隨草運若汲者然井象也困與井变澤更爲市而重險之大象如故是改邑而不改井也時出不窮夫何喪焉自中而發夫何得焉往來井井出入上下无不均矣有善係之具有能容之器而當毀折之時將未至而羸不可不戒也

初六，井泥不食，舊井无禽。

泥乃計反。井以陽剛爲泉上出爲功初六以陰居下故爲此象蓋不泉而泥則人所不食而禽鳥亦莫之顧也◎按險濁而在地位口者居上則泥而不可食矣守舊者與之倚飛者上去豈有禽耶養物且不能斯爲廢井矣

九二，井谷射鮒，甕敝漏。

射食亦反鮒音附◎九二剛中有泉之象然上无正應下比初六功不上行故其象如此◎按山下之水是井谷也谷中之魚則鮒而已其應中虛而毀折能免于敝漏之乎陽剛而不能濟物則以其蹇耳坎有孑象因以能言

九三，井渫

不食爲我心惻可用汲王明並受其福（渫息列反）◎渫不停汚也井渫不食而使人心惻可用汲矣王明則汲井以及物而施者受者並受其福也九三以陽居陽在下之上而未爲時用故其象占如此◎按水雖盛大而口乘其上是以渫而不食也其心多憂能无惻乎若水木之間則可用汲與離之明王相比苟能求之斯臣主俱榮

䷯六四井甃无咎（甃側舊反）

而並受其福矣◎以六居四雖得其正然陰柔不泉則但能修治而无及物之功故其象爲井甃而占則无咎占者但能自修治則雖无及物之功而亦可以无咎矣◎按水雖陰柔變而陽明者此是井之甃者可以待用夫何咎耶

䷯九五井冽寒泉食（冽音列）

◎冽潔也陽剛中正功及于物故爲此象占者有其德則契其象也◎按陽體潔土味

甘井而冽者也其位正北故曰寒泉
日承其下斯可食而足以濟物矣

上六井收勿幕有孚元吉收汲取也晁氏曰收鹿盧收繘者也亦通

幕蔽覆也有孚謂其出有源而不窮也井以上出爲功而坎口不揜故上六雖非陽剛而其象如此然占者得之必有孚乃元吉也◎按木與繩在上是井之收也上坼則勿幕焉其體中實是以有孚井養不窮元占明矣

䷰ 離下 兌上 互巽下 互乾上

革已日乃孚元亨利貞悔亡革變革也兌澤在上離火在下火然則水乾水決則火滅中少二女合爲一卦而少上中下志不相得故其卦爲革也變革之初人未之信故必已日而後信又以其內有文明之德而外有和說之氣故其占爲

有所更革皆大亨而得其正所革皆當而所革之悔亡也一有不正則所革不信不通而反有悔矣○已音几下同◎按革者常烹之器也火金之克遇土而續上下之擾頻信而安離納乎已故已日乃可以孚也一暑一寒功成者退一亂一理物故者新非大亨以正能无紛紜之悔與

䷰○初九鞏用黃牛之革

鞏九勇反○雖當革時居初无應未可有為故為此象鞏固也黃中色牛順物革所以固物亦取卦名而義不同也其占為當聖確固守而不可以有為聖人之於變革其謹如此◎按黃中色也牛麗物也革所以止物者鞏用乎此則不敢輕變矣

䷰六二已日乃革之征吉无咎

六二柔順中正而為文明之主有應于上於是可以革矣然必已日然後革之則征吉而无咎戒占者猶未可遽變也◎按離之中得坤上之純者

也故亦言巳日既明且決則征吉而无咎矣
于方學甲庚于納甲舉巳其他盖可以類推
云䷰九三征凶貞厲革言三就有孚不過中剛
居離之極躁動于革者也故其占有征凶貞
厲之戒然其時則當革故至于革言三就則不
亦有孚而可革也◎按燥而好動凶厲所三
免也應長于輔頰而巳復善鳴其言必詳三
就離之數也隨時䷰九四悔亡有孚改命
而革是以有孚故有悔然卦巳過中水火之際
吉乃以陽居陰而剛柔不偏又革之用也是以
悔亡然又必有孚然後革乃可獲吉明占者
有其德而當其時又必有信乃悔亡而得吉
也◎按革當其可悔必亡矣夏秋之嬗天之
命也質文三統之更王者之命也與以出命
既濟而革事定矣䷰九五大人虎變未占
改之豈不吉哉

虎大人之象變謂希革而毛毨也在大
有孚人則自新新民之極順天應人之時也
九五以陽剛中正爲革之主故有此象占而
得此則有此應然亦必自其未占之時人已
信其如此乃足以當之耳◎按德位兼隆是
謂大人乾剛獨御爻明相應毛毨豐盛不復
爲革矣虎之變也四海
信之故未占而有孚

䷰上六君子豹變

革道已成君子如豹
之變小人亦革面以

小人革面征凶居貞吉

聽從矣不可以往而居正則吉變革之事非
得已者不可以過而上六之才亦不可以有
行也故占者如之◎按豹亦文明之爻者故
繼虎言之君子豹變同人之盛也小人革面
說以相從也于斯之時乖世而天下治矣故
不宜征而宜居也牛虎豹皆有革之物故但
其象
云

䷱ 巽下離上 互乾下 互兌上

鼎元吉亨鼎烹飪之器爲卦下陰爲足二三四陽爲腹五陰爲耳上陽爲鉉有鼎之象又以巽木入離火而致烹飪鼎之用也故其卦爲鼎下巽巽也上離爲目而五爲耳有內巽順而外聰明之象卦自巽來陰進居五而下應九二之陽故其占曰元亨吉衍文也◎按鼎者厚養之器也金體合而木火之氣通是以象之也雖易而彌堅易而靡爲養爲祭莫不賚之元亨可知矣

䷱初六鼎顛趾利出否得妾以其子无咎出尺遂反又如字否音鄙○居鼎之下鼎趾之象也上應九四則顛矣然當卦初鼎未有實而舊有否惡之積焉因其顛而出之則爲利矣得妾而因得其子亦循是也此爻之象如此而其占无咎蓋因敗以爲功因賤以致貴也◎按初

當鼎趾應四而顛未及烹飪正洗鼎之時故出其否焉少女相應乃妾也乾剛則以其子矣所有者大是以无咎顛因乾言天猶顛也

䷱九二鼎有實我仇有疾不我能即吉以剛居中鼎有實之象也我仇謂初陰陽相求而非正則相陷于惡而爲仇矣二能以剛中自守則初雖近不能以就之矣是以其象如此而其占爲如是則吉也○按陽剛則有實矣仇謂五也火金相傷而險寓焉豈非疾乎有止德而不與之遇斯吉矣鼎爲安重之器故從應則不吉云

䷱九三鼎耳革其行塞雉膏不食方雨虧悔終吉行下孟反塞悉則反○以陽居鼎腹之中本有美實者也然以過剛失中越五應上又居下之極爲變革之時故爲鼎耳方革而不可舉移雖承上卦文明之腴有雉膏之美而不得以爲人

之食然以陽居陽爲得其正猶能自守則陰陽將和而失其悔矣占者如是則初雖不和而終得吉矣◎按木火熾焚故有耳象而後華不可舉矣行將焉往離中寓坎雉之膏也沸騰之物安得而食之然雨方自上而下以水勝火而悔可虧矣⚋☰九四

鼎折足覆公餗其形渥凶 折之舌反餗送大反◎晁氏曰形渥諸本作刑剭謂重刑也今從之九四居上任重者也而下應初六之陰則不勝其任矣故其象如此而其占凶也◎按震象足而居兌則折矣艮體覆近君而食其餗是公餗也應初則覆矣剭即虛誅止而毀焉其象似之以安重之物而使之蠱壞欲无凶得乎初爲趾而四亦有足以化震也五爲⚋☰六五

鼎黃耳金鉉利貞 鉉玄典反◎五于象爲耳而有中德故云黃耳金堅剛之物鉉

周易本義 卷之二

貫耳以舉鼎者也五虛中以應九二之堅剛故其象如此而其占則利在貞固而已或曰金鉉以上九而言更詳之◎按當耳位而有中德故曰黃耳承橫亘之陽故曰金鉉致飾如此當容美實安可不利貞哉

⚊上九鼎玉鉉大吉无不利

上子象爲鉉而以陽居陰剛而能溫故有玉鉉之象而其占爲大吉无不利蓋有是德則如其占也◎按上正鉉之位也鼎功既成故吉且利均是鉉也于乾則謂之金于震則謂之玉象之變而稱如此

䷲ 震下震上　互艮下互坎上

震亨震來虩虩笑言啞啞震驚百里不喪匕鬯

虩許逆反啞烏客反喪息浪反卦內並同震動也一陽始生于二陰之下震而動

也其象爲雷其屬爲長子震有亨道震來當震之來時也虩虩恐懼驚顧之貌震驚百里以雷言匕所以舉鼎實鬯以秬黍釀和鬱金所以灌地降神者也不喪匕鬯以長子言也主此卦之占爲能恐懼則致福而不失其所主之重◎按動而懼焉之謂震陽德亨矣虩之爲物也隱而成啞之爲狀也動而止震來虩虩周旋不舍也笑言啞啞和樂不流也公侯之國百里祭以匕鬯震驚聞而執之不失誠敬之至也鬼神可格何有于日用之間乎

䷲初九震來虩虩後笑言啞啞吉 成震之主處震之初故其占如此◎按初震之主故以全體之辭屬焉坤北其位後先震而後豫所以吉乎

䷲六二震來厲億喪貝躋于九陵勿逐七日得 六二乘初九之剛故當震之來而危厲也億字未詳又當喪其貨貝而升

于九陵之上，然柔順中正，足以自守，故不求而自獲也。此爻占具其象中，但九陵七日之象則未詳耳。◎按只麗物也。陵，止象也。二乘初剛，其勢可危，而大有所喪。陽窮于九，以其善行也，故躋于九陵以避之。自震之二至艮三之二，凡七日焉，說而得其所歸，則得之矣。

三六三震蘇蘇，震行无眚。蘇蘇，緩散自失之狀。以陰居陽，當震時而居不正，是以如此。占者若因懼而能行，以去其不正，則可以无眚矣。◎按死而復生之謂蘇，前震稍遠，後震繼之，是以蘇蘇也。行則險可出矣，何眚之有。

三九四震遂泥。泥，乃計反。○以剛處柔，不中不正，陷于二陰之間，不能自震也。遂者，无反之意。泥，滯溺也。◎按水上桐殺乃泥也。陷于其間，則遂泥矣。震而若此，安望其行哉。

三六五震往來厲，億无喪有事。以六居五而處震時，无時而不危也以其得中故无所喪而能有事也占者不失其中則雖危无喪矣◎按五亦乘剛而上下皆震故往來皆厲无貝之可喪而以喜隨人則將有事矣二居柔則志氣餒故逢初九而喪貝五居剛則持守堅故逢九四而元喪也

䷲上六震索索視矍矍征凶震不于其躬于其鄰无咎婚媾有言

索索落反矍矍俱縛反。以陰柔處震極故爲索索矍矍之象以是而行其凶必矣然能及其震未及其身之時恐懼修省則可以无咎而亦不免于婚媾之有言戒占者當如是也◎按震而極焉則索索明而煩焉則矍矍不可以征也鄰方在陰當此時而圖之斯无咎矣合而有間雖平時不能无疑而况于處震婚媾有言不亦宜乎

䷳ 艮下 互坎下
艮上 互震上

艮其背不獲其身行其庭不見其人无咎艮止也一陽止于二陰之上陽自下升極上而止也其象爲山取坤地而隆其上之狀亦止于極而不進之意也其占則必能止于背而不有其身行其庭而不見其人乃无咎也葢身動物也惟背爲止艮其背則止于所當止也止于所當止則不隨身而動矣是不有其身也如是則雖行于庭除有人之地而亦不見其人矣葢艮其背而不獲其身者止而止也行其庭而不見其人者行而止也動靜各止其所而皆主夫靜焉所以得无咎也◎按而寧焉之謂艮內外兩體各止其所居乎內者常艮其背身雖中處未嘗遂其欲而獲之也居乎外者雖行其庭人固其在未嘗馳其心而見之也乎无所引目无所感而惟理是從則妄動之咎可以亡矣

☶**初六艮其趾无咎利永貞**

以險柔居艮初爲艮趾之象占者如之則无咎而又以其陰柔故又戒其利永貞也◎按居身之下乃趾也陰柔能止則无咎進之咎矣恐其或躁也故以永貞戒之䷳

六二艮其腓不拯其隨其心不快六二居中得正既止其腓矣三爲限則腓所隨也而過剛不中以止乎上二雖中正而體柔弱不能往而拯之此是以其心不快也此爻占在象中下爻放此◎按入坎體則爲腓三乃二所隨者之陷于陰中不啻溺于水也而陰柔之才止伏之性其能拯之乎其心不快亦徒憂而已矣䷳

九三艮其限列其夤厲薰心夤引眞反限身上下之際即腰胯也夤膂也止于腓則不進而已九三以過剛不中當限之處而艮其限則不得屈伸而上下判隔如列其夤矣危厲薰心不安之甚也◎按居下之上限與夤也于是止

焉屈伸不得自如矣厲而薰心則焚灼之將至也
䷳六四艮其身无咎
以陰居陰時止而止故爲艮其身之象而占得无咎也◎按坎體具則爲身艮其身安靜之至也何咎之有哉
䷳六五艮其輔言有序悔亡
六五當輔之處故其象如此而其占悔亡也悔謂以陰居陽◎按居身之上乃輔也咸之上爲兌故并及頰舌此但兩陰旁列則輔而已以漸而出故有序而悔亡躁妄而發則登足語于口咎之止哉
䷳上九敦艮吉
以陽剛居止之極敦厚於止者也◎按此艮之主也故言艮之道兼山之體而萬物載焉敦而吉宜矣

䷴艮下　互坎下
　巽上　互離上

漸女歸吉利貞
漸漸進也爲卦止于下而巽于上爲不遽進之義有女歸

之象焉又自二至五位皆得止故其占爲女歸吉而又戒以利貞也◎按漸者進而以序也天下之事无不貴漸而女歸尤其切者男先女後是以吉也始進不正何以善後初柔上剛中爻當位則何不利貞之有哉

☶初六鴻漸于干小子厲有言无咎

鴻之行有序而進有漸干水涯也始進于下未得所安而上復无應故其象如此而其占則爲小子厲雖有言而于義則无咎也◎按物之有漸者莫鴻若也其居有序其行有偶故昏禮以爲贄焉乘風而飛遇水而止隨陽而遷則其象也初在水旁是漸于干也其幼者恐失群能无厲乎將止之鳥其鳴下張是以有言長者緩飛以俟之則无咎矣

☶六二鴻漸于磐飲食衎衎吉

衎若旦反◎磐大石也漸遠于水進于磐而益安矣衎衎和樂意六二柔順中正進以其

漸而上有九五之應故其象如此而占則吉也◎按艮止之固者進于干矣中滿而事與故飲食衎衎以自順適焉

九三鴻漸于陸夫征不復婦孕不育凶利禦寇鴻水鳥陸非所安也九三過剛不中而无應故其象如此而其占夫征則不復婦孕則不育凶莫甚焉然以其過剛也故利禦寇◎按陸乃地之平者坎離有夫婦之象焉漸上則征中滿則孕而无如其未濟也大體復止則不復不育而凶矣以象而止物禦寇之利也

六四鴻漸于木或得其桷无咎鴻不木棲桷平柯也或得平柯則可以安矣六四乘剛而順巽故其象如此占者如之則无咎也◎按當木體下垂之所若屋之有桷焉于不安之地而得所安其无咎也亦偶然耳

九五鴻漸于陵婦三歲

不孕終莫之勝吉陵高阜也九五居尊六二正應在下而爲三四所隔然終不能奪其正也故其象如此而占者如是則吉也。勝平聲。○按陵則止之高者與止相配而險者間之是以中虛而三歲不孕也然止德之純他爻終莫之勝任也必諧而吉矣

䷴上九鴻漸于陸其羽可用爲儀吉胡氏程氏皆云陸當作逵謂雲路也今以韻讀之良是儀羽旄旌纛之飾也上九至高出乎人位之外而其羽毛可用以爲儀飾位雖極高而不爲无用之象故其占爲如是則吉也○按雲天之路如九逵九軌之逵旗旛之飾亦所以爲儀也漸而遇蹇故不爲世用而爲世則焉

䷵兌下震上 互離下 互坎上

歸妹征凶无攸利婦人謂嫁曰歸妹少女也兌以少女而從震之長男而其情又爲以說而動皆非正也故卦爲歸妹而卦之諸爻自二至五皆不得正三五爻又皆以柔乘剛故其占征凶而无所利也◎按歸妹者嫁而方少也雖人道之常而女先男後則征而凶矣宜室宜家豈淫奔者所能何利之有哉

䷵◦初九歸妹以娣跛能履征吉初九居下而无正應故爲娣象然陽剛在女子爲賢正之德但爲娣之賤僅能承助其君而已故又爲跛能履之象而其占則征吉也◎按少而居下則娣而已以其曳也不免于跛而剛正固能履矣德行于位詎損其吉乎

䷵◦九二眇能視利幽人之貞眇能視承上爻而言九二陽剛得中女之賢也上有正應而反陰柔不正乃女賢而配不良不能大成內助之功故爲眇

能覩之象而其占則利幽人之貞也幽人亦抱道以守正而不偶者也◎按明而毁折不免于恥而剛中固能視矣潛德韜光其斯以爲幽人之貞與三×六三歸妹以須反歸以娣六三陰柔而不中正又爲説之主女之不正人莫之取者也故爲未得所適而反歸爲娣之象或曰須女之賤者◎按須者賤妾之稱以柔説之貪懷壯往之志故反歸以娣也其位雖進然豈得爲正偶哉三〇九四歸妹愆期遲歸有時九四以陽居上體而无正應賢女不輕從人而愆期以待所歸之象正與六三相反◎按水需土緩是以愆期既濟有需則遲歸有時矣三×六五帝乙歸妹其君之袂不如其娣之袂良月幾望吉幾音機◎六五柔中居尊下應九二尚德而不貴飾故爲帝女

下嫁而服不盛之象然女德之盛无以加此故又爲月幾望之象而占者如之則吉也◎按陰居尊位故以帝乙歸妹當之兌體上缺猶衣之有領袖也君化兌而有隱伏之德娣本兌而有光輝之飾其袂之所以然也月上上弦則幾望矣崇儉尚德吉孰加焉

上六女承筐无實士刲羊无血无攸利刲苦圭反

○上六以陰柔居歸妹之終而无應約婚而不終者也故其象如此而於占爲无所利也◎按應來承筐而中虛則无實不足以將贈矣巳往刲羊而火竭乎水則无血不足以爲粢盛矣乖睽如此亦何所利哉震兌者後天之夫婦故多不利云

☲☳ 離下震上　互巽下互兌上

豐亨王假之勿憂宜日中假庚白反◎豐大也以明而動盛大

之勢也故其占有亨道焉然王者至此盛極當衰則又有憂道焉聖人以爲徒憂无益但能守常不至于過盛則可矣故戒以勿憂宜日中也◎按豐者滿器也解居其上滿而恐溢之謂也其亨至矣至明之王者乘車馬而假條國當憂其盛滿然勿徒憂也能如日之中則常明而不熄矣豈爲无益之慮哉

☲☳。初九遇其配主雖旬无咎往有尚配主謂四旬均也謂皆陽也當豐之時明動相資故初九之遇九四雖皆陽剛而其占如此也◎按初明四動兩不相與而巽能謂之長女者長男之對也故曰配主自庚至巳凡一旬焉以此履豐豈有咎哉知之明行之利則往有尚矣

☲☳六二豐其蔀日中見斗往得疑疾有孚發若吉六二居豐之時爲離之主至明者也而上應六五之柔暗故爲豐蔀見斗

之象蔀障蔽也大其障蔽故日中而昏也往而從之則昏昧之主必見疑惟在積其誠意以感發之則吉戒占者宜如是也虛中有孚之象○蔀與部同九四放此◎按豐有車馬之象焉三四當類坎之間車蓋之部也斗則上承乎蓋者有離爲坎揜故日中見斗而巳以明遇暗能无疑疾乎然旣壯于進必有孚以發之斯吉不然亦觸詐而徒勞矣三。二

九三豐其沛日中見沫折其右肱无咎沫作昧亡大反。沛一作旆謂旛幔也其蔽甚於蔀矣沫小星也三處明極而應上六雖不可用而非咎也故其象占如此◎按兌交外著有旛常之象焉車上所列之旆也沫者斗旁之僻其色深黑巳中見此其暗甚矣坎西其位右肱以止物而當毀所之間則有可用之具而不遇矣豈其咎哉三。三

九四豐其蔀日中見斗遇其

夷主吉象與六二同夷等夷也謂初九也其也◎按四之比五與二之相應一也震仰故皆以斗象之蔀暗而資明則吉矣然兩陽不相與亦特與以調之耳長女者中女之娣也故曰夷主

爻三三六五來章有慶譽吉質雖柔暗若能來致天下之明則有慶譽而吉矣蓋因其柔暗而設此以開之占者能如是則如其占矣◎按其應文明所謂章也若能來而致之則慶祥譽樂交集而亨庶豐之盛矣

爻三三上六豐其屋蔀其家闚其戶闃其无人三歲不覿凶以陰柔居豐極處動終明極而反暗者也故爲豐大其屋而反以自蔽之象无人不覿亦言障蔽之深其凶甚矣◎按豐屋蔀家障蔽之甚也深居簡出故窺戶无人三歲不覿與乎日中之照矣動反則止其象如此

明極而暗動極而靜倚伏之機可畏甚哉

☲☶ 艮下 互巽下
離上 互兌上

旅小亨旅貞吉 旅羈旅也山止于下火炎于上爲去其所止而不處之象故爲旅以六五得中于外而順乎上下之二陽艮止而離麗于明故其占可以小亨而能守其旅之貞則吉旅非常居若可苟者然道无不在故自有其正不可須臾離也◎按旅次舍也日中爲市行而暫寓之謂也勢孤情疎而得所麗亨亦小矣然君子之貞不以地而遷也故吉

☶ 初六旅瑣瑣斯其所取災 當旅之時以陰柔居下位故其象占如此◎斯郭氏作廝◎按重明過察是以瑣瑣斯役之賤亦足以致寇害之災矣然亦自取之耳

☴ 六二旅即次懷其資

得童僕貞即次則安懷資則裕得其童僕吉者也二有柔順中正之德故其象占如此最◎按居艮之中則即次矣守資之利則懷資矣其身正其志從則得童僕之貞矣以此處旅何往不宜而不言吉利者旅最難處免于災而已足也

䷷**九三旅焚其次喪其童僕貞厲**過剛不中居下之上故其象占如此喪其童僕則不止于失其心矣故貞字連下句爲義◎按火在地上則焚其次也止而適寶則喪其童僕也雖居得其正然而厲矣

䷷**九四旅于處得其資斧我心不快**以陽居陰處上之下用柔能下故其象占如此然非其正位又上无陽剛之與下惟陰柔之應故其心有所不快也◎按旅而重止是以于處非若即次之暫安也資斧猶言泉刀利足以給用而心不

快者險伏

䷷六五射雉一矢亡終以譽命

其間也

射食亦反○雉文明之物離之象也亦五柔順文明又得中道爲離之主故得此爻者爲射雉之象雖不无亡矢之費而所喪不多終有譽命也◎按乾數一射雉而矢亡失類坎之體以其逝也然以明應巽故終以譽命焉○

䷷上九鳥焚其巢旅人先笑後號咷喪牛于易凶

上九過剛處旅之上離之極驕而不順凶之道也故其象占如此◎按小過爲飛鳥科上槁之木則巢也火烈風生能免于焚乎先樂故笑後尚口而懼故號咷順體失而大塗坦然是喪牛于易也欲止无所欲行无資何凶如之

䷸巽下巽上　互兌下互離上

巽小亨利有攸往利見大人巽入也一陰伏于二陽之下其性能巽以入也其象爲風亦取入義陰爲主故其占爲小亨以陰從陽故又利有所往然必知所從乃得其正故又曰利見大人也◎按巽者順以入之也有伏且從之德是以小亨而利有攸往大人正位乎内外卑以下之斯利矣

☴**初六進退利武人之貞**初以陰居下爲巽之主卑巽之過故爲進退不果之象若以武人之貞處之則有以濟其所不及而得所宜矣◎按進退不果巽之常也而況陰柔之才乎利武人之貞蓋濟之以乾剛也

☴**九二巽在牀下用史巫紛若吉无咎**二以陽處陰而居下有不安之意然當巽之時不厭其卑而二又居中不至已甚故其占爲能過于巽而丁寧煩悉其辭以自道達則可以吉而无咎亦

竭誠意以祭祀之吉占也◎按牀下乃卑伏之地陽剛之性卑伏恐非其情也史司文書巫善口舌皆所以詔王者能如史巫之紛若竭誠而不厭其頻則吉且无咎矣

九三頻巽吝過剛不中居下之上非能巽者勉爲屢失吝之道也故其象占如此◎按以過剛之才處兩巽之間故頻巽而吝也

六四悔亡田獲三品陰柔无應承乘皆剛宜有悔也而以陰居陰處上之下故得悔亡而又爲卜田之吉占也三品者一爲乾豆一爲賓客一以克庖◎按无頻巽之悔以其正也禽獸具戈兵列而乾剛相嫉則獲之而成武功矣日三品者因離之數乎

九五貞吉悔亡无不利无初有終先庚三日後庚三日吉先西薦反後胡豆反◎九五剛健中正而居巽體故有悔以其貞而吉也

故得亡其悔而无不利有悔是无初也亡之
是有終也也庚更也事之變也先庚三日丁也
後庚三日癸也丁所以丁寧于其變之前癸
所以揆度于其變之後有所變更而得此占
者如是則吉也◎按居中得正貞而吉矣故
无過巽之悔而有申命之利也狃于伏則无
初善于止則有終西南之圖位爲巽辭之所
以輯洽也西北之圖位爲艮辭之所以安定
也于以布令其庶幾乎吳氏曰中互兌納〇二
丁互離兼納癸巽日則吉皆桑日也亦通
上九巽在牀下喪其資斧貞凶巽在牀下過于巽者
也喪其資斧失所以斷也如是則雖貞亦凶
矣居巽之極失其陽剛之德故其象占如此
◎按當巽之極故卑伏而失其剛也以近利
之體遇隱伏之盜則喪其資斧而凶矣

兌下兌上　互離下互巽上

兌亨利貞 兌說也一陰進乎二陽之上喜之見乎外也其象爲澤取其說萬物又取坎水而塞其下流之象卦體剛中而柔外剛中中故說而亨柔外故利于貞蓋說有亨道而其妄說不可以不戒故其占如此 ◎又按外故爲說亨剛中故利于貞亦一義也 ◎按兌者說以附之也有亨道矣陰陽相與不可以失其正也故利貞

䷹初九和兌吉 以陽爻居說體而處最下又无係應故其象占如此 ◎按承應皆陽說而能通由中發外故和而吉也

䷹九二孚兌吉悔亡 剛中爲孚居陰爲悔占者以孚而說則吉而悔亡矣 ◎按與五爲應相臨之至是以孚而吉也而比陰之悔亡矣

䷹六三來兌凶 陰柔不中正爲兌之主上无所應而反來就二陽以求說凶之道也 ◎按陰懸之資來就二陽非道說人而反爲所賤能无凶

乎

☱九四商兌未寧介疾有喜 四上承九五之中正而下比六三之柔邪故不能決而商度所說未能有定然質本陽剛故能介然守正而疾遠惡柔邪也如此則有喜也象占如此為戒深矣◎按其才善言其情不果而承陽乘陰足以商也憂疑內伏安得寧乎秉道疾邪則說而有節善在其中矣

☱九五孚于剝有厲 剝謂陰能剝陽者也九五陽剛中正然當說之時而居尊位密近上六上六陰柔為說之主處說之極能妄說以剝陽者也故其占但戒以信于上六則有凶也◎按中實有孚體焉故二五皆言孚但恐信非所信耳兌象剛決陽與陰孚說以動焉不惟彼不能決而我且為所剝矣豈不厲哉

☱上六引兌 上以成說之主以陰居說之極引下二陽相與為說而不能必其從也故九五當戒而此爻不

言其吉凶◎按太體類坎故以引言來已非也引則甚矣无言之說顧如是耶

☵坎下　互震下
☴巽上　互艮上

渙亨王假有廟利涉大川利貞渙散也爲卦下坎上巽風行水上離披解散之象故爲渙其變則本自漸卦九來居二而得中六往居三得九之位而上同于四故其占可亨又以祖考之精神既散故王者當至于廟以聚之又以巽木坎水舟楫之象故利涉大川其曰利貞則占者之深戒也◎按風行水上散而有章渙之象也渙極當聚是以享爲鬼神之不可度也而門宮以安之可以假廟矣江河之不可測也而舟帆以運之可以涉川矣當渙而失其貞其能濟乎

☰爻初六用拯馬壯吉居升之初渙之始也始渙而拯之爲力既易又有壯馬其吉可知初六非

有濟渙之才但能順乎九二故其象占如此◎按居險之初風解凍渙恐溺下水也所比者動而拯之則出亅險而吉矣

九二渙奔其机悔亡 音机

凡◦九而居二宜有悔也然當渙之時來而不窮能亡其悔者也故其象占如此蓋九奔而二机也◎按動則奔矣其所應者有机象焉往而依之雖有不正之悔而可亡矣

六三渙其躬无悔

陰柔而不中正有私于己之象也然居得陽位志在濟時能散其私以得无悔故其占如此大率此下四爻皆因渙以濟渙者也◎按風盛水散故渙其躬不私其身何悔之有

六四渙其羣元吉渙有丘匪夷所思

居陰得正上承九五當濟渙之任者也下无應與爲能散其朋黨之象占者如是則大善而吉又言能散其小羣以成大羣使所散者聚而若

邱則非常人思慮之可及也◎按渙其群者不見其人也私黨不植順之至也是以元吉渙有丘則並其土而不據之矣此非乾斷之才不能故匪夷所思贊融何喬當之

〓九五渙汗其大號渙王居无咎陽剛中正以居尊位當渙之時能散其號令與其居積則可以濟渙而无咎矣故其象占如此九五巽體有號令之象汗謂如汗之出而不反也渙王居如陸贄所謂散小儲而成大儲之意◎按汗者出而不返之物大號巽而布者也王居止而安者也不滯其令則民服不臨其居則民歸寧有咎耶〇

〓上九渙其血去逖出无咎去起呂反〇上九以陽居渙極能出乎渙故其象占如此血謂傷害逖當作惕與小畜六四同言渙其血則去渙其惕則出也◎按渙而動險其傷宜矣而性本巽順故去而遠出以避之乃得无

咎也

䷻兌下坎上　互震下互艮上

節亨苦節不可貞節有限而止也爲卦下兌上坎澤上有水其容有限故爲節節固自有亨道矣又其體陰陽各半而二五皆陽故其占得亨然至于太甚則苦矣故又戒以不可守以爲貞也◎按水塞其流滿而後溢節之謂也畜極而流是以亨焉反是則苦節耳安可貞哉有頤養之象焉故因味而示戒也

初九不出戶庭无咎戶庭戶外之庭也陽剛得正居節之初未可以行能節而止者也故其象占如此◎按其應爲門而所承者復有一陽之横亙則戶庭也出必陷險能无咎耶

九二不出門庭凶門庭門內之庭也九二當可行之時

而失剛不正上无應與知節而不知通故其象占如此◎按門庭在前而不出其應止故也負能動之才當多屯之世而不健自守執謂非內哉奇曰戶偶曰門兌西也萬物之所入也震卯也萬物之所出也故其占不同如此

䷻六三不節若則嗟若无咎陰柔而不中正以當節時非能節者故其象占如此◎按節而需焉緩于節者也說極而變之若能自知其不節若則憂常不忘于心而嗟若亦可以免于咎矣

䷻六四安節亨柔順得正上承九五自然有節者也故其象占如此◎按括止之間乃安節也節而說險可以亨矣

䷻九五甘節吉往有尚所謂當位以節中正以通者也故其象占如此◎按中頤下兌故甘以味言之耳則土之味也陽剛中正故有尚矣

䷻上六苦節貞凶悔

亡居節之極故爲苦節既處過極故雖得正而不免于凶然禮奢寧儉故雖有悔而終得亡之也◎按苦者火之味也頤及中孚皆似離故彖與此爻皆言苦節固守之至雖正亦凶然後肆之悔則亡矣

䷼ 兌下巽上 互震下互艮上

中孚豚魚吉利涉大川利貞孚信也爲卦二陰在內四陽在外而二五之陽皆得其中以一卦言之爲中虛以二體言之爲中實皆孚信之象也又爲下說以應上上巽以順下亦爲孚義豚魚无知之物又木在澤上外實內虛皆舟楫之象至信可感豚魚涉險難而不可以失其貞故占者能致豚魚之應則吉而利涉大川又必利于貞也◎按孚者誠之驗也外堅內蘊若㲉若核中孚之象也澤中之物莫若豚魚之信

如是則吉矣風水相遭而舟浮其間與小過爲對非涉川而何說與之過恐失其常孚而以貞則非硜硜之信矣

䷼。**初九虞吉有他不燕**當中孚之初上應六四能度其可信而信之則吉復有他焉則失其所以度之之正而不得其所安矣戒占者之辭也◎按初上同德而坎性多疑能如虞人之守澤則專而吉也然應陰而有渙散之嫌非能固守其信者既有他矣欲燕得乎

䷼。**九二鳴鶴在陰其子和之我有好爵吾與爾靡之**和胡臥反靡亡池反。九二中孚之實而九五亦以中孚之實應之故有鶴鳴子和我爵爾靡之象鶴在陰謂九居二好爵謂得中靡與縻同言懿德人之所好故好爵雖我之所獨有而彼亦係戀之也◎按兌正秋之候也惟鶴知之善鳴而居山澤之間母子畢集戶喙喧然是自爲

之唱和也以上益下出于至誠上非市惠下云
非懷寵是自然之授受也震主貴故云爵與
所以靡也曰爾曰我九五詔之之辭曰**六三得敵或鼓或罷**
或泣或歌敵謂上九信之窮者六三陰柔不中正以居說極而與之為應故不
能自主而其象如此◎按以說之極比與之
始其勢均焉是得敵也動斯鼓止斯罷矣懼
形于目斯泣說出于口斯歌矣无常如此安望其能信乎**六四月幾**
望馬匹亡无咎幾音機◦六四居陰得正位近于君為月幾望之象馬匹
謂初與已為匹四乃絕之而上以信于五故
為馬匹亡之象占者如是則无咎也◎按與
兌相比上弦之月象陰德之盛也能知止而
不從善動者則如馬匹之亡焉所以无係戀
之咎與**九五有孚攣如无咎**九五剛健中正中孚之實

而居尊位爲孚之主者也下應九二與之同德故其象占如此◎按五合二以成孚若鳥之伏于焉其專如此故攣如而无咎也

䷼上九翰音登于天貞凶也居信之極而不知變雖得其貞亦凶道居巽之極爲登于天鷄非登天之物而欲登天信非所信而不知變亦猶是也◎按離日將出則旦矣惟鷄知之鳴而振羽故曰翰音鳴之有節者莫鷄若也豈能聲聞于天哉妄信如此雖貞亦凶矣孚爲卵褱故多言鳥必曰鶴曰鷄且假燕與爵稱者以其信也鵲知秋鷄知旦燕知春鳳名神爵天下有道則知之

䷽艮下　互巽下
震上　互兌上

小過亨利貞可小事不可大事飛鳥遺之音

不宜上宜下大吉小謂陰也爲卦四陰在外二陽在內陰多于陽小者過也既過于陽可以亨矣然必利于守貞則又不可以不戒也卦之二五皆以柔而得中故可小事三四皆以剛失位而不中故不可大事卦體內實外虛如鳥之飛其聲下而不上故能致飛鳥遺音之應則宜下而大吉亦不可大事之類也◎按小過者陰固而成險也中實則亨外弃則利貞小事者日用之常也大事者德業之盛也有可有不可時不何耳俯仰皆鳴若飛鳥之遺音焉動則不開止則鬪故不宜上宜下而大吉也

☰爻

初六飛鳥以凶初六陰柔上應九四又居過時上而不下者也飛鳥遺音不宜上宜下故其象占如此郭璞洞林占得此者或致羽蟲之孽◎按初上當鳥翼之鏡而其情皆好上故以飛鳥言之小過之時不可妄動能止而反躁凶之道也

☷爻

六二過其祖遇其妣不及其君遇其臣无咎六二柔順中正進則過三四而遇六五是過陽而反遇陰也如此則不及六五而自得其分是不及君而適遇其臣也皆過而不過守正得中之意无咎之道也故其象占如此〇按四五據艮家之上是爲祖妣陽而尊者君也陰而卑者臣也二有中正止伏之德故進則過四而與五爲應退則不及三而與初爲乘如此則无侵陽之咎矣䷽九三弗過防之從或戕之凶小過之時事每當過然後得中九三當以剛居正衆陰所欲害者也而自恃其剛不肯過爲之備故其象占如此若占者能過防之則可以免矣〇按三固安于止者乃與二比不能越而過之則當防之矣止固能防然有順從之志焉恐必爲陰所戕而後已凶之道也䷽九四无咎弗

過遇之往厲必戒勿用永貞當過之時以剛處柔過乎恭矣无咎之道也弗過遇之言弗過于剛而適合其宜也往則過矣故有厲而當戒陽性堅剛故又戒以勿用永貞言當隨時之宜不可固守也或曰弗過遇之若以六二爻例則當如此說若以九三爻例則過遇當如過防之義未詳孰是當闕以俟知者◎按居得其宜本无咎也然與五比亦不能過而反遇之往則厲矣不可不戒也不能有爲是以勿用永貞當過其變可也爻三六五密雲不雨自我西郊公弋取彼在穴以陰居尊又當陰過之時不能有爲而弋取六二以爲助故有此象在穴陰物也兩陰相得其不能濟大事可知◎按陷而感焉雲之密者然上動下止則不雨矣天承兌位是謂西郊陰居尊而動稱公而已以絲係矢曰弋懸居水山之下則在穴

之物也弋而取之所得幾何坎云射兼巽則云弋易之立象審矣

上六六以陰居動體之上弗遇過之飛鳥離之凶是謂災眚處陰過之極過過之已高而甚遠者也故其象占如此或曰遇過恐亦只當作過遇義同九四未知是否◎按上則銳于上者據二陽之上豈能遇之哉但見其過之而已飛鳥所離高亢之地能久居乎初在地位但言凶上在天位兼言災易之命占審矣

䷾ 離下坎上　互坎下離上

既濟亨小利貞初吉終亂既濟事之既成也爲卦水火相交各得其用六爻之位各得其正故爲既濟亨小當爲小亨大抵此卦及六爻占辭皆有警戒之意時當然也◎按水火相交上下正位若涉川而既濟矣明極而險生小亨而已既盈

亡幾不可以不戒是以利貞也天下之生久矣一成一毀故初吉而終亂䷾。**初九曳其輪濡其尾无咎**輪在下尾在後初之象也曳輪則車不前濡尾則狐不濟既濟之初謹戒如是无咎之道占者如是則无咎矣◎按承輪之下是曳之也處狐之後是濡及于尾也塞而不前无妄動之咎矣䷾**六二婦喪其茀勿逐七日得**喪息浪反。二以文明中正之德上應九五陽剛中中正之君宜得行其志而九五居既濟之時不能下賢以行其道故二有婦喪其茀之象茀婦車之蔽言失其所以行也然中正之道不可終廢時過則行矣故又有勿逐而自得之戒◎按坎離有夫婦之義中虛旁蔽車之茀也比險則喪之矣然說而能需故勿逐而七日自得也自既濟之二王未濟之二其日凡七焉䷾。**九三高宗伐**

周易本義拾遺　卷之二

鬼方三年克之小人勿用既濟之時以剛居
剛高宗伐鬼方之
象也三年克之言其久而後克戒占者不可
輕動之意小人勿用占法與師上六同◎按
操兵動衆而加于隱伏之域高宗老伐鬼方
也屯邅未已故三年而后克之小人勿用則
止之也爻六四繻有衣袽終日戒◎袽女居反
德也◎既濟之
時以柔居柔能預備而戒懼者也故其象占
如此程子曰繻當作濡所以塞舟之罅漏◎
按濟道將革若舟之敝漏焉水將溢則濡袽
體化則有衣袽之備矣居離之外是終日也
設極患生安
可以不戒乎爻九五東鄰殺牛不如西鄰
之禴祭實受其福東陽西陰言九五居尊而
時已過不如六二之在下
而始得時也又當文王與紂之事故其象占
如此象辭初吉終亂亦此意也◎按既濟之

時非剛不濟東鄰殺牛離之象也西鄰禴祭坎之德也交神之道誠順則獲福豈以物之厚薄乎

䷾**上六濡其首厲**既濟之極險體之上而以陰柔處之為狐涉水而濡其首之象占者不戒危之道也◎按險終而才弱故濡其首而不足以濟也豈不厲哉

䷿坎下離上 互離下互坎上

未濟亨小狐汔濟濡其尾无攸利未濟事未成之時也水火不交不相為用卦之六爻皆失其位故為未濟汔幾也幾濟而濡尾猶未濟也占者如此何所利哉◎按水火不交上下反位若涉川而未濟矣明者得位豈不可亨乎然猶險相仍是汔濟而濡其尾也何利之有處蹇之後而繼之以屯終之以未濟萬物之闢闔

古今之升沉造化之往復皆在其中矣聖人之旨深哉⚋初六濡其尾吝 能以陰居下當未濟之初未能自進故其象占如此⚋九二曳其輪貞吉 以九二應六五而居柔得中為能自止而不進得為下之正也故其象占如此◎按初失正故欲行而反吝也二得中故不行而終晉所以貞吉也既濟之曳與濡險在前而已不敢試未濟之曳與濡險在內而已不敢行故象同而占異焉⚋六三未濟征凶利涉大川 陰柔不中正居未濟之時以征則凶然以柔乘剛將出乎坎有利涉之象故其占如此蓋行者可以水浮而不可以陸走也或疑利字上當有不字◎利上脫不字◎按在重險之中正未濟之時也征則凶矣木沉水下豈可涉川罪為安重之器亦非涉川之具也⚋九四貞吉

悔亡震用伐鬼方三年有賞于大國以九居四不正
而有悔也能勉而貞則亡悔矣然以不正之
資欲勉而貞非極其陽剛用力之久不能也
故爲伐鬼方三年而受賞之象◎按不正悔
也能貞則吉而亡之矣水火相革中與之象
故用伐鬼方既濟有仰攻之勢則當遥將而
擇人未濟有俯臨之形則可論功而行賞賊
廣土盛大國之象也或曰震蓋䷿六五貞
當時將帥之名其國爲摯云
吉无悔君子之光有孚吉以六居五亦非正
也然文明之主居
中應剛虛心以求下之助故得貞而吉且无
悔又有光輝之盛信實而不妄吉而又吉也
◎按居得其中故貞吉而无悔君子之䷿
光文明之藴也中虛則孚于而吉矣
上九有孚于飲酒无咎濡其首有孚失是以剛

明居未濟之極時將可以有爲而自信自養以俟命无咎之道也若縱而不反如狐之涉水而濡其首則過于自信而失其義也◎按未濟而解難將紓矣比五應三五之險將出而有光輝之德飲酒之象也故孚之而无咎三之險方深而有征凶之戒濡首之象也故孚之而失是在人之自擇耳

出版説明

湖南大學歷史上承嶽麓書院，書院肇建於公元九七六年，爲我國古代四大書院之一，歷經宋、元、明、清，朝代更迭，學脉綿延，弦歌不絶。一九〇三年，書院改制爲湖南高等學堂。清末民初，學制迭經變遷，黌宫數度更易。一九二六年定名爲湖南大學，一九三七年改歸國立。一九五三年全國高校院系調整，學校更名爲中南土木建築學院，一九五九年恢復湖南大學校名。享有千年學府之盛譽，承載着我國教育的發展歷程和厚重的文化積澱，是中國教育史、學術史、思想史、文化史的一個縮影。

惟楚有材，於斯爲盛。從嶽麓書院到湖南大學，一批批學者先賢在此教書育人、著書立説，人才之盛，達成之功，史有明徵，班班可考。爲表彰前賢之述作，昭示後生以軌節，開啓學海津梁，溝通中西文明，弘揚大學之道，傳承中華文化，值此嶽麓書院創建一千零四十周年暨湖南大學定名九十周年華誕之際，中共湖南大學委員會、湖南大學決定編纂出版《千年學府文庫》。兹謹述編纂原則如次：

一、以『成就人才，傳道濟民』爲主綫，以全面呈現千年學府發展歷程、辦學模式、師生成就、學術貢獻爲目標，收録反映千年學府學制變遷與文化傳承的學術著述。

二、選録人物係湖南大學及前嶽麓書院、時務學堂、湖南高等學堂、高等實業學堂、優級師範學堂、高等師範學校、公立工業專門學校、法政專門學校、商業專門學校、國立商學院、國立師範學院、省立克强學院、私立民國大學、省立音樂專科學校、中南土木建築學院、湖南工學院、湖南財經學院之卓有成效并具有重要影響之師生員工。已刊者選印，未刻者徵求，切忌貪多，惟期有用。

三、收録文獻，上起九七六年，下訖一九七六年，既合千年之數，更以人事皆需論定。

四、收録文獻，以學術著述、校史文獻、詩文日記爲主，旁及其他，力求精當，不務恢張。

五、收録文獻，有原刻者求原刻影印，無原刻者求善本精印，無善本者由本校校印。排版形式根據著述年代而定，古代著作采用繁體竪排，一九一九年至中華人民共和國成立前，原則上簡體横排，根據版本情況，亦可用繁體竪排，規範標點；中華人民共和國成立後的著作，用簡體横排。

六、文獻整理，只根據底本與參校本、參校資料等進行校勘標點，對底本文字之訛、奪、衍、倒作正、補、删、乙，有需要説明的問題，則作出校記，一般不作注釋。

七、收録文獻，均由整理者撰寫前言一篇，簡述作者生平、是書主旨、學術價值、版本源流及所用底本等。

八、《千年學府文庫》圖書，尚待徵求選定，徵求所得，擬隨時付印，故暫無總目。

《千年學府文庫》卷帙浩繁，上下千載，疏漏缺失，在所難免，尚祈社會各界批評指正。

《千年學府文庫》編輯出版委員會謹識

二〇一六年十月

前言

李文炤（一六七二—一七三五），字元朗，號恒齋，湖南善化人，曾任嶽麓書院山長，是清初湖南地區著名的理學家、經學家，也是明清時期湘學系譜中承先啓後的一位重要學者。根據李華芳《李恒齋先生行述》、周正《李恒齋先生墓志銘》等文獻的記載，李文炤幼年好學，有希聖成賢之志。康熙二十九年（一六九〇），李文炤因赴鄉試，結識了善化熊超、邵陽車無咎等學者，此後便以周、張、程、朱之學爲『入學之門』（《李文炤集・李恒齋先生墓志銘》）。又從潙山張石攻、邵陽王醒齋等人問學，『自後潛心理學，其於科舉業淡如也』（《李文炤集・李恒齋先生行述》）。儘管李文炤在康熙五十二年（一七一三）考取舉人功名，但他絶意於仕途，婉拒穀城教諭一職，一心從事撰述。康熙五十六年（一七一七），李文炤任嶽麓書院山長。任嶽麓書院山長期間，李氏闡揚程朱理學，修訂《嶽麓書院學規》，『四方聞而景從者，不減百人』（《李文炤集・李恒齋先生行述》），这對於延續千年學府文脉、傳承湖湘文化起到了承前啓後的作用。

李文炤著述教授，無一不以朱子學爲重心。李文炤所訂的《嶽麓書院學規》包括八項内容，即珍惜光陰、交友以德、日講經書一通、每月各作三會、研習朱子著述、讀經重在博洽、讀史以通世務、學貴力行。在此，李文炤無疑凸顯了朱子學的正統地位，將朱子學研究與學習作爲書院學子的核心任務。從思想意蕴上看，《嶽麓書院學規》以尊朱爲主，主張貫通經史、學以致用，折射出湖湘地域學風的深刻影響。作爲康雍之時嶽麓書院教學的綱領性文獻，《嶽麓書院學規》中許多内容也爲後來的王文清

等人所繼承與轉化。康熙六十一年（一七二二），李文炤編訂《豫章書院續規七條》，將朱子書院教育的思想與主張作了全面的推闡。李文炤所主張的『循小學大學之序以定科級』、『擇經史子集之書以正學術』、『辨聖賢才術之品以立趨向』、『察剛柔緩急之偏以變氣質』、『專教養禮刑之業以酬知遇』、『距異端俗學之非以一歸宿』、『盡博學詳説之功以造返約』等七條，承繼朱子《近思録》《大學章句》等文獻的思路，爲書院生徒的德性培養作了制度性安排。唐鑒《國朝學案小識》卷八將李文炤與方苞等人列入『守道學案』，并對其生平进行簡要介紹。李肖聃《湘學略·恒齋學案第八》、楊樹達《〈恒齋文集〉提要》皆指出，李文炤治經以朱子之學爲宗，凡此皆可説明在清代前中期的學術史中，李文炤一直是以尊朱衛道的立場與姿態出現的。

作爲朱子學術的信徒，李文炤在理學領域留下了衆多著述。考稽前代書目，可知李文炤的理學著作有《太極圖説解拾遺》《通書解拾遺》《西銘解拾遺》《西銘後録解》《正蒙集解》《近思録集解》《感興詩解》《訓子書解》等。李氏後人將這些著述合刻爲《宋五子書集解》，於雍正十二年（一七三四）刊行於世。《語類約編》卷數未詳，《恒齋文集》卷九收載有關《語類約編》詩作多首，由此可推知《語類約編》是節録黎靖德所編《朱子語類》而重加分類編排，這與康熙朝尊朱、述朱的學術風氣是相呼應的。

《近思録》是朱熹與呂祖謙在淳熙二年（一一七五）合作編纂的，内容豐富，收載了北宋五子及朱、呂一派有關宇宙生成運動、社會禮樂儀則以及人生道德修養等諸方面的論述，是元、明、清等朝學子入泮習文的必讀之書。李文炤在此書開篇稱頌了北宋諸子，其文云：

秦漢以降，道術分裂。荀、揚、王、韓各駕其説而不能相一。有宋周子以先知先覺之詣，

建圖屬書，下晁群言，以傳之程氏，而張氏亦有聞焉。（《近思録集解·序》）

值得注意的是，李文炤在此并未提到司馬光，由此便可折射李文炤嚴格的判教意識。而對於朱子學術在南宋時期的遭遇，李文炤深致不滿之辭，如『陸九淵議太極之非是』、『林栗攻《西銘》之失』、『程迥詆主敬之誤』、『陳亮疑道治天下之迂』等。作爲編集語録而成的作品，《近思録》固然可以指示學者以入學門徑，爲修身、立德、齊家、治國指示方向，但是，語録體的不足之處在於忽略言説語境，同樣是周敦頤、二程、張載的某一句話，後人却可從不同方向進行詮釋，歧解紛紜，莫衷一是。因此，對《近思録》的注釋説解便成爲篤信朱學者所無法繞過的課題，李文炤《近思録集解》便是在尊朱的時代風潮下應運而生的。

《四庫全書總目》曾將《近思録集解》收入存目之類，并爲此書作提要云：『是編取朱子之説散見各書者，附於《近思録》各條之下。其未備者則益以諸家之説，間亦自附己意。』事實上，《四庫全書總目》左袒漢學而輕蔑義理的傾向是顯而易見的。從《近思録集解》的體例看，該書以集注之體詮解《近思録》，擇取《四書章句集注》《四書或問》《朱子文集》《朱子語類》等文獻，附載於各條目之下，以朱子文語互證發明。該書殘存仅三卷，但保存了原書最精粹的部分。此次整理，以康熙五十九年（一七二〇）刻本爲底本，補訂漶漫，以期更便閱讀與使用。

李文炤編纂《近思録集解》的學術宗旨，與其整體的學術史觀密不可分。儘管李文炤在通論歷代學術時表現出較爲通貫的認識，亦曾稱贊漢唐經學爲『管窺蠡測』之學，而在具體的考訂與闡發中，李氏顯然對宋明儒者的論述更爲措意。李氏認爲程朱理學是儒學的道統所在，朱子更是道統脉絡中的

宗主，其云：

宋之道統，先知先覺，周子以之，其斯道之元乎；有典有則，程子以之，其斯道之亨乎；無内無垠，朱子以之，其斯道之利貞乎。（《李文炤集·語類約編序》）

對與朱子學并軫而馳的南宋諸學派，李文炤的文字中不乏批判之辭。比如他説張九成『以禪悟爲儒修』，王安石『托三代以飾虐政』，三陸之『譏問學爲榛塞』，這些立論無疑是偏頗與主觀的。即便是被視作朱子摯友的吕祖謙，李文炤也認爲其『博學多聞』而未『守約窮源』，與朱子聖集大成的地位是相去甚遠的。毫無疑問，這些論述的最終目的都在於彰顯程朱理學在道統譜系中的至尊地位。在明代儒者中，李文炤推尊薛瑄、吴與弼，而貶斥湛若水、陳獻章、王陽明等，表現出强烈的衛道色彩。

當然，李文炤也并不將程朱理學當作完美的教條加以崇奉，而是在認同程朱理學的基本框架下有所補充完善。李文炤在與同鄉黄上珍論學時曾説：

蓋朱子之於聖學，譬諸李沆、韓琦，安社稷則有餘，拓邊境則未暇。蓋四子之精藴闡發無遺，而六經之名物度數，則未免於闊略也。（《李文炤集·與黄上珍》）

以往的研究者，多未注意李文炤對朱子學的批評意見。自明初以來，不少學者以述朱爲能事，對朱子的理學推崇備至。李文炤雖墨守朱子的理學觀點，但對朱子有關名物制度的研究有所保留，對於朱子《文集》《語類》中的許多具體論述，李文炤更傾向彙集朱子前後之説以折衷其間，故其引述詮解朱子文語時不免與朱子本身有異，這些主張與旨趣當可視作對考據學漸興風氣的一種呼應。

上述認識，充分地體現在《近思録集解》的編纂之中。在《近思録集解》中，李文炤對葉采、陳埴、

……薛瑄、胡居仁、陳選等人著述多有引述，去取詳明，便於觀覽，在羽翼朱子學的基礎上對《朱子語類》的內容進行補訂。在對待南宋儒學不同學派的問題上，李文炤嚴於叛教，在《近思録集解》中以衛道之姿激烈批判象山、永嘉、永康之學，同時對朱子應物、教人、制心之教闡發心得，着重發揮窮理居敬的核心觀念，强調篤行實修、身體力行。《近思録集解》是清初湖湘學林尊朱、述朱的典範之作，彰顯了湖湘理學的歷史傳承，更爲後學深入研究千年學府湖南大學的悠久歷史提供了珍貴史料。

陳　峰

二〇一九年十一月二十九日

目録

近思錄

濂溪先生太極通書先生姓周名惇實後敗惇頤字茂叔

明道先生文集先生姓程名顥字伯淳

伊川先生文集先生姓程名頤字正叔

周易程氏傳

程氏經說

程氏遺書

程氏外書

橫渠先生正蒙先生姓張名載字子厚

横渠先生文集
横渠先生易說
横渠先生禮樂説
横渠先生論語説
横渠先生孟子説
横渠先生語錄

淳熙乙未之夏東萊吕伯恭來自東陽過予寒泉精舍留止旬日相與讀周子程子張子之書歎其廣大閎博若無涯涘而懼

夫初學者不知所入也因其撮取其關於大體而切於日用者以爲此篇總六百二十二條分十四卷盖凡學者所以求端用力處己治人之要與夫辨異端觀聖賢之大畧皆粗見其梗槩以爲窮鄉晚進有志於學而無明師良友以先後之者誠得此而玩心亦足以得其門而入矣如此然後求諸四君子之全書沉潛反覆優柔厭飫以致其博而反諸約焉則其宗廟之美百

官之富庶乎其有以盡得之若憚煩勞安簡便以爲取足於此而可則非今日所以纂集此書之意也五月五日新安朱熹謹識

近思録既成或疑首卷陰陽變化性命之說大抵非始學之事祖謙竊嘗與聞次輯之意後出晚進於義理本原雖未容驟語苟茫然不識其梗槩則亦何所底止列之篇端特使之知其名義有所嚮望而已至

於餘卷所載講學之方日用躬行之實具有科級循是而進自卑升高自近及遠庶幾不失纂集之指若乃厭卑近而騖高遠躐等凌節流於空虚迄無所依據則豈所謂近思者耶覽者宜詳之淳熙三年四月四日東萊呂祖謙謹書

炤按昔者衰周之運百家競作孔孟之徒有憂之緝微言而成論語遵正學而著七篇使學者不迷於向方其功盛矣

秦漢以降道術分裂荀揚王韓各駕其說而不能相一有宋周子以先知先覺之詣建圖屬書弁冕羣言以傳之程氏而張氏亦與有聞焉顧其業至廣其說愈詳學者乃或望洋而興嘆甚至未嘗究其巔末而妄肆詆訶有如陸九淵議太極之非是大原可得而湮也林栗攻西銘之失是弘綱可得而絶也程迥詆主敬之誤是聖功可得而廢也陳亮疑

道治天下之迂是王猷可得而雜也朱子蓋深憫之於是不得已而爲近思之錄著性命之藴而天下之言道者有所宗揭進修之要而天下之言學者有所準至於窮理居敬檢身之方理家入官均平天下之法以逮應物教人制心之則與夫闢邪說宗正學之歸莫不舉之有要而循之有序誠可以羽翼四子而補其所未備焉欲求數君子之道而不

先之以是書固不得其門而入矣然其微辭奥義多未易曉朱子雖往往發明之而散見於各書四書集注或問大全文集語類蓋學者欲觀其聚焉而不可得也竊不自揣爲之裒集而次列之而又取其意之相類與其說之相資者條而附之以備一家之言至其所闕之處則取葉氏葉氏名采字平岩著近思集解陳氏陳氏一名埴字器之著近思雜問一名選字士賢著小學集註薛氏薛氏名瑄字德

溫著讀書錄胡氏名居仁字淑心著間
居業錄其與近思錄相發者取之
亦或附己意於其間庶幾可以便觀覽
備遺忘以待同志者之取裁而已矣嗚
呼學者誠能遜志於此書則諸子有家
皆難爲言而於内聖外王之要不患其
無階以升較之役志於詞章之中老死
於訓詁之下風推浪旋無以自拔而猶
其矜衣鉢之傳者其大小之不同量爲
何如也聊誌其槩於此以自警云

康熙庚子仲夏天中節湘川李文炤謹序

近思錄綱領

朱子曰脩身大法小學備矣義理精微近思錄詳之

又曰四書六經之階梯近思錄四子之階梯

又曰近思錄逐篇綱目一道體二爲學大要三格物窮理四存養五遷善改過克己復禮六齊家之道七出處進退辭受之義八治國平天下之道九制度十君子處事

之方十一教學之道十二改過及人心疵病十三異端之學十四聖賢氣象
又曰近思錄一書無不切人身救人病者
又曰看近思錄若於第一卷未曉得且從第二第三卷看起久之復看一卷則漸曉得
又曰劉子澄編近思續錄取程門諸公之說某看來其間好處固多但終不及程子難於附入

果齋李氏曰先生嘗集小學使學者得以先正其操履集近思錄使學者得以先識其門庭羽翼四子以相左右蓋此六書者學者之飲食裘葛準繩規矩不可以須臾離也聖人復起不易斯言矣

薛氏曰近思錄宜熟讀程子論未發之中處當參看朱子中庸或問其餘間有不同者亦當參考

胡氏曰今更有聖賢出其說不過於大學

語孟中庸此後書莫過於小學近思錄學者能於此處眞知力踐他書不讀無憾也

又曰入頭處最怕差將來無救處入頭處亦怕偏將來偏到底要從小學近思大學語孟入則路途正矣

又曰小學四書近思錄熟讀體驗有所得然後方可博觀古今

又曰在小學四書近思錄做得工夫眞異端功利俱害不得

近思錄卷之一 凡五十一條 李文炤集解

濂溪先生曰無極而太極太極動而生陽動極而靜靜而生陰靜極復動一動一靜互爲其根分陰分陽兩儀立焉陽變陰合而生水火木金土五氣順布四時行焉五行一陰陽也陰陽一太極也太極本無極也五行之生也各一其性無極之眞二五之精妙合而凝乾道成男坤道成女二氣交感化生萬物萬物生生而變化無窮焉惟人也得其秀而最

靈形既生矣神發知矣五性感動而善惡分萬事出矣聖人定之以中正仁義聖人之道仁義中正而已矣而主靜無欲故靜立人極焉故聖人與天地合其德日月合其明四時合其序鬼神合其吉凶君子脩之吉小人悖之凶故曰立天之道曰陰與陽立地之道曰柔與剛立人之道曰仁與義又曰原始反終故知死生之說大哉易也斯其至矣解見太極圖說

誠無爲幾善惡德愛曰仁宜曰義理曰禮通

曰智守曰信性焉安焉之謂聖復焉執焉之謂賢發微不可見充周不可窮之謂神（解見通書）

伊川先生曰喜怒哀樂之未發謂之中中也者言寂然不動者也故曰天下之大本發而皆中節謂之和和也者言感而遂通者也故曰天下之達道（樂音洛中節之中去聲。文集下同。朱子曰中和以性情言者也寂感以心言者也中和蓋所以爲寂感也觀言字者字可以見其微意矣）

心一也有指體而言者（本注寂然不動是也）有指用而言者（本注感而遂通天下之故是也）惟觀其所見如何耳（朱子

曰寂然不動是體感而遂通是用故横渠云心統性情者也

乾天也天者乾一作天之形體乾者天之性情

乾健也健而無息之謂乾性體也情用也夫天專言之則道也天且弗違是也分而言之則以形體謂之天以主宰謂之帝以功用謂之鬼神以妙用謂之神以性情謂之乾夫音扶。易傳下同。黃氏曰合而言之言鬼神則神在其中矣析而言之則鬼神者其粗迹神者其妙用也朱子曰天且弗違此是上天又曰功用言其氣也妙用言其理也功用兼精粗而言妙用言其精者

四德之元猶五常之仁偏言則一事專言則包四者

葉氏曰乾卦彖傳在天爲四德元亨利貞也在人爲五常仁義禮智信也分而言之則元者四德之一仁者五常之一專言元則亨利貞在其中專言仁則禮義智信在其中蓋元者天地之生理也亨者生理之達利者生理之遂貞者生理之正也仁者人心之生理也禮者仁之節文義者仁之裁制智者仁之明辨信者仁之眞實也。朱子曰以專言言之則一者包四者以偏言言之則一者不離四者正如天官冢宰以分職言之特六官之一耳而建邦之六典則又統六官也

天所賦爲命物所受爲性

朱子曰賦者命也所賦者理也受者性也所受者理也薛氏曰天所賦爲命元亨利貞也人所受爲性仁義禮智也天下古今

萬理不出性命

鬼神者造化之迹也朱子曰造化之妙不可得而見於其氣之往來屈伸者足以見之微鬼神則造化無迹矣

剝之爲卦諸陽消剝已盡獨有上九一爻尚存如碩大之果不見食將有復生之理上九一變則純陰矣然陽無可盡之理變於上則生於下無間可容息也聖人發明此理以見陽與君子之道不可亡也或曰剝盡則爲純坤豈復有陽乎曰以卦配月則坤當十月以

氣消息言則陽剝爲坤陽來爲復陽未嘗盡也剝於上則復生於下矣故十月謂之陽月恐疑其無陽也陰亦然聖人不言耳○間去聲川卦之法復當子臨當丑泰當寅大壯當卯夬當辰乾當巳姤當午遯當未否當申觀當酉剝當戌坤當亥詩曰日月陽止正十月之期也朱子曰剝卦上九之陽方盡而變爲純坤之時坤卦下爻已有陽氣生於其中矣但一日之內一畫之中方長得三十分之一必積之一月然後始滿一畫而爲復是陽之生耳夬之一陰爲乾爲姤義亦同此又曰聖人所以不言者便是參贊裁成之道蓋抑陰而進陽長善而消惡進君子而退小人雖堯舜之世豈無小人但有聖人壓在上面不容他出而有爲耳豈能使之無耶

一陽復於下乃天地生物之心也先儒皆以靜爲見天地之心蓋不知動之端乃天地之心也非知道者孰能識之釋復彖傳之義。朱子曰天地以生生爲德元亨利貞乃天地之心也但其靜而復乃未發之體動而通焉乃已發之用一陽來復其若生甚微固若靜矣然其實動之機其勢日長而萬物莫不資始焉此天命流行之初造化發育之始其生生不已之心於是而可見也若其靜而未發則此心之體雖無所不在然却未有發見之處此程子所以以動之端爲見天地之心亦舉用以該體耳

仁者天下之公善之本也葉氏曰仁者以天地萬物爲一體故天曰天下之公四端萬善皆統於仁故曰善之本也

有感必有應凡有動皆爲感感則必有應所應復爲感所感復有應所以不已也感通之理知道者默而觀之可也復扶又反。葉氏曰屈伸往來感應無窮自屈而伸則屈者感也伸者應也自伸而屈則伸者感也屈者應也明乎此則天地陰陽之消長變化人心物理之表裏盛衰要不外乎感應之理而已

天下之理終而復始所以恒而不窮恒非一定之謂也一定則不能恒矣惟隨時變易乃常道也天地常久之道天下常久之理非知道者孰能識之復扶又反。釋恒彖轉之義朱子曰物理之始終不易所

以爲恒而不窮然所謂不易者亦須有以變通乃能不窮論其體則終是恒然體之常所以爲用之變用之變乃所以爲體之常愚謂天地常久之道以造化而言也天下常久之理以人事而言也○朱子曰能常而後能變及其變常亦只在其中伊川却説變而後能常非是

人性本善有不可革者何也曰語其性則皆善也語其才則有下愚之不移釋革上九爻之義葉氏曰性無不善才者性之所能合理與氣而成氣質則有昏明强弱之異其昏弱之極者爲下愚所謂下愚者有二焉自暴也自棄也人苟以善自治則無不可移者雖昏愚之至皆可

漸磨而進惟自暴者拒之以不信自棄者絕之以不爲雖聖人與居不能化而入也仲尼之所謂下愚也朱子曰自暴者有強悍意剛惡之所爲自棄者有懦弱意柔惡之所爲然天下自暴自棄者非必皆昏愚也往往強戾而才力有過人者商辛是也聖人以其自絕於善謂之下愚然考其歸則誠愚也葉氏曰史記稱紂資辯捷敏才力過人手格猛獸智足以拒諫言足以飾非則其天資固非昏愚者然其勇於爲惡而自絕於善要其終真下愚耳既曰下愚其能革面何也曰心雖絕於善道其畏威而寡

罪則與人同也唯其有與人同所以知其非性之罪也葉氏曰革卦上六曰小人革面下愚小人自絶於善然畏威刑而欲免罪則與人無以異是以亦能揜其不善而者其善惟其畏懼有與人同者是以知其性之本善也

在物爲理處物爲義處上聲。理不外乎事物之間而義所以制其是非可否之宜故在物爲理而處物即爲義體用之謂也

動靜無端陰陽無始非知道者孰能識之經說下同。潛室陳氏曰端頭也始始者終之對二氣循環不已故無端運行不歇故無始不斷故無端無終故無無始。朱子曰以陽動陰靜相對言則陽爲先陰爲後陽爲始陰爲終猶

一歲以正月爲更端其實姑始於此耳歲首以前非截然別爲一段事則是其循環錯綜不可以先後始終言亦可見矣又曰方沖淪未判陰陽之氣混合幽暗及其既分中間放得寬潤光明一元之前又是一大間闢更以上亦復如此小者大之影只晝夜便可見下變而高柔變而剛此事思之至深有可驗者

仁者天下之正理失正理則無序而不和

則失禮之本不和則失樂之本。朱子曰程說少踈仁者本心之全德人若本然天理之良心存而不失則所作爲自有序而和若此心一放只是人欲私心做得出來安得有序安得有和

明道先生曰天地生物各無不足之理常思

天下君臣父子兄弟夫婦有多少不盡分處分去聲。遺書下同。葉氏曰分者天理當然之則天之生物無虧欠而人之處物每不盡理如君臣父子兄弟夫婦一毫不盡其心不當乎理是爲不盡分故君子貴精察而力行之也

忠信所以進德終日乾乾君子當終日對越在天也葉氏曰發乎真心之謂忠盡乎實理之謂信忠信乃進德之基終日乾乾者謂終日對越在天也越於也君子一言一動守其忠信常瞻對乎上帝不敢有一毫欺慢之意也以下皆發明所以對越在天之義　蓋上天之載無聲無臭其體則謂之易其理則謂之道其用則謂

之神其命於人則謂之性率性則謂之道修道則謂之教葉氏曰上天之載無聲無臭所謂太極本無極也體猶質也陰陽變易乃太極之體也故其體謂之易其所以變易之理則謂之道其變易之用則謂之神此以天道言也天理賦於人謂之性循性之自然謂之道因其自然者而修明之則謂之教此以人道言也惟其天人之理一所以終日對越在天也。朱子曰元亨利貞性也生長收藏情也以元生以亨長以利收以貞藏者心也仁義禮智性也惻隱羞惡辭讓是非情也以仁愛以義惡以禮讓以智知者心也性者心之理也情者心之用也心者性情之主也程子曰其體則謂之易其理則謂之道其用則謂之神此之謂也孟子去其中又發揮出浩然之氣可謂盡矣葉氏曰浩然盛

大流行之貌蓋天地正大之氣人得之以生本浩然也失養則餒而無以配夫道義之用得養則充而有以復其正大之體盡矣謂無餘事也此言天人之氣一所以終日對越在天也故說神如在其上如在其左右大小大事而只曰誠之不可揜如此夫徹上徹下不過如此夫音扶。葉氏曰大小猶多少也中庸論鬼神如此其盛而卒曰誠之不可揜誠者實理郎所謂忠信之體天人之間通此實理故君子忠信進德所以爲對越在天也形而上爲道形而下爲器須著如此說器亦道道亦器著側畧反。葉氏曰道者指事物之理故曰形而上器者指事物之體故曰形而下其實道寓於器本不相離也蓋言日用之間無非天理之流行所謂終日

對越在天者亦敬循乎此理而已。薛氏曰器即圓乎道之中道不離乎器之外又曰理氣無縫罅故曰器亦道也道亦器也但得道在不繫今與後己與人葉氏曰不繫猶不拘也言人能體道而不違則道在我矣不拘人己古今無往而不合蓋道本無間然也。朱子曰以時節分假言之便有古今以氣血肢體言之便有人己只是一理爾

醫書言手足痿痺爲不仁此言最善名狀仁者以天地萬物爲一體莫非己也認得爲己何所不至若不有諸己自不與己相干如手足不仁氣已不貫皆不屬己。痿音威痺音[illegible]手足痿痺爲

不仁以其生氣之不貫也亦猶草木之實謂之仁以其生氣之具足也薛氏曰天地與物皆自陰陽造化中來故天地萬物爲一體人知天地萬物爲一體則薰然慈良惻怛之心有不覺而自發於中者

故博施濟衆乃聖人之功用仁至難言故止曰己欲立而立人己欲達而達人能近取譬可謂仁之方也已欲令如是觀仁可以得仁之體欲立欲達仁之體也能近取譬乃爲之之方也程子槩言之而已

生之謂性性卽氣氣卽性生之謂也朱子曰天之付與萬物者謂之命物之稟受乎天者謂之性然天命流行必二氣五行交感凝聚然後能

生物也性命形而上者也氣則形而下者也形而上者一理渾然無有不善形而下者則紛紜雜糅善惡有所分矣故人物既生則即此所稟以生之氣而天命之性存焉此程子所以發明告子生之謂性之說人生氣稟理而以性即氣氣即性者言之也

有善惡然不是性中元有此兩物相對而生也有自幼而善有自幼而惡本注后稷之克始生人知其岐克嶷子越椒必滅宗之類是氣稟有然也善固性也然惡亦不可不謂之性也朱子曰所稟之氣所以必有善惡之殊者亦性之理也蓋氣之流行性爲之主以其氣之或純或　而善惡分焉故非性中本有二物相對也然氣之惡者其性亦無不善故惡亦不可不謂之性也先生又曰善惡者天理謂之

惡者本非惡但或過或不及便如此蓋天下無性外之物本皆善而流於惡耳蓋生之謂性人生而靜以上不容說才說性時便已不是性也凡人說性只是說繼之者善也孟子言性一本性上有人字善是也夫所謂繼之者善也者猶水流而就下也才與纔同後放此夫音扶。朱子曰性則理而已矣何言語之可形容哉故善言性者不過即其發動之端言之而性之蘊固可默識矣如孟子之論四端是也觀水之流而必下則水之性下可知觀性之發而必善則性之蘊善可知也愚按程子恐以就下喻繼之之意下文乃以清喻善耳更詳之。朱子曰人生而靜以上是人物未生時只可謂之理未可名爲性所謂在天曰命也才說性

時便是人生以後此理已墮在形氣之中不全是性之本體矣所謂在人曰性也又曰易所謂繼之者善也在性之先此所引繼之者善也在性之後易以天道之流行者言此以人性之發見者言蓋人便是一箇小天地耳

皆水也有流而至海終無所汚此何煩人力之爲也有流而未遠固已漸濁有出而甚遠方有所濁有濁之多者有濁之少者清濁雖不同然不可以濁者不爲水也如此則人不可以不加澄治之功故用力敏勇則疾清用力緩怠則遲清及其清也則却只是元初水也不是將清來換却

濁亦不是取出濁來置在一隅也水之清則性善之謂也故不是善與惡在性中爲兩物相對各自出來朱子曰此又以水之清譬之水之清者性之善也流至海而不污者氣稟清明自幼而善聖人性之而全其天者也流未遠而已濁者氣稟偏駁之甚自幼而惡者也流既遠而方濁者長而見異物而遷焉失其赤子之心者也濁有多少氣之昏明純駁有淺深也不可以濁者不爲水惡亦不可不謂之性也然則人雖爲氣稟所昏流於不善而性未嘗不在其中特謂之性則非其本然謂之非性則初不離是以其如此人不可不加澄治之功惟能學以勝氣則知此性渾然初未嘗壞所謂元初水也雖濁而清者存固非將清換濁既清則本無濁亦非取濁置一隅也如此則其本善而已

無性中豈有兩物對立而並行也哉〇葉氏曰前以本言則曰相對而生此以用言則曰相對各自出來此理天命也順而循之則道也循此而修之各得其分則教也自天命以至於教我無加損焉此舜有天下而不與焉者也分與皆去聲〇朱子曰此理天命也該始終本末而言也修道雖以人事而言然其所以修之者莫非天命之本然非人私智所能為也然非聖人有不能盡者故以舜明之又曰但所引舜事或非本文之意耳

觀天地生物氣象本注周茂叔看〇葉氏曰造化流行發育萬物溥博周徧生理條達觀之使人良心油然而生此即周子窗前草不除去問之云與自家意思

一般是也胡氏曰天地只是一箇生物聖人全天地之心故仁民愛物自不能已

萬物之生意最可觀此元者善之長也斯所謂仁也長上聲。朱子曰萬物之生天命流行自始至終無非此理但初生之際淳粹未散尤易見耳只如元亨利貞皆是善而元則爲善之長亨利貞皆是那裏來仁義禮智亦皆善也而仁則爲善之首義禮智皆從這裏出耳

滿腔子是惻隱之心朱子曰腔子猶言郛郭此是方言指盈於人身而言滿軀殼都是惻隱之心大感則大應小感則小應故日用所當應接更無些間隔痛癢疾痛莫不相關又曰此是就人身上指出此理處最爲親切若於此見得卽萬物一體更無內外之別若不見得都去腔子外尋覓卽莽莽蕩蕩無交涉矣。胡氏曰滿腔子是

惻隱之心則滿身都是心也如刺著便痛非心而何然知痛是人心惻隱是道心薛氏曰滿天地是生物之心滿腔子是惻隱之心

天地萬物之理無獨必有對皆自然而然非有安排也毋中夜以思不知手之舞之足之蹈之也

朱子曰天地事物之理亭當均平無無對者惟道爲無對然以形而上下論之則亦未嘗不有對也蓋所對者或以左右或以上下或以前後或以多寡或以類而對或以反而對反覆推之眞無一物兀然無對而孤立者此程子之所以中夜而思不覺手舞而足蹈也又曰天下之物未嘗無對然又都只是一理譬如口中之氣噓則爲滿吸則爲寒耳又曰且如棊盤兩兩相對未稍中間只空一路若似無對然此一路對了三百

六十路所謂一對萬道對器也。薛氏曰無獨必有對河圖卦畫可見推之萬事萬物無無對者只是一陰一陽而已

中者天下之大本天地之間亭亭當當直上直下之正理出則不是唯敬而無失最盡當去聲。朱子曰亭亭當當此俗語也蓋不偏不倚直上直下之意也出則不是者出便是已發發而中節只可謂之和不可謂之中矣葉氏曰喜怒哀樂未發之時此性渾然在中此天下之大本而萬善之主也唯能敬以存之則有以全其中之本體矣。潛室陳氏曰當此境界不是無工夫又不可猛下工夫只是敬以直內即戒謹恐懼意敬不喚作中敬而無失方是中無失即不偏倚之謂

伊川先生曰公則一私則萬殊人心不同如面只是私心葉氏曰公則萬物一體私則人己萬殊

凡物有本末不可分本末爲兩段事灑掃應對是其然必有所以然朱子曰有本有末者其然之事也不可分者以其悉具所以然之理也○薛氏曰灑掃應對雖小子事長之禮然禮郎天理之節文精粗本末又豈二乎

楊子拔一毛不爲墨子又摩頂放踵爲之此皆是不得中至於子莫執中欲執此二者之中不知怎麼執得識得則事事物物上皆天

然有箇中在那上不待人安排也安排著則不中矣放上聲著陟畧反後放此○天然之中義理之準則也安排之中意見之計度也○朱子曰聖人義精仁熟非有意於執中而自無過不及故有執中之名而實未嘗有所執也若學未至理未明而徒欲求夫所謂中者而執之則所謂中者果何形狀而可執也殆見愈執而愈失矣子莫是也既不識中乃慕夫時中者而欲隨時以爲中吾恐其失之彌遠未必不流而爲小人之無忌憚也夫惟明善則中可得而識矣

問時中何如曰中字最難識須是默識心通且試言一廳則中央爲中一家則廳中非中而堂爲中一國則堂非中而國之中爲中推

此類可見矣如三過其門不入在禹稷之世爲中若居陋巷則非中也居陋巷在顔子之時爲中若三過其門不入則非中也一廳一堂之中一事一物各其之中也一國之中萬事萬物大共之中也禹稷時當其治故以濟物爲中顔子時當其衰故以獨善爲中

无妄之謂誠不欺其次矣本注李邦直云不欺之謂誠便以不欺爲誠徐仲車云不息之謂誠中庸言至誠無息非以不息解誠也或以問先生先生曰云云○葉氏曰无妄者實理之自然而无一毫僞妄也故謂之誠不欺者知實理之當然然而不自爲欺乃思誠也○朱子曰无妄者是自我无妄故誠不欺者對物而言故次之

冲漠無朕萬象森然已具未應不是先已應不是後葉氏曰冲漠未形而萬理畢具即所謂無極而太極也未應者寂然不動之時也已應者感而遂通之時也已應之理悉具於未應之時故未應非先已應非後蓋郎體而用在其中不可以先後分也○朱子曰未有事物之時此理已具少間應處亦只是此理如百尺之木自根本至枝葉皆是一貫不可道上面一段事無形無兆却待人旋安排引入來教入塗轍葉氏曰轍車跡塗轍猶路脉也道有體用而非兩端猶木有根本是生枝葉上下一貫未嘗間斷豈可謂未應之時空虛無有已應之際旋待安排引入塗轍言此理具於形氣事爲之先本一貫也既是塗轍却

只是一箇塗轍朱子曰如父之慈子之孝只是一條路從源頭下來葉氏曰言此理流行於形氣事爲之中亦未嘗有二致也近取諸身百理皆具屈伸往來之義只於鼻息之間見之屈伸往來只是理不必將既屈之氣復爲方伸之氣生生之理自然不息葉氏曰往而屈者其氣已散來而伸者其氣方生生生之理自然不窮若以既屈之氣復爲方伸之氣則是天地間只有許多氣來來去去造化之理不幾於窮乎釋氏不明乎此所以有輪迴之說如復卦言七日來復其間元無斷續陽已復生物極必返其理須如此有生便有

死有始便有終葉氏曰日卽月也以卦配月則自五月陽始消而爲姤至十一月陽生而爲復自姤至復凡七月也消極而生無有間斷物極必返理之自然生死始終皆一理也。朱子曰此段爲橫渠形潰反原之說而發也

明道先生曰天地之間只有一箇感與應而已更有甚事朱子曰陰陽之變化萬物之生成情僞之相通事爲之終始一爲感則一爲應循環相代所以不已也。潛室陳氏曰感應二字通貫陰陽動靜蓋今日之晝固起今日之夜而今日之夜又起明日之晝天地間不過如此耳

問仁伊川先生曰此在諸公自思之將聖賢所言仁處類聚觀之體認出來朱子曰類聚孔孟言仁處

以求夫仁之說程子爲人之意可謂深切然專一如此却恐不免長欲速好徑之心資入耳出口之弊亦孟子曰惻隱之心仁也後人不可不察也

遂以愛爲仁愛自是情仁自是性豈可專以愛爲仁孟子言惻隱之心仁之端也旣曰仁之端則不可便謂之仁退之言博愛之謂仁非也仁者固博愛然便以博愛爲仁則不可

韓愈字退之唐大儒作原道篇首言博愛之謂仁葉氏曰仁者愛之性愛者仁之情以愛爲仁是指情爲性端之云者言仁在其中而端緒見於外也或問樊遲問仁子曰愛人是夫子亦嘗以愛言仁也曰孔門問荅皆是教人於已發處用功孟子所謂惻隱之心仁也

亦是於已發之端體認但後之論仁者無復知性情之別故程子發此義以示人欲使沿流而溯其源也學者其深體之

問仁與心何異曰心譬如穀種生之性便是仁陽氣發處乃情也種上聲。葉氏曰以穀種喻心生之性便是愛之理陽氣發處便是惻隱之情。朱子曰程子說生意處非以生意爲仁言生物皆能發動死物便都不能譬如五穀蒸殺則不能生也

義訓宜禮訓別智訓知仁當何訓說者謂訓覺訓人皆非也當合孔孟言仁處大槩研窮之二三歲得之未晚也葉氏曰訓者以其字義難明故又假一字

以訓解之義者天理之當然所以裁制夫事物之宜故訓宜禮者天理之節文所以別親疎上下之分故訓別智者天理之明睿所以知事物之是非故訓知仁者道至大包乎三者故爲難訓說者謂訓覺者言不爲物欲所蔽痾癢疾痛觸之即覺夫仁者固無不覺然覺不足以盡仁之蘊也訓人者言天地生人均氣同理以人體之則惻但慈愛之意自然無所間斷夫仁者固以人爲體然不可以此訓仁也。朱子仁說曰天地以生物爲心者也而所生之物又各得夫天地生物之心以爲心者也故語心之德雖其總攝貫通無所不備然一言以蔽之曰仁而已矣蓋天地之心其德有四曰元亨利貞而元無不統其運行焉則爲春夏秋冬之序而春生之氣無所不通故人之爲心其德亦有四曰仁義禮智而仁無不包其發用焉則爲愛恭宜別之情而惻隱之心無所不貫故論天地之心者則曰

乾元坤元則四德之體用不待悉數而足論
人心之妙者則曰仁人心也則四德之體用
亦不待徧舉而該蓋仁之爲道乃天地生物
之心卽物而在情之未發而此體已具情之
既發而其用不窮誠能體而存之則衆善之
本百行之原莫不在是此孔門之教所以必
使學者汲汲於求仁也其曰克己復禮爲仁
言能克去己私復乎天理則此心之體無不
在而此心之用無不行也又曰居處恭執事
敬與人忠則亦所以存此心也又曰事親孝
事兄弟及物恕則亦所以行此心也又曰求
仁而得仁則以讓國而逃諫伐而餓爲能不
失乎此心也又曰殺身成仁則以欲甚於生
惡甚於死爲能不害乎此心也此心何心也
在天地則块然生物之心在人則溫然愛人
利物之心包四德而貫四端者也或曰若子
之言則程子所謂愛情仁性不可以愛爲仁
者非與曰不然程子之所謂以愛之發而名

仁者也吾之所論以愛之理而名仁者也蓋所謂情性者雖其分域之不同然其脉絡之通各有攸屬者則曷嘗判然離絕而不相管哉吾方病夫學者誦程子之言而不求其意遂至於判然離愛而言仁故特論此以發明其遺意而子顧以爲異乎程子之說不亦誤哉曰程氏之徒言仁者多矣蓋有謂愛非仁而以萬物與我爲一爲仁之體者矣亦有謂愛非仁而以心有知覺釋仁之名者矣今子之言若是然則彼皆非歟曰彼謂物我爲一者可以見仁之無不愛矣而非仁之所以爲體之眞也彼謂心有知覺者可以見仁之包乎智矣而非仁之所以得名之實也觀孔子答子貢博施濟衆之問與程子所謂覺不可以訓仁者則可見矣子尚安得復以此而論仁哉抑泛言同體者使人含糊昏緩而無警切之功其弊至於認物爲己者有之矣專言知覺者使人張皇迫躁而必沉潛之味其弊

至於認欲爲理者有之矣一忘一助二者蓋胥失之而知覺之云者於聖門所示樂山能守之氣象尤不相似也子尚安得復以此而論仁哉

性卽理也天下之理原其所自未有不善喜怒哀樂未發何嘗不善發而中節則無往而不善發不中節然後爲不善。樂音洛中去聲

朱子曰性卽理也在心謂之性在事謂之理此句便是千萬世說性之根基又曰未發之前氣不用事所以有善而無惡。薛氏曰性卽理也循天理卽率性也故凡言善惡皆先善而後惡言吉凶皆先吉而後凶言是非皆先是而後非本注易傳曰成而後有敗敗非先成者也得而後有失非

得何以有失也

問心有善惡否曰在天爲命在義爲理在人爲性主於身爲心其實一也在義爲理言事物當然之宜即理之所在也或問旣曰在物爲理處物爲義又曰在義爲理如何潛室陳氏曰理對義言則理爲體而義爲用理對道言則道爲體而理爲用心本善發於思慮則有善有不善若旣發則可謂之情不可謂之心心本善者以道心之體而言也發於思慮則有善有不善者以人心之幾而言也然心統性情旣發豈可謂之非心耶○朱子曰疑此段微有未穩處蓋凡事莫非心之所爲雖放僻邪侈亦是心之爲也善惡但如反覆手耳譬如水只可謂

之水至於流而爲派或行於東或行於西却謂之流也

按性情之字皆從心源流之字皆從水豈可謂流非水乎。朱子曰心譬水也性水之理也性所以立乎水之靜情所以行乎水之動欲則水之流而至於濫也

性出於天才出於氣氣清則才清氣濁則才濁才則有善有不善性則無不善

天者理而巳矣氣則陰陽五行之變萬有不齊故才或以之爲善或以之爲不善而性則本無不善也。朱子曰理如寶珠氣如水有是理而後有是氣有是氣則必有是理但氣稟之清者爲聖賢加珠落在清水中氣稟之濁者爲愚暗如珠落在濁水中

性者自然完具信只是有此者也故四端不言信葉氏曰仁義禮智分而言之則四者各立自然全具實有是四者則謂之信非於四者之外別有信也孟子論四端而不及信蓋信在其中矣。延平李氏曰五常言信配五行而言四端不言信配四時而言也蓋土分王於四時之季信已立於四端之中者也

心生道也有是心斯具是形以生惻隱之心人之生道也葉氏曰心者人之生理也有是心斯具是形此言生人之道惻隱之心人之生道此言人得是心故酬酢運用生生而不窮苟無是心則同於砂石而生理絕矣。朱子曰心生道也恐有闕文此四字說不盡蓋天地生物之心是仁人之稟賦接得此天地之心方能有生故惻隱之心在人亦爲生道

横渠先生曰氣坱然太虚升降飛揚未嘗止息此虚實動静之端陰陽剛柔之始浮而上者陽之清降而下者陰之濁其感遇聚散爲風雨爲霜雪萬品之流形山川之融結糟粕煨燼無非教也解見正蒙下同

游氣紛擾合而成質者生人物之萬殊其陰陽兩端循環不已者立天地之大義

天體物不遺猶仁體事而無不在也禮儀三百威儀三千無一物而非仁也昊天曰明及

爾出王昊天曰旦及爾游衍無一物之不體也

鬼神者二氣之良能也

物之初生氣日至而滋息物生旣盈氣日反而游散至之謂神以其伸也反之謂鬼以其歸也

性者萬物之一源非有我之得私也惟大人爲能盡其道是故立必俱立知必周知愛必兼愛成不獨成彼自蔽塞而不知順吾理者

則亦末如之何矣
一故神譬之人身四體皆一物故觸之而無
不覺不待心使至此而後覺也此所謂感而
遂通不行而至不疾而速也易説、葉氏曰
天地之爲物不貳故妙用而無方聖人之心不貳故感通而莫測朱子曰發於心達於氣天地與吾身共是一物所謂鬼神者亦是自家之氣思慮纔動這氣即敷於外自然有所感通。問一故神朱子曰近思録所載與本書不同録當時伯恭不肯全載故後來不曾與他添得一故神注云兩在故不測兩故化注云推行於一直卿云一故神猶一動一靜互爲其根兩故化猶動極而靜靜極復動

心統性情者也語錄下同。朱子曰性爲體情爲用性情皆出於心故心能統之統如統兵之統言有以主之也。ゝ潛室陳氏曰心居性情之間向裏郎是性向外郎是情心居二者之間而統之所以聖賢工夫只在心裏著到一舉而兼得之

凡物莫不有是性由通蔽開塞所以有人物之别由蔽有厚薄故有智愚之别塞者牢不可開厚者可以開而開之也難薄者開之也易開則達於天道與聖人一易去聲。葉氏曰有是氣必有是理此人與物之所共由也由氣有通蔽開塞故有人物之異由蔽有厚薄故人又有智愚之異塞者氣拘而塡實之也故不可開此言物也蔽者但昏暗而有所不通皆可開也此

顧有難易之分耳及其既開則通乎天道與聖人一此言人也。朱子曰横渠此段不如呂與叔分曉呂云蔽有淺深故爲昏明蔽有開塞故爲人物又曰人之性論明暗物之性只是偏塞暗者可使之明也偏塞者不可使之通也

近思錄卷之二凡有十二條　李文炤集解

濂溪先生曰聖希天賢希聖士希賢伊尹顏淵大賢也伊尹恥其君不爲堯舜一夫不得其所若撻於市顏淵不遷怒不貳過三月不違仁志伊尹之所志學顏子一作淵之所學過則聖及則賢不及則亦不失於令名解見通書下同

聖人之道入乎耳存乎心蘊之爲德行行之爲事業彼以文辭而已者陋矣

或問仲尼之門其徒三千獨稱顏子爲好學

夫詩書六藝三千子非不習而通也然則顔子所獨好者何學也伊川先生曰學以至聖人之道也聖人可學而至歟曰然學之道如何曰天地儲精得五行之秀者爲人其本也眞而靜其未發也五性具焉曰仁義禮智信形既生矣外物觸其形而動於中矣其中動而七情出焉曰喜怒哀樂一作懼愛惡欲情既熾而益蕩其性鑿矣好惡並去聲夫音扶樂音洛。朱子曰儲謂停蓄天地儲蓄得二氣之精聚故能生出萬物眞指本體而言靜言其未感乎物所謂未發

卽靜之謂也所謂五性卽眞之謂也性固不可鑿但人不循此理任意妄作去傷了他耳是故覺者約其情使合於中正其心養其性愚者則不知制之縱其情而至於邪僻梏其性而亡之葉氏曰明覺之士以禮制情使不僻養其性而不至於梏亡愚者反是梏猶桎梏謂拘攣而暴殄之言人之所以貴於學也然學之道必先明諸心知所往一作養然後力行以求至所謂自明而誠也朱子曰明諸心知所往窮理之事也力行求至踐履之事也誠之之道在乎信道篤信道篤則行之果行之果則守之固仁義忠信不

離乎心造次必於是顛沛必於是出處語默必於是久而弗失則居之安動容周旋中禮而邪僻之心無自生矣○處上聲中去聲下同○朱子曰造次忍遽苟且之時顛沛傾覆流離之際○葉氏曰以上兩節論爲學之道詳盡其大綱有三焉明諸心知所往者智之事也力行以求至者仁之事也信道篤以下勇之事也然勇之中亦備此三者故信之篤者智之勇也行之果者仁之勇也守之固者勇之勇也仁義忠信不離乎心者信之篤也造次顛沛出處語默必於是者行之果也久而弗失守之固也動容周旋中禮邪僻之心不生則幾於化矣故顏子所事則曰非禮勿視非禮勿聽非禮勿言非禮勿動仲尼稱

之則曰得一善則拳拳服膺而弗失之矣又曰不遷怒不貳過有不善未嘗不知知之未嘗復行也此其好之篤學之之道也復扶又反。顏子之所事者約情合中之功也仲尼之所稱者正心養性之效也然聖人則不思而得不勉而中顏子則必思而後得必勉而後中其與聖人相去一息所未至者守之也非化之也假之以年則不日而化矣葉氏曰聖人生知故不思而得安行故不勉而中顏子猶必擇善而固執之然其博文約禮工力俱到其未至於聖人者特一息之間耳使非短命而死則不淹時日所守者化而與聖

人矣

一後人不達以謂聖本生知非學可至而為學之道遂失不求諸己而求諸外以博文強記巧文麗辭為工榮華其言鮮有至於道者則今之學與顏子所好異矣鮮上聲○文集下同○葉氏曰後世聖學無傳不知反身修德徒以記問詞章為學去道愈遠矣○朱子曰不是他樂於為希名慕利之學為緣他不知聖賢可學飽食終日無所用心不成空過須討箇業次弄或為詩或作文是他沒著渾身處只得向那去俗語所謂無圖之輩是也

橫渠先生問於明道先生曰定性未能不動猶累於外物何如明道先生曰所謂定者動

亦定靜亦定無將迎無內外葉氏曰此章就猶累於外物一句反覆辨明蓋萬物不同而無理外之物萬理不同而無性外之理凡天下之物理剛柔萬端皆吾性之所具也所謂定性者非一定而不應也發而中節動亦定也敬而無失靜亦定也將送也事之往也無將事之來也無迎動靜一定何有乎將迎寂然不動者存於內也感而遂通者應於外也體用一貫何間乎內外苟以外物爲外牽己而從之是以己性爲有內外也且以性爲隨物於外則當其在外時何者爲在內是有意於絕外誘而不知性之無內外也既以內外爲二本則又烏可遽語定哉葉氏曰承上文而言苟以

外物爲外凡應物者必牽己而從之是以性爲有內外如是則方其逐物在外之時在內已無此性矣其可乎蓋有意於絶外物之誘而不知性本無內外之分也旣分內外爲兩端則人在天地間不能不與物接是無時而能定也**夫天地之常以其心普萬物而無心聖人之常以其情順萬事而無情故君子之學莫若廓然而大公物來而順應**葉氏曰常常理也天地之心運用主宰者是也然而普徧萬物實未嘗有心焉聖人之心應酬發動者是也然而隨順萬事亦未嘗容情焉故君子之學廓然而大公何嫌於外物物來順應何往而不定哉此二句又此書之綱領也朱子曰大公是維天之命於穆不已順應是乾道變化各正性命大公是寂然不動順應是感而遂通**易曰**

貞吉悔亡憧憧往來朋從爾思苟規規於外誘之除將見滅於東而生於西也非惟日之不足顧其端無窮不可得而除也葉氏曰咸卦九四象辭憧憧往來不絶貌各以朋類從其所思蓋人之一心應感無窮苟惡外物之誘而欲除滅之將見滅於彼而生於此非惟日見其人用力之不足而亦有不可得而除滅者矣之情各有所蔽故不能適道大率患在於自私而用智自私則不能以有爲爲應迹用智則不能以明覺爲自然今以惡外物之心而求照無物之地是反鑑而索照也惡去聲下同。葉氏

曰人心各有所蔽大槩在自私與用智之兩端蓋不能廓然而大公故自私而不能物來而順應故用智自私者樂於無爲而不知以有爲爲應迹用智者作意於有爲而不知以明覺爲自然用智之當然循理之自然今惡外物之累已是亦自私之心也而求照無物之地是亦用智之過也循反鑑以索照寧可得哉

易曰艮其背不獲其身行其庭不見其人孟氏亦曰所惡於智者爲其鑿也

朱子曰不獲其身不見其人此說廓然而大公所惡於智者爲其鑿也此說物來而順應

與其非外而是內不若內外之兩忘也兩忘則澄然無事矣無事則定定則明明則尚何應物之爲累哉

葉氏曰自私用智之患其根在於分內外爲二以在

外者爲非，在内者爲是，然在外者終不容以寂滅，故常爲外物所撓。惟能知性無内外而兩忘之，則動靜莫非自然，澄然無事矣。所謂廓然大公者也。無事則心無所累，故能明，明則物來順應，尚何外物之累哉！蓋内外兩忘，則非自私；能定而明，則非用智也。聖人之喜以物之當喜，聖人之怒以物之當怒，是聖人之喜怒不係於心而係於物也。是則聖人豈不應於物哉？烏得以從外者爲非，而更求在内者爲是也？今以自私用智之喜怒，而視聖人喜怒之正爲何如哉！葉氏曰：聖人未嘗自私也，然其喜怒皆係彼而不係此，是未嘗用智也。以自私用智之喜怒，其視聖人之

喜怒一循乎天理之正者豈不大相戾哉夫人之情易發而難制者惟怒爲甚第能於怒時遽忘其怒而觀理之是非亦可見外誘之不足惡而於道亦思過半矣夫音扶易去聲。忘怒者忘其血氣之私也觀理之是非者觀其節之中否以自反也。朱子曰定是性者存養之功至而得性之本然也性定則動靜如一而內外無間矣天地之所以爲天地聖人之所以爲聖人不以其定乎君子之學亦以求定而已故廓然而大公者仁之所以爲體也物來而順應者義之所以爲用也仁立義行則性定而天下之動一矣所謂貞也夫豈惡於外誘之除而反爲是憧憧哉然常人之所以不定者非其性之本然也自私以賊夫仁用智以害夫義是以情有所蔽而憧憧耳不知自反以

以去其所蔽顧以惡外物爲心而反求照於無物之地亦見其用力愈勞而燭理愈昧益以撞撞而不自知也良其背則不自私矣行無事則不用智矣內外兩忘非忘也一循於理不是內而非外也不是內而非外則大公而順應尚何事物之爲累哉聖人之喜怒大公而順應天理之極也衆人之喜怒自私而用智人欲之盛也忘怒則公觀理則明二者所以自反而去蔽之方也夫張子之於道固非後學所敢議然意其強採力取之意多涵沬克養之功少程子以是發之其旨深哉又日定性書言不惡事物亦不逐事物不拒不流泛應曲當是誠意正心以後事

伊川先生答朱長文書曰聖賢之言不得已也蓋有是言則是理明無是言則天下之理

有闕焉如彼耒耜陶冶之器一不制則生人之道有不足矣聖賢之言雖欲已得乎然其包涵盡天下之理亦甚約也葉氏曰耒之耑爲耜耜之柄爲耒範土曰陶鑄金曰治聖賢之言本非得已也蓋將發明天理以覺斯民猶民生日用之具不可缺也然其言寡而理無不該亦非以多言爲貴也後之人始執卷則以文章爲先平生所爲動多於聖人然有之無所補無之靡所闕乃無用之贅言也不止贅而已既不得其要則離眞失正反害於道必矣葉氏曰後人徒志於文而不足以明理則非徒無益而已蓋不得其本末

無感不通以量而容之擇合而受之非聖人有感必通之道也葉氏曰咸者感也故咸卦皆以感爲義惟虛中而無所私主則物來能應有感必通也若夫有量則必有限有合則必有不合此非聖人感通之道也

其九四曰貞吉悔亡憧憧往來朋從爾思傳曰感者人之動也故咸皆就人身取象四當心位而不言感其心感乃心也感之道無所不通有所私係則害於感通所謂悔也聖人感天下之心如寒暑雨暘無不通無不應者亦貞而已矣貞者虛中無我之謂也或問

貞者正也未有解爲虛中無我者葉氏曰愚
聞之師曰諸卦之貞各隨卦義以爲正乾以
健爲貞坤以順爲貞故曰利牝馬之貞虛中
無我者咸之貞也然此與彖以虛受人異者
蓋彖取山澤通氣之義謂虛中以受人之感
爻取四爲感之主謂虛中以感人也惟虛則
能應人之感惟虛則能
感人之應其理則一也
若往來憧憧然用其
私心以感物則思之所及者有能感而動所
不及者不能感也以有係之私心既主於一
隅一事豈能廓然無所不通乎
朱子曰易咸
感處伊川說
得未備往來有自然之理惟正靜爲主則吉
而悔亡至於憧憧則私爲主而思慮之所及
者朋從所不及者不朋從矣是以事未至則
迎之事已過則將之今人皆病於無公平之

也所以唯物之來必有私意雜焉則陷於所偏重矣

君子之遇艱阻險一作必自省於身有失而致之乎有所未善則改之無歉於心則加勉乃自脩其德也釋蹇大象之義改之者不可以怠而廢也加勉者不可以阻而廢也此處蹇之道也

非明則動無所之非動則明無所用豐之爲卦下明上動知行相須之義也朱子曰徒行不明則行無所向冥行而已徒明不行則明無所用空明而已

習重習也時復思繹浹洽於中則說也復扶又反

說音悅。朱子曰學而習習而說脉絡貫通所謂浹洽者是也如浸物於水中久則透裏皆濕以善及人而信從者衆故可樂也樂音洛下同。朱子曰須是自家有至善方可及人雖樂於及人不見是而無悶乃所謂君子經說下同。葉氏曰自信篤而無待於外所以爲成德也

古之學者爲己欲得之於己也今之學者爲人欲見知於人也爲去聲。葉氏曰爲己者如食之求飽衣之求溫溫飽在己非爲人也爲人者但求在外之美觀非關在我之實用故學而爲己則所得者皆實得學而爲人則雖或爲善亦非誠心況乎志在務外自爲欺誣善日銷而惡日長矣。朱子曰學者視天下之事以爲己事之所當然者而爲之則雖甲兵錢穀籩豆有司之事

皆爲己也以爲可以求知於世而爲之則雖
割股廬墓敝車羸馬亦爲人耳又曰爲學且
要分別内外義利
便是生死路頭

伊川先生謂方道輔曰聖人之道坦如大路
學者病不得其門耳得其門無遠之不可道
也求入其門不由於經乎今之治經者亦衆
矣然而買櫝還珠之弊人人皆是經所以載
道也誦其言辭解其訓詁而不及道乃無用
之糟粕耳葉氏曰方元宷字道輔經所以載
道道猶櫝所以藏珠治經而遺乎道
猶買櫝而還其珠薛氏曰千古聖賢垂訓炳
明欲人讀其書行其道也苟徒資爲口耳文

詞之用而不行其道所謂買櫝還珠也可不戒哉覬足下由經以求道勉之又勉異日見卓爾有立於前然後不知手之舞足之蹈不加勉而不能自止矣手帖

葉氏曰道非有形狀之可見蓋其志道之切行道之篤視聽言動造次顛沛不離乎道用力既久所見益爲親切如有卓然而立於前者則中心喜樂自然欲罷不能矣

明道先生曰脩辭立其誠不可不子細理會言能修省言辭便是要立誠若只是脩飾言辭爲心只是爲僞也葉氏曰脩省言辭者中有其誠省治之將以立實德也脩飾言辭者中無其誠虛飾之將以爲誇美也省飾之間乃天理人欲之分若

脩其言辭正爲立己之誠意乃是體當自家敬以直內義以方外之實事爲當並去聲。葉氏曰敬義說見前誠意者合敬義之實而爲言也體當俗語猶所謂體驗勘當也蓋脩其言辭者所以擬議其敬義之實事而非徒事於虛辭也道之浩浩何處下手惟立誠纔有可居之處有可居之處則可以脩業也葉氏曰浩浩流行盛大貌下手謂用力處道之廣大於何用工惟立己之誠意始有可據守之地此誠既立則其業之所就日以廣大終日乾乾大小大事却只是忠信所以進德爲實下手處脩辭立其誠爲實脩業處遺書下同。葉氏曰君子終日乾乾是體

天行健之事可謂大矣然其實則惟忠信積於內而無一念之不實者焉用功之地脩辭立於外而無一言之不實者焉見功之地蓋表裏一於誠至誠故乾乾而不息

伊用先生曰志道懇切固是誠意若迫切不中理則反爲不誠蓋實理中自有緩急不容如是之迫觀天地之化乃可知中理之中去聲。葉氏曰有志於道懇惻切至固誠意也然迫切之過而至於欲速助長則反害乎實理如春生夏長秋成冬實固不容一息之間斷亦不能一日而遽就也。朱子曰學者正欲胸中豁然大公明白四達方於致知窮理有得力處令乃追答往昔念念不忘竊恐其徒自煎熬無復理義悅心之味程子所謂迫切不中理則反爲不誠正慮此耳升高自下陟遐自邇能

不遺寸晷而不計功則終必有至矣

明道先生曰孟子才高學之無可依據學者當學顏子入聖人爲近有用力處胡氏曰孟子才高在心性源頭處理會便在此下手非有孟子天資便無可依據又曰學者要學得不錯須是學顏子本注有準的。朱子曰孟子元來見識自高顏子雖未嘗不高然其學郤細膩切實所以學者有用力處問如養氣處豈得爲無可依據曰孟子皆是要用顏子須就已做工夫所以學顏子則不錯

且省外事但明乎善惟進誠心其文章雖不中不遠矣所守不約泛濫無功中去聲。朱子曰外事所

可省者省之，所不可省者亦强省不得，善是每事之至理，知至即意誠，善纔明，誠心便進。文章是威儀制度。此段恐是呂與叔自關中來初見程子時説話，蓋横渠學者多用心於禮文制度之事，而不近裏，故以此告之。

學者識得仁體，實有諸己，只要義理栽培。如求經義，皆栽培之意。朱子曰：識得是知之也，實有是得之也。葉氏曰：仁者，天地之生理，人心之全德也。其體具於心，固人之所本有，然必內返諸己，察之精，養之厚，有以見夫仁之全體實爲己有，則吾心所存無非天理，而後博求義理以封植之，則生理日以充長，而仁不可勝用矣。

昔受學於周茂叔，每令尋仲尼、顏子樂處，所

樂何事解見通書後錄

所見所期不可不遠且大然行之亦須量力有漸志大心勞力小任重恐終敗事朱子曰學者之志固不可不以遠大自期然觀聖人之教循循有序不過使人求之至小至近之中博之以文以開其講學之端約之以禮以嚴其踐履之實使之得寸則守其寸得尺則守其尺如是久之日滋月益然後道之全體乃有所嚮望而漸可識有所循習而漸可能自是而往亦孜孜焉孜孜斃而後已而其所造之淺深所就之廣狹亦非可以必詣而預期也蓋於此小差則心失其正雖有仰高鑽堅之志而反爲謀利計功之私矣

朋友講習莫如相觀而善工夫多易曰君子以朋友講

習記曰相觀而善之謂摩言講習之益在於觀感而爲善不徒辯論而已也

須是大其心使開闊譬如爲九層之臺須大做脚始得大其心者不以私意隔碍之也凡至崇之物必以至廣者爲基不然則傾矣。朱子曰學問之後斷以寬居信道篤而又欲執德弘者人之爲心不可促迫也善之來無窮而吾受之有餘地則心廣而道積矣

自舜發於畎畝之中至孫叔敖舉於海若要熟也須從這裏過朱子曰曾親歷過方認得許多險阻去處若素不曾行少間便墮阬落塹也。葉氏曰履難處困則歷變多而慮患深察理密而制事審

參也竟以魯得之朱子曰曾子只縁魯鈍被他不肯放過所以做得透

君是放過只是魯而已又曰魯鈍則無造作又曰魯鈍却能守其心專一。胡氏曰見義理不怕見得鈍只怕見得淺雖見得快若不精深亦不濟事故曰參也竟以魯得之

明道先生以記誦博識爲玩物喪志識音志喪去聲

。本注時以經語錄作一冊鄭轂云會見顯道先生云某從洛中學時錄古人善行別作一冊明道先生見之曰是玩物喪志蓋言心中不宜容絲髮事胡安國曰謝先生初以記問爲學自負該博對明道舉史書成篇不遺一字明道先生曰賢却記得許多可謂玩物喪志謝聞此語汗流浹背面發赤及看明道讀史又却逐行看過不蹉一字謝甚不服後來省悟却將此事做話頭接引博學之士。謝良佐字顯道上蔡人程子門人也朱子曰明道玩物喪志之說蓋箴上蔡記誦博識而不理會道理之病渠因此語遂一向掃蕩血

要得胸中曠然無一毫所能可謂矯枉過其正矣又曰上蔡只是誇多闘靡爲能若明道看史不差一字則意思自別此正爲己爲人之分

禮樂只在進反之間便得性情之正朱子曰退讓收斂樽節之謂減禮之體本如此進者力行之意和悅舒散快滿之謂盈樂之體本如此反者退斂之意禮減而却進樂盈而却反所以爲得性情之正也

父子君臣天下之定理無所逃於天地之間安得天分不有私心則行一不義殺一不辜而得天下有所不爲有分毫私便不是王者事天分之分去聲。葉氏曰父子君臣人倫之大端天下之定理立於天地之間者也

有所不容廢者也惟能全其天理而無私心者則處之各當其分而行一不義殺一不辜之人雖可以得天下亦不爲也蓋堯舜授禪無虧父子之恩湯武征伐無愧君臣之義皆無私心故也

論性不論氣不備論氣不論性不明二之則不是朱子曰論性不論氣則無以見生質之異論氣不論性則無以見義理之同葉氏曰性者氣之理氣者性之質元不相離判而二之則亦非矣○朱子曰論性不論氣孟子言性善是也論氣不論性荀子言性惡揚子言善惡混是也程子此言所以發明千古聖賢未盡之意甚爲有功胡氏曰孟子在本原上看故以性爲善荀子在情欲上看故以性爲惡韓子在氣質上看故以性有三品揚子見道不明故曰善惡混程朱通兼本原氣

皐而言斯爲明備

論學便要明理論治便須識體葉氏曰論學而不明理則徒事乎詞章記誦之末未爲知學也論治而不識其體則徒講乎制度文爲之末未爲知治也。朱子曰如在朝廷便須開言路通下情消朋黨爲大吏便須求賢才去贓吏除暴斂均力役作州縣便合治告訐除盜賊勸農桑抑末作只怕人大事不曾做得却以小事爲當急便傷了大體

會點漆雕開已見大意故聖人與之朱子曰大意是本初處推其極只惟皇上帝降衷於下民若不見大意如何下手做工夫若已見大意而不下手做工夫亦不可又曰論其資質之誠慤則開優於點語其見趣超詣脫然無毫髮

之累則黜賢於開然
開之進未有已也

伊川先生曰根本須是先培壅然後可立趨向也趨向既正所造有淺深則由勉與不勉也葉氏曰涵養心德根本深厚然後立趨向而不差又勉而不已乃能深造。朱子曰先立根本後正趨向即所謂未有致知而不在敬者又曰收得放心後自能尋向上去亦此意也

敬義夾持直上達天德自此朱子曰夾持者內外並進之謂也直上者不爲物欲所累而倒東來西之謂也敬主乎中義防乎外二者相夾持要放下霎時也不得只得直上去故便達天德

懈意一生便是自暴自棄滿假怠荒皆懈意也必入於自暴自棄之歸矣。胡氏曰志不可放倒身不可放弱

不學便老而衰葉氏曰學問則義理爲主故閱理久而益以精明不學則血氣爲主故閱時久而益以衰謝

人之學不進只是不勇朱子曰學者立志須教猛勇自當有進志不足以有爲此學者之大病

學者爲氣所勝習所奪只可責志葉氏曰立志不大不剛則義理不足以勝其氣質之固蔽學力不足以移其習俗之纏繞故曰只可責志。潛室陳氏曰學者爲氣稟所拘習浴所制不能擺落纏繞遂落在旋渦中無由拔出學者須

是立志爲先

内重則可以勝外之輕、得深則可以見誘之小

葉氏曰道義重則外物輕造理深則嗜欲微

董仲舒謂正其義不謀其利明其道不計其功

董仲舒漢大儒葉氏曰義者當然之理利者義之和也正其義而有謀利之心則是有所爲而爲之矣道者自然之路功者行道之效也明其道而有計功之心則是有私意介乎其間矣○朱子曰正義未嘗無利明道未必無功特不自夫功利而爲之耳

孫思邈曰膽欲大而心欲小智欲圓而行欲方

行去聲○葉氏曰思邈隋唐間人膽大則敢於有爲心小則密於察理智圓則通而不滯

行方則正而不流。朱子曰志不大則卑陋心不小則狂妄圓而不方則譎詐方而不圓則執滯愚按此語本出淮南子膽正作志思邈蓋述之耳可以爲法矣

大抵學不言而自得者乃自得也有安排布置者皆非自得也葉氏曰學而有得則暗者忽而明疑者忽而信欣然有契於心蓋有所不能形容者安排布置即是著意強爲非眞自得也。潛室陳氏曰安排布置非是見於設施謂此心此理未到純熟兩忘地位必有營度計慮之勞通施倒作之病才到自得處則心便是口理便是心心與理忘口與心忘處處安行自在默識心通不待安排布置也

視聽思慮動作皆天也人但於其中要識得

眞與妄耳葉氏曰視聽思慮動作皆天理自然而不容己者然順理則爲眞從欲則爲妄。薛氏曰日用工夫無有切於此者宜深體力行之

明道先生曰學只要鞭辟近裏切己而已博學而篤志切問而近思言忠信行篤敬只此是學行去聲。朱子曰鞭辟洛中語大抵是要鞭督向裏去郎此是學元不曾在外葉氏曰學問志思者致知之事忠信篤敬者力行之事皆切己之學也質美者明得盡渣滓便渾化卻與天地同體其次則須莊敬以持養之及其至則一也此章從論語集註文。朱子曰天地同體處如義理之精英渣滓是私意人欲之未消者人與天地本一體只

緣渣滓未去所以有間隔若無渣滓便與天地同體其次惟莊敬持養以消去其渣滓而已所謂持養亦非作意穿鑿以求明但此心常敬則久之自明矣又曰顏子則明得盡者也仲弓則是莊敬持養之者也

忠信所以進德脩辭立其誠所以居業者乾道也敬以直內義以方外者坤道也朱子曰乾道奮發而有爲坤道持重而有守又曰進脩是箇篤實敬義是箇虛靜故曰陽實陰虛

凡人才學便須知著力處既學便須知得力處葉氏曰始學而不知用力之地則何以爲入道之端既學而不知得力之地則何以爲造道之實學者隨其淺深必各有所自得不然是未嘗實用力於學也

有人治園圃役知力甚勞先生曰蠱之象君子以振民育德君子之事惟有此二者餘無他焉二者爲己爲人之道也○知音智爲去聲　葉氏曰振民謂興起而作成之育德謂涵養己德成己成人皆吾道之當然外此則無益之事非君子所務矣○朱子曰役知力於農圃內不足以成己外不足以治人是濟甚事

博學而篤志切問而近思何以言仁在其中矣學者要思得之了此便是徹上徹下之道　葉氏曰學問思辯學者所以求仁也然博學而篤志切問而近思皆懇切篤厚之意即此一念便是惻隱之心流行發見之地不待更求而仁之全體可識矣故曰徹上徹下之道

弘而不毅則難立毅而不弘則無以居之注杜西銘言弘之道。葉氏曰弘而不毅則寬大有餘而規矩不足故不能自立毅而不弘則剛强有餘而狹陋自足故無以居之

伊川先生曰古之學者優柔厭飫有先後次序今之學者却只做一塲話說務高而已葉氏曰古之學者有序隨時隨事各盡其力優柔而不迫厭飫而有餘故其用功也實而自得也深後之學者躐等務高徒資口耳之末而已

常愛杜元凱語若江海之浸膏澤之潤渙然氷釋怡然理順然後爲得也葉氏曰杜預字元凱晉人注春秋左氏經傳序中語也江海之浸則漸漬

而深博膏澤之潤則優柔而豐腴此皆言涵養有漸而周徧融液也至於所見者明徹而無滓則渙然而氷釋所存者安裕而不逆則怡然而理順學至於是其深造而自得也可知矣

今之學者往往以游夏為小不足學然游夏一言一事却總是實後之學者好高如人游心千里之外然自身却只在此好去聲。葉氏曰言偃字子游卜商字子夏二子在孔門固非顏曾比然其所言所事皆明辯而力行之無非實也今之學者徒好高而無實則亦何所至哉

脩養之所以引年國祚之所以祈天永命常人之至於聖賢皆工夫到這裏則有此應修養

之引年者保[illegible]鍊氣而命不能限之也老彭是已國祚[illegible]大來命者積功累仁而數不能拘之也因[illegible]是已常人之至聖賢者困知勉行而氣[illegible]不能囿之也太甲成王是已焉有有其功[illegible]無其效者[illegible]

忠恕所以公平造德則自忠恕其致則公平

盡己之心不[illegible]久則不待盡而大公無我矣推己之心不[illegible]久則不待推而稱物平施矣造德者當然[illegible]之功也其致者自然[illegible]之效也

仁之道要之[illegible]只消道一公字公只是仁之理不可將公便[illegible]喚做仁公而以人體之故爲仁

朱子曰仁者[illegible]心之全德也在我本有此理公却是克己之[illegible]極功所謂公而以人體之者蓋

曰克盡己私之後就自家身上看便見得仁也又曰不可以公爲仁世有以公爲心而慘刻不恤者須公而有惻隱之心蓋人撐起這公作骨子則無私心而仁矣只爲公則物我兼照故仁所以能恕所以能愛恕則仁之施愛則仁之用也爲去聲。朱子曰公猶無塵也人猶鏡也仁則鏡之光明也鏡無纖塵則光明人無私欲則心之體用廣大光明而無時不仁所以能恕能愛或問施與用何別曰恕之所施施其愛耳不恕則雖有愛而不能及人也

令之爲學者如登山麓方其迤邐莫不濶步及到峻處便逡巡一作便止須是要剛決果敢以進迤音駝邐音里逡音俊。朱子曰爲學須要剛毅果決悠悠不濟事且如發憤忘食

[illegible]以忘憂是什麼精神什麼骨力

人謂要力行亦只是淺近語人既能知見一切事皆所當爲不必待著意纔著意便是有箇私心這一點意氣能得幾時子 葉氏曰眞知事之當然則不待著意自不容已著意爲之已是私心所謂私者非安乎天理之自然而出乎人力之使然也徒以其意氣之使然則亦必不能久故君子莫急於致知

知之必好之好之必求之求之必得之古人此箇學是終身事果能顛沛造次必於是豈有不得道理 好去聲。葉氏曰學是終身事則不求速成不容半途而廢俛

焉孜孜死而後已可也顛沛造次必於是則無一事而非學無一時而不勉苟能如是其有得於斯道可必矣所以誘進學者之不容自已也

古之學者一今之學者三異端不與焉一曰文章之學二曰訓詁之學三曰儒者之學欲趨道舍儒者之學不可

與去聲舍上聲○命辭曰文成體曰章蘇王之學是也釋言曰訓通古曰詁鄭孔之學是也文章浮靡而無實訓詁拘鑿而不通其去道也遠矣欲趨道者豈可舍儒者而他求哉○朱子曰古之學者明德新民各求止於至善而已自聖學不傳世之為士者不越乎記誦訓詁文辭之間以釣聲名干利祿是以天下之書愈多而理愈昧學者之事愈勤而心愈放詞章愈麗議論愈高而其事功之實

愈無以逮乎古人

問作文害道否曰害也凡爲文不專意則不工若專意則志局於此又安能與天地同其大也書曰玩物喪志爲文亦玩物也。喪去聲○葉氏曰人所以參天地而並立者惟此心爲之主耳苟志有所局又安能與天地參哉故玩習外物則正志喪失專意爲文亦玩物也愚謂明道以記誦爲玩物伊川以作文爲玩物其所以警俗學之文滅質而博溺心者亦深切矣　呂與叔有詩云學如元凱方成癖文似相如始類俳獨立孔門無一事只輸顏氏得心齋古之學者惟務養性

情其他則不學今爲文者專務章句悅人耳目旣務悅人非俳優而何葉氏曰呂大臨字與叔程張門人也杜元凱常自謂有左氏癖所著訓解凡十餘萬言司馬相如作子虛上林等賦徒衒文辭務以悅人故曰類俳俳優倡戲也齋嚴肅純一之意必齋說見莊子薛氏曰性者道之體情者道之用故養性情卽學道也曰古者學爲文否曰人見六經便以爲聖人亦作文不知聖人亦攄發胸中所蘊自成文耳所謂有德者必有言也詩以道志書以道政禮以道行樂以道和易以道陰陽春秋以道名分皆因所蘊而形之於文也和順積中英華發外德之與言豈有二乎曰游夏稱文學何

也曰游夏亦何嘗秉筆學爲詞章也游夏之文學習於詩書六藝而得其意耳非秉筆爲文也以今考之禮運當爲子游所作喪服傳相傳爲子夏所作然亦非若後世無用之空言也且如觀乎天文以察時變觀乎人文以化成天下此豈詞章之文也天文謂日月星辰之象人文謂親疏貴賤之等此賁象傳文也。胡氏曰程子以詩文害道非是詩文害道是作詩文者志局於此所以爲道之害若道義發於詩文又何害不合他專心致力於此期於工巧便與聖賢爲己之心不同於聖賢爲學工夫必荒于美退之當初若能做聖賢工夫不學詩文其造詣必不止此

涵養須用敬進學則在致知朱子曰主敬者存心之要而致

知者進德之功二者交相發焉則知日益明守日益固而舊習之非自將日改月化於冥冥之中矣然程子所謂敬者必以整衣冠慎容貌爲先而所謂致知者亦不過讀書史應事物之間求其理之所在而已則亦何事於他求也哉。朱子曰涵養中自有窮理工夫窮其所養之理窮理中自有涵養工夫養其所窮之理

莫說道將第一等讓與別人且做第二等才如此說便是自棄雖與不能居仁由義者差等不同其自小一也言學便以道爲志言人便以聖爲志葉氏曰性無不善人所同得苟安於小成皆自棄也。朱子曰爲學大端在於求復性命之本然造聖賢之極致若曰我之意只是要做箇好人識

些道理便休宜乎工夫不進日夕漸漸消磨

問必有事焉當用敬否曰敬是涵養一事必有事焉須用集義只知用敬不知集義却是都無事也葉氏曰孟子言養氣曰必有事焉又曰是集義所生者人之所爲皆合於義自反無媿此浩然之氣所以生也敬者存心而已若不集義安得謂之必有事焉其。問敬不足以盡涵養否朱子曰采色養目聲音養其耳理義養其心皆是養也又

問義莫是中理否曰中理在事義在心中去聲。葉氏曰義者吾心之裁制中理者合乎事理之宜也故有在事在心之別。胡氏曰程子曰處物爲義又曰義在心詳味此言義內之意自見

問敬義何别曰敬只是持己之道義便知有是有非順理而行是爲義也若只守一箇敬不知集義却是都無事也朱子曰敬者守於此而不易之謂義者施於彼而合宜之謂守主一之敬遇事不濟之義以辨其是非則不活矣又曰敬義工夫不可偏廢彼專務集義而不知主敬者固有虛驕恩迫之病而所謂義者或非其義然專言主敬而不知就日用間念慮起處分别其公私義利之所在而决取舍之幾焉則亦未免於昏憒雜擾而所謂敬者亦非其敬矣且如欲爲孝則當知所以爲孝之道如何而爲奉養之儀如何而爲温凊之節莫不窮究然後能之非獨守夫

孝之一字而可得也養去聲夫音扶此節從大學或問文

學者須是一作要務實不要近名方是有意近名則爲僞也大本已失更學何事爲名與爲利清濁雖不同然其利心則一也爲名爲利之爲去聲○朱子曰務實之事觀今日學者不能進步病痛全在此處但就實做工夫自然有得未須遽責效驗也胡氏曰學者務名所學雖博與自己性分全無干涉濟得甚事

回也其心三月不違仁只是無纖毫私意有少私意便是不仁私意者念慮之差非有形迹之可見也然已不得爲仁之純矣

仁者先難後獲有爲而作皆先獲也古人惟知爲仁而已今人皆先獲也。有爲之爲去聲有爲而作有所爲而爲之也。或問智者利仁是亦先獲也葉氏曰所謂利仁者以其察之明而後行之決蓋擇善而固執之者也未若仁者安行乎天理之自然而已又豈區區計功謀效者之爲哉萌計謀之私則已非仁矣尚何利仁之有

有求爲聖人之志然後可與共學學而善思然後可與適道思而有所得則可與立立而化之則可與權志定則其學有準思通則適道有方得之則外物莫能搖而能立矣化之則應變無窮而能權矣

古之學者爲己其終至於成物今之學者爲物一作人其終至於喪己爲喪並去聲。爲己而成物者推己以及物也爲物而喪己者猶物而失身也。朱子曰程子借聖言以明己意其曰成物則固非爲人之謂曰喪己則其爲人也亦非謂其有濟人利物之心也

君子之學必日新日新者日進也不日新者必日退未有不進而不退者惟聖人之道無所進退以其所造者極也葉氏曰君子之學當日進而不已一或自止則智日昏而行日虧矣惟聖人理一造乎極行底乎成則無所進退或曰聖人純一不已固未嘗不日新也曰論其心固無時而自己一念之或已則是間斷也何以爲聖人

論其進退之地則至於神聖而極不容有所加損也

明道先生曰性靜者可以爲學外書下同。涵養以靜而虛致知以靜而明非險躁者可及也。胡氏曰人心要深沉靜密方能體察道理故程子以性靜者可以爲學若躁動淺露則失之矣

弘而不毅則無規矩毅而不弘則隘陋

知性善以忠信爲本此先立其大者葉氏曰學莫大於知性眞知性之本善則知之大者忠信以爲質然後禮義有所措以忠信爲本則行之者大

伊川先生曰人安重則學堅固葉氏曰躁擾輕浮則所知

者易志所守者易隳

博學之審問之慎思之明辯之篤行之五者廢其一非學也學不博則無以備事物之理問不審則無以決疑似之介思不慎則無以達精微之域辯不明則無以別幾微之差行不篤則無以絕物欲之誘故此五者序不可紊而功不可闕乃學之全也

張思叔請問其論或太高伊川不答良久曰累高必自下累上聲。葉氏曰張繹字思叔程子門人也學必有其序不容躐等積累而高必自下始也

明道先生曰人之為學忌先立標準若循循

不已自有所至矣朱子曰以聖爲志而忌立標準者必有事焉而勿正也循循不已而自有所至者心勿忘勿助長也先難後獲意亦如此又曰學者固當以聖人爲標準然豈可日日比並而較量之乎觀顏子喟然之嘆不於高堅瞻忽處用工却就博文約禮上進步則可見矣

尹彥明見伊川後半年方得大學西銘看尹焞字彥明程子門人也。解見西銘後錄

有人說無心伊川曰無心便不是只當云無私心異端之學貴無心故至於枯木死灰而後已若聖賢之學貴無私心故鑑空衡平而無所累也

謝顯道見伊川伊川曰近日事如何對曰天下何思何慮伊川曰是則是有此理賢却發得太早在伊川只是會鍛煉得人說了又道恰好著工夫也

何思何慮從容中道之候也故譏其太早然苟能用力以求之亦無不可至者不然則猖狂而自恣矣○朱子曰人所患者不能見得大體謝氏合下便見得只是下學之功都欠故道恰好著工夫胡氏曰若窮理到融會貫通之後雖無思可也未至此常精思熟慮以窮其理故上蔡何思何慮程子以爲太早今人未至此欲屏去思慮使不亂則必流於禪學空虛反引何思何慮而欲强合之誤矣

謝顯道云昔伯淳教誨只管著他言語伯淳

曰與賢說話却似扶醉漢救得一邊倒了一邊只怕人執著一邊朱子曰上蔡因有發於明道玩物喪志之一言故其所論每每過高如浴沂御風何思何慮之類皆於墮於一偏

橫渠先生曰精義入神事豫吾內求利吾外也利用安身素利吾外致養吾內也窮神知化乃養盛自至非思勉之能强故崇德而外君子未或致知也解見正蒙下同

形而後有氣質之性善反之則天地之性存焉故氣質之性君子有弗性者焉

德不勝氣性命於氣德勝其氣性命於德窮理盡性則性天德命天理氣之不可變者獨死生脩天而已

莫非天也陽明勝則德性用陰濁勝則物欲行領惡而全好者其必由學乎

大其心則能體天下之物物有未體則心爲有外世人之心止於見聞之狹聖人盡性不以見聞梏其心其視天下無一物非我孟子謂盡心則知性知天以此天大無外故有外

之心不足以合天心

仲尼絕四自始學至成德竭兩端之教也意有思也必有待也固不化也我有方也四者有一焉則與天地爲不相似矣

上達反天理下達徇人欲者歟

知崇天也形而上也通晝夜而知其知崇矣知及之而不以禮性之非己有也故知禮成性而道義出如天地位而易行

困之進人也爲德辨爲感速孟子謂人有德

慧術智者常存乎疢疾以此

言有教動有法晝有為宵有得息有養瞬有

存

横渠先生作訂頑曰乾稱父坤稱母予兹藐

焉乃混然中處故天地之塞吾其體天地之

帥吾其性民吾同胞物吾與也大君者吾父

母宗子其大臣宗子之家相也尊高年所以

長其長慈孤弱所以幼其幼聖其合德賢其

秀也凡天下疲癃殘疾惸獨鰥寡皆吾兄弟

之顛連而無告者也于時保之子之翼也樂且不憂純乎孝者也違曰悖德害仁曰賊濟惡者不才其踐形惟肖者也知化則善述其事窮神則善繼其志不愧屋漏爲無忝存心養性爲匪懈惡旨酒崇伯子之顧養育英才潁封人之錫類不弛勞而底豫舜其功也無所逃而待烹申生其恭也體其受而歸全者參乎勇於從而順令者伯奇也富貴福澤將厚吾之生也貧賤憂戚庸玉汝於成也存吾

順事沒吾寧也

明道先生曰訂頑之言極純無雜秦漢以來學者所未闻又曰訂頑一篇意極完備乃仁之體也學者其體此意令有諸己其地位巳高到此地位自別有見處不可窮高極遠恐於近無補也又曰訂頭立心便達得天德又曰游酢得西銘讀之郎漢然不逆於心曰此中庸之理也能求於言語之外者也楊中立問曰西銘言體而不及川恐其流遂至於兼愛何如伊川先生曰横渠立言誠有過者乃在正蒙西銘之書推理以存義擴前聖所未發與孟子性善養氣之論同功豈墨氏之比哉西銘明理一而分殊墨氏則二本而無分分殊之弊私勝而失仁無分之罪兼愛而無義分立而推理一以止私勝之流仁之方也無別而迷兼愛以至於無父之極義之賊也子比而同之過矣且彼欲使人推而行之本爲用也反謂不及不亦異乎○游酢字定夫程子門人楊

時字中立程子門
人餘解並見西銘

又作砭愚曰戲言出於思也戲動作於謀也發於聲見乎四支謂非己心不明也欲人無己疑不能也過言非心也過動非誠也失於聲繆迷其四體謂己當然自誣也欲他人己從誣人也或者謂出於心者歸咎爲己戲失於思者自誣爲己誠不知戒其出汝者歸咎其不出汝者長傲且遂非不智孰甚焉本注横渠學堂雙牖左書訂頑右書砭愚伊川曰是起爭端改訂頑曰西銘砭愚曰東銘

將脩己必先厚重以自持厚重知學德乃進而不固矣忠信進德惟尚友而急賢欲勝己者親無如改過之不吝

橫渠先生謂范巽之曰吾輩不及古人病源何在巽之請問先生曰此非難悟設此語者蓋欲學者存意之不忘庶遊心浸熟有一日脫然如大寐之得醒耳文集下同。范育字巽之張子門人朱子曰先生之意正欲學者將此題目時時省察積久而自得之耳非謂只欲如此說殺也又曰人於義理須知所謂脫然大寐之得醒方始是信得處

未知立心惡思多之致疑旣知所立惡講治之不精講治之致一作思莫非術內雖勤而何厭惡去聲。朱子曰未知立心則或善或惡故胡亂思量惹得許多疑起旣知所立則是此心已立於善而無惡又却用思講治之思莫非在我道理之內如此則雖勤而何厭所以急於可欲者求立吾心於不疑之地然後若決江河以利吾往遜此志務時敏厥脩乃來朱子曰人之所以有疑而不果於爲善者以有善惡之雜今旣急於可欲之善則若決江河以利吾往矣遜此志務時敏雖是低下著心以順他道理又却抖擻起精神敏速以求之則厥脩乃來矣故雖仲尼之才之美然且敏

以求之今持不逮之資而欲徐徐以聽其自適非所聞也朱子曰凡人便是生知之資也須下困知勉行工夫方得明善爲本固執之乃立擴充之則大易視之則小在人能弘之而已易去聲。明善者知之真固執者行之力然其大小則視乎能推與不能推耳此弘道之所以在人也。潛室陳氏曰聖賢工夫只此兩端在論語則爲博文約禮在中庸則爲擇善固執在易則爲智崇禮卑能擴充此二事郎作聖之基若輕視之所以爲下愚也

今且只將尊德性而道問學爲心日自求於問學者有所背否於德性有所懈否此義亦

是博文約禮下學上達以此警策一年安得不長長上聲。尊德性所以存心也道問學所以窮理也博文者窮理之功約禮者存心之要下學求乎此者也上達純乎此者也每日須求多少爲益知所亡改得少不善此德性上之益讀書求義理編書須理會有所歸著勿徒寫過又多識前言往行此問學上益也勿使有俄頃間度逐日似此三年庶幾有進亡音無識音志行去聲。葉氏曰君子之學一有間斷則此心外馳德性日隳學問日廢矣。朱子問學者曰公今在此坐是主敬是窮理久之未對曰既不主敬又不窮理便是心無所用閒坐而已

爲天地立心，爲生民立道，爲去聖繼絶學，爲萬世開太平。爲去聲。○元亨利貞寂感之胎，合所以立天地之心；親義序別情文之曲盡，所以立生民之道；詩書禮樂作述之同符，所以繼去聖之絶學也；脩齊治平體用之一貫，所以開萬世之太平也。○葉氏曰：學者以此立志，則所任至大，而不安於小成；所存至公，而不苟於近用。

載所以使學者先學禮者，只爲學禮則便除去了世俗一副當習熟纏繞。譬之延蔓之物，解纏繞郎上去。苟能除去了一副當世習，便自然脫灑也。又學禮則可以守得定。爲當並去聲。

薛氏曰舊習纏繞未能擺脫故爲善而善未純去惡而惡不盡愚謂去世習而守之定則能立矣

須放心寬快公平以求之乃可見道況德性自廣大易曰窮神知化德之盛也豈淺心可得易說。窮神知化乃德性自然之能事淺心則私意蔽之不足以致廣大矣

人多以老成則不肯下問故終身不知又爲人以道義先覺處之不可復謂有所不知故亦不肯下問從不肯問遂生百端欺妄人我寧終身不知論語說。爲去聲處上聲。葉氏曰言人虛驕恥於下問內則

欺己外則欺人終於不知而已

多聞不足以盡天下之故苟以多聞而待天下之變則道足以酬其所嘗知若劫之不測則遂窮矣孟子說下同。葉氏曰故所以然理之所以然也酬應也必通乎道則能盡乎事理之所以然故應變而不窮不通乎道而徒事乎記問則見聞有限而事變無窮卒然臨之以所未嘗知則窮矣。潛室陳氏曰記問之學雖博而有限中窒故也義理之學至約而無窮中明故也

爲學大益在自求變化氣質不爾皆爲人之弊卒無所發明不得見聖人之奧爲人之爲去聲。葉

氏曰所貴於學正欲陶鎔氣質矯正偏駁不然則非爲己之學亦何以推明聖人之蘊哉○或問變化氣質乃可言學朱子曰此意甚善但如鄙意則以爲學乃能變化氣質耳若不讀書窮理主敬存心而徒計較於昨是今非之間則亦徒勞而無補也

文要密察心要洪放語錄下同○密察所以盡精微洪放所以致廣大○潛室陳氏曰文謂節文之文如周旋中規折旋中矩之類雖甚嚴密不必舒放然心裏却甚泰然

不知疑者只是不便實作既實作則雖有疑有不行處是疑也葉氏曰始學之士知必有所不明行必有所不通殊不知疑者是實未嘗用功也

心大則百物皆通心小則百物皆病朱子曰通是透那裏道理病則事有窒礙不行如仁則流於姑息義則入於殘暴皆見此不見彼

人雖有功不及於學心亦不宜忘心苟不忘則雖接人事卽是實行莫非道也心若忘之則終身由之只是俗事行去聲。葉氏曰人有妨廢學問之功者然心不忘乎學則日用無非道故曰卽是實行心苟忘乎學則日用而不知故曰只是俗事實行與俗事非二事特以所存者不同耳。朱子曰人多言爲事所奪有妨講學者此焉不能使船嫌溪曲者也遇富貴就富貴做工夫遇貧賤就貧就做工夫兵法一言甚佳因其勢而利導之也

合內外平物我此見道之大端葉氏曰合內外者就己而爲言也平物我者合人己而爲言也未子曰蓋道只是致一公平之理而已既學而先有以功業爲意者於學便相害既有意必穿鑿創意作起事端也德未成而先以功業爲事是代大匠斲希不傷手也胡氏曰人要做事業亦是私意君子之學只是明理應事事當爲處則明明爲之不倦不當爲處則截然不爲故禹稷憂而顏子樂也

竊嘗病孔孟既沒諸儒囂然不知反約窮源勇於苟作持不逮之資而急知後世明者一

覽如見肺肝然多見其不知量也方且創艾其弊默養吾誠顧所患日力不足而未果他爲也諸儒荀揚王氏之類不知反約則溺於博雜而無統不知窮源則迷於支流而不根豈足以欺知道者哉默養吾誠蓋有意於脩辭立誠之學也

學未至而好語變者必知終有患蓋變不可輕議若驟然語變則知操術已不正○好去聲○葉氏曰變者非常行之道蓋權宜之事也自非見理明制義精者不足以語此苟學未至而輕於語變則知其學術之源已不正終必流於邪譎

凡事蔽蓋不見底只是不求益葉氏曰行己無隱則是非

善惡有所取正庶可增益其所未知所未能苟固爲蔽覆恐人之知是則非求益者也

有人不肯言其道義所得所至不得見底又非於吾言無所不說說音悅。葉氏曰人不肯言其知之所得行之所至使人不可得而見者蓋苟安自是恐人之非己又非若顔子之如愚於聖言無所不說者之比也

耳目役於外攬外事者其實是自惰不肯自治只言短長不能反躬者也葉氏曰急於自治何暇務外厚於反躬何暇議人

學者大不宜志小氣輕志小則易足易足則

無由進氣輕則以未知爲己知未學爲己學

易去聲。葉氏曰志小則易於自足故怠惰而無新功氣輕則易於自大故虚誕而無自得

近思錄卷之三凡七十八條　李文炤集解

伊川先生答朱長文書曰心通乎道然後能辨是非如持權衡以較輕重孟子所謂知言是也葉氏曰道者事物當然之理通通曉達也知言者天下之言無不究明其理而識其是非得失之所以然也心不通乎道而較古人之是非猶不持權衡而酌輕重竭其目力勞其心智雖使時中亦古人所謂億則屢中君子不貴也中去聲。文集下同。葉氏曰時中謂有時而中之億以意揣度也揣度而中則非明理之至矣。朱子與陸子靜書曰來教所謂古之聖賢惟理是視言當於理雖婦人孺

子有所不棄或乖理致雖出古書不敢盡信此論甚當非世儒淺見所及也但熹謂言不難擇而理未易明若於理實有所見則於人言之是非不啻黑白之易辨固不待視其人之賢否而爲去取不幸而吾之所謂理者或但出於一己之私見則恐其所取舍未足以爲羣言之折衷也况理既未明則於人之言恐亦未免有未盡其意者又安可以遽絀古書爲不足信而直任胸臆之所裁乎

伊川先生答門人曰孔孟之門豈皆賢哲固多衆人以衆人視聖賢弗識者多矣惟其不敢信己而信其師是故求而後得今諸君於頤言纔不合則置不復思所以終異也不可

便放下更且思之致知之方也復扶又反。惟其篤信是以深思思得其理而吾心之知致矣。朱子與張敬夫書曰聖賢成書稍有不愜意者便率情奮筆恣行塗改恐此氣象亦自不佳蓋雖所改盡善猶啓末流輕肆自大之弊況未必盡善乎伊川先生嘗語學者病其於己之言有所不合則置不復思所以終不同也

伊川先生答橫渠先生曰所論大槩有苦心極力之象而無寬裕溫厚之氣非明睿所照而考索至此故意屢偏而言多窒小出入時有之本注明所照者如目所覩纖微盡識之矣考索至者如揣料於物約見髣髴耳能無差乎更願完養思慮涵泳義理他日自當條

暢完養思慮則心不至於苦涵泳義理則力不至於極條暢者寬裕温厚之氣所發也。朱子曰正蒙所論道體覺得源頭有未是處蓋其思慮考索所致非性分自然之知

欲知得與不得於心氣上驗之思慮有得中心悅豫沛然有裕者實得也思慮有得心氣勞耗者實未得也强揣度耳。强上聲度入聲。葉氏曰學固原於思然所貴從容厭飫而自得不可勞心極慮而强通

嘗有人言比因學道思慮心虛曰人之血氣固有虛實疾病之來聖賢所不免然未聞自古聖賢因學而致心疾者遺書下同。學所以養心非所以病心觀成王之顧命曾子之易簀

子路之結纓則聖賢之心死生如
一可知矣何至於思慮之耗傷乎

今日雜信鬼怪異說者只是不先燭理若於事上一一理會則有甚盡期須只於學上理會

葉氏曰講學則理明而
妖怪不足以惑之矣

學原於思

思爲作聖之始功故孟子
以思誠統學問辯行也

所謂日月至焉與久而不息者所見規模雖畧相似其意味氣象逈別須潛心默識玩索久之庶幾自得

朱子曰日月至焉者若論到
至處覺是與久而不息底一
般只是日月至焉者至得不長久久而不息
者純然無間斷又曰程子非身親而實有之

安能發明至是耶學者不學聖人則已若學之須熟玩味聖人之氣象不可只於名上理會如此只是講論文字葉氏曰潛玩聖人氣象廣養之厚而得之深若徒考論文義則末矣

或問忠信則可勉矣而致知爲難奈何伊川先生曰誠敬固不可以不勉然天下之理不先知之亦未有能勉以行之者也故大學之序先致知而後誠意其等有不可躐者苟無聖人之聰明睿智而徒勉焉以踐其行事之

迹則亦安能如彼之動容周旋無不中禮也哉惟其燭理之明乃能不待勉强而自樂循理耳夫人之性本無不善循理而行宜無難者惟其知之不至而但欲以力爲之是以苦其難而不知其樂耳知之而至則循理爲樂不循理爲不樂何苦而不循理以害吾樂耶

中去聲强上聲樂音洛。此節從大學或問文。胡氏曰人性本善循理而行本不難非但自己不難施之於人亦順而而治此乾坤易簡之理也又曰行在知之後故子路之强勇司馬君實之篤行皆有差使致知工夫至則二賢何可及也

知有多少般

數煞有深淺學者須是眞知纔知得是便泰然行將去也葉氏曰眞知者知之至也眞知其是則順而行之莫能過矣○問有人明得此而涵養未到却爲私意所奪朱子曰只爲明得不盡若明得盡私意自然留不得未能透徹尚有渣滓非所謂眞知也

某年二十時解釋經義與今無異然思今日覺得意味與少時自別少去聲○葉氏曰此可見先生致知之功進德之實而聖經之旨要必玩味積久乃能眞知而亦不徒在於解釋文義而已朱子曰此溫故知新之大者學者以是爲的而日省之則足以見夫義理之無窮矣

凡有一物必有一理窮而致之所謂格物者

也然而格物亦非一端如或讀書講明道義或論古今人物而別其是非或應接事物而處其當否皆窮理也處上聲當去聲。朱子曰讀書以講明道義則是理存於書論古今人物以別其是非則是理存乎古今人物應接事物而審其當否則是理存乎事物所存既非一端能專則所格自非一端而盡。胡氏曰窮理非一端所得非一處讀書得之雖多講論得之尤速思慮得之最深行事得之最實 曰格物者必物物而洛之耶將止格一物而萬理皆通耶曰一物格而萬理通雖顏子亦未至此惟今日而格一物焉明日又格一物焉積習

既多然後脫然有貫通處耳此章從大學或問文本注放此○朱子曰顏子高明不過聞一知十學問郤有漸無悬迫之理人日用間自是不察耳若體察當格之物一日之間儘有之零零碎碎凑合將來不知不覺自然省悟其始固須用力及其得之也又覺用力脫然又日所謂一日一件者格物工夫次第也然貫通者知至效驗極致也不循其序而遽責其企則爲自罔但求粗曉而不求貫通則自畫○本注所務於窮理者非謂必盡窮天下之理又非謂止窮得一理便到但積累多後自當脫然有箇悟處○朱子曰令人務博者郤要盡窮天下之理務約者又謂反身而誠則天下之物無不在我者皆不是且如一百件事理會得五六十件這三四十件也大槩是如此

思曰睿思慮久後睿自然生若於一事上思

未得且別換一事思之不可專守著這一事蓋人之知識於這裏蔽著雖强思之亦不通也

强上聲。朱子曰此隨人之量非日遷延退避也蓋於此處既理會不得若專守一在這裏却轉昏了須著別窮一事又或可因此以明彼也又曰程子之言誠善然窮一事未透又便別窮一事亦不得彼謂有甚不通者不得已而如此耳不可執此而容易改換却致工夫不專一也

問人有志於學然知識蔽固力量不至則如之何曰只是致知若知識明則力量自進

葉氏曰眞知事理之當然則自有不容已者

或問觀物察己豈因見物而反求諸己乎曰不必然也物我一理纔明彼卽曉此此合內外之道也曰然則先求之四端可乎曰求之性情固切於身然一草一木亦皆有理不可不察

從大學或問文。朱子曰格物致知彼我相對而言耳格物所以致知於物之理窮得一分卽我之知亦知得一分於物之理窮得二分卽我之知亦知得二分於物之理窮得愈多則我之知愈廣其實只是一理纔明彼卽曉此蓋致知便在格物中非格之外別有致處也又曰窮理者欲知其事物之所以然與其所當然而已知其所以然故志不惑知其所當然故行不謬非謂取彼之理而歸諸此也又曰伊川意雖謂眼前無非物

然其格之也亦自有先後緩急之序豈遽以
焉存心於草木器用之間而忽然懸悟也哉
今焉此學而不窮天理明人倫講聖言通世
故乃兀然存心於一草木一器用之間此是
何學問如此而望有所得是炊沙而欲其成
飯也。本注又曰自一身之中以至萬物之
理但理會得多相次
自然豁然有覺處

思曰睿睿作聖致思如掘井初有渾水久後
稍引動得清者出來人思慮始皆溷濁久自
明快

始而溷濁物欲之擾也
久而明快天機之發也

問如何是近思曰以類而推

朱子曰不要跳
越望遠亦不是
縱橫陡頓只是就近傍曉得處挨將去如
親便推去仁民仁民便推去愛物脩身便推

去齊家齊家
便推去治國
學者須先會疑朱子曰書始讀未知有疑其
次漸有疑又其次節節有疑過了此一番後疑漸漸釋以至
融會貫通都無可疑方始是學
橫渠先生答范巽之曰所訪物怪神姦此非
難語顧語未必信耳葉氏曰物異爲怪神妖
爲姦見理未明自不能無疑雖得於人
言亦未必信孟子所論知性知天學至於
知天則物所從出當源源自見知所從出則
物之當有當無莫不心諭亦不待語而後知
葉氏曰天者物理之所自出知天則通乎幽
明之故察乎事物之原而妖妄之所由興皆

可識矣胡氏曰今人多惑於異怪是未嘗知性知天夫乾道變化各正性命此外俱是異端他道不必窮也諸公所論但守之不失不篤異端所劫進進不已則物怪不須辨異端不必攻不踰朞年吾道勝矣葉氏曰學者知未至且堅守正論不爲邪妄所奪又能進於學而不已則怪異不必攻辨將自識破若欲委之無窮付之以不可知則學篤疑撓智篤物昏交來無間卒無以自存而溺於怪妄必矣間去聲。文集下同。葉氏曰不能堅守正論內懷疑端外爲邪蔽久則所惑愈深矣。朱子曰如精氣爲物游魂爲變此是理之常也守之勿失者以此爲正且恁地去他日當自見也若委之無窮

付之不可知此又溺於茫昧不能以常理爲主者也

子貢謂夫子之言性與天道不可得而聞既言夫子之言則是居常語之矣聖門學者以仁爲己任不以苟知爲得必以了悟爲聞因有是説葉氏曰性者人心稟賦之理天道者造化流行之妙以仁爲己任蓋期於實體而自得也苟知者徒聞其説了悟者深達其理然則後之學者高談性命而實不須會者可以自省矣

義理之學亦須深沉一作玩方有造非淺易輕浮之可得也易去聲○朱子曰聖人言語一重又一重須入深處看方有得

若只見皮膚

便有差錯

學不能推究事理只是心麤至如顏子未至於聖人猶是心麤麤粗同。朱子曰顏子比粗伊川謂未能不勉而中不思而得便是過也又曰一息不存便爲粗病要在精思明辯使理明義精而操存涵養無須臾離無毫髮間則天理常存人欲消去其庶幾也哉。潛室陳氏曰心麤是暗處多明處少故只見得明白道理若精微便分析不去只爲有寸而無分也胡氏曰心麤最害事心麤者敬未至也

博學於文者只要得習坎心亨蓋人經歷險阻艱難然後其心亨通朱子曰難處見得事理通透便處斷無疑

行之又果決便是習坎心亨凡事皆如此且如讀書每思索不通則翻來覆去倒橫直豎處處窒塞然其間須有一路可通便是許多艱難險阻習之可以求通通便是亨也

義理有疑則濯去舊見以來新意心中有所開郎便劄記不思則還塞之矣以水去垢謂之濯義理之有疑猶器物之有垢也濯而去之則新者可來矣劄記則已得者可以不忘未得者可以有進不記則思不起而終歸於塞蓋義理未熟不得不如此其勤懇也更須得朋友之助一日間意思差別須日日如此講論久則自覺進也日日講論則無間廢之功而有相長之益矣

凡致思到說不得處始復審思明辯乃爲善

學也若告子則到說不得處遂已更不復求

復扶又反。孟子說、告子不得於言勿求於心所以終於異端也。葉氏曰此以上總論致知之論以下乃專論求之於書者

伊川先生曰凡看文字先須曉其文義然後可求其意未有文義不曉而見意者也遺書下同

學者要自得六經浩渺乍來難自曉且見得路徑後各自立得一箇門庭歸而求之可矣

葉氏曰識路徑則知趨向立門庭則有規模得於師友者如此然後歸而求之可矣

凡解文字但易其心自見理理只是人理甚

分明如一條平坦底道路詩曰周道如砥其直如矢此之謂也易去聲。理只是人理言三綱五典皆人所共由之理也詩見小雅大東篇或曰聖人之言恐不可以淺近看他曰聖人之言自有近處自有深遠處如近處怎生强要鑿教深遠得揚子曰聖人之言遠如天賢人之言近如地頤與改之曰聖人之言其遠如天其近如地强上聲。葉氏曰其遠者雖子貢猶未易得而聞其近者雖鄙夫可得而竭也。朱子曰聖人立言本自平易而平易之中其指無窮今必推之使高鑿之使深是未必真能高深而固已喪其平易無窮之味矣

學者不泥文義者又全背却遠去理會文義者又滯泥不通如子濯爲將之事孟子只取其不背師之意人須就上面理會事君之道何如也又如萬章問舜完廩浚井事孟子只答他大意人須要理會浚井如何出得來完廩又怎生下得來者此之學徒費心力泥將並去聲。不泥文義者如讀書觀大畧及不求甚解之徒是也理會文義者則訓詁之流弊耳凡觀書不可以相類泥其義不爾則字字相梗當觀其文勢上下之意如充實之謂美與

詩之美不同葉氏曰克實之美美在己詩之稱美在人如此之類豈可泥爲一義

問瑩中嘗愛文中子或問學易子曰終日乾乾可也此語最盡文王所以聖亦只是箇不已葉氏曰陳忠肅公瓘字瑩中子曰者文中子答或人之問謂乾乾不息此語最爲盡易之道先生曰凡說經義如只管節節推上去可知是盡夫終日乾乾未盡得易據此一句只做得九三若謂乾乾是不已不已又是道漸漸推去自然是盡只是理不如此夫音扶。葉氏

曰學經者當要周徧精密各窮其旨歸而後能通經苟但借其一語謂足以盡一經之旨豈治經之道蓋好高求約之病

子在川上曰逝者如斯夫言道之體如此這裏須是自見得夫音扶。朱子曰天地之化往者過來者續無一息之停乃道體之本然也然其可指而易見者莫如川流故於此發以示人欲學者時時省察而無毫髮之間斷也張繹曰此便是無窮先生曰固是道無窮然怎生一箇無窮便道了得他朱子曰固是無窮須見其所以無窮始得

今人不會讀書如誦詩三百授之以政不達

使於四方不能專對雖多亦奚以爲須是未讀詩時不達於政不能專對既讀詩後便達於政能專對四方始是讀詩人而不爲周南召南其猶正牆面而立須是未讀時如面墻到讀了後便不面牆方是有驗大抵讀書只此便是法如讀論語舊時未讀是這箇人及讀了後來又只是這箇人便是不曾讀也使直吏反。葉氏曰讀書之法但反諸己驗其實得變其氣質必有日新之功

凡看文字如七年一世百年之類皆當思其

作爲如何乃有益葉氏曰論語子曰善人教民七年亦可以卽戎矣又曰如有王者必世而後仁又曰善人爲邦百年亦可以勝殘去殺矣觀聖賢治效遲速淺深之殊要必究其規模之畧施爲之方乃於己有益此致知之法也

凡解經不同無害但緊要處不可不同爾外書下同緊要處謂義理之本原也。朱子曰天下之理萬殊然其歸則一而已矣不容有二三也知所謂一則言行之間雖有不同不害其爲一不知其一而强同之猶不免於二三况遂以二三爲理之固然則其爲千里之謬將不俟舉足而已迷於戶庭之間矣程子此言殊爲有味也

焞初到問爲學之方先生曰公要知爲學須

是讀書書不必多看要知其約多看而不知
其約書肆耳葉氏曰此言徒貪多而不知其要則是蓄書之肆而已
緣少時讀書貪多如今多忘了須是將聖人
言語玩味入心記著然後力去行之自有所
得葉氏曰又言徒貪多而無玩習之功則所學者非我有也玩味而不忘而又力行其所知則所得爲實得矣。葉氏曰以上總論讀書之法以下乃分論讀書之法
初學入德之門無如大學其他莫如語孟遺書下同。朱子曰讀書先讀大學以定其規模次讀論語以正其根本次讀孟子以觀其發越次讀中庸以求古人之微妙處

學者先須讀語孟窮得語孟自有要約處以此觀他經甚省力語孟如丈尺權衡相似以此去量度事物自然見得長短輕重量平聲度入聲○葉氏曰語孟之書尤切於學者身心日用之常得其要領則易於推明他經而可以權度事物矣

讀論語者但將諸弟子問處便作己問將聖人答處便作今日耳聞自然有得若能於論孟中深求玩味將來涵養成甚生氣質葉氏曰甚生猶非常也胡氏曰論語之書涵育薰陶是堯舜氣象孟子七篇任道擔充乃湯武氣象

也。朱子曰：孔門問荅，曾子聞得底話，顔子未必與聞；顔子聞得底話，子貢未必與聞。今却合在論語一書，後世學者豈非幸事？但恐自家不去用心。又曰：有人理會得論語，便是孔子；理會得七篇，便是孟子。

凡看語孟，且須熟讀玩味，將聖人之言語切己，不可只作一場話說。人只看得此二書切己，終身儘多也。

葉氏曰：終身儘多言一生受用不盡。○朱子曰：講學莫先於語孟，而讀語孟者又須逐章熟讀，切己深思。不通，然後考諸先儒之說以發明之。日用思慮應接隱微之間，每每加察，其善端之發慊於吾心而合於聖賢之言，則勉勵而力行之。其邪志之萌愧於吾心而戾於聖賢之訓，則果決而速去之。異時漸有餘力，然後以次

漸讀諸書旁通當世之務蓋亦未晚

論語有讀了後全無事者有讀了後其中得一兩句喜者有讀了後知好之者有讀了後不知手之舞之足之蹈之者好去聲。全無事有無得於心者也得一兩句喜者有會於心者也進乎此則知好之矣至於手之舞之足之蹈之則能樂之矣

學者當以論語孟子爲本論語孟子既治則六經可不治而明矣孔孟會六經之理於心故發而爲言莫非六經之精蘊學者苟能治之則其理已不待治而明非謂六經可以不治也。胡氏曰四書六

經之理意皆相貫通先聖後聖其揆一也今讀其書不實究其理徒誦其文義則四書六經文字各是一般體面千頭萬緒雖皓首亦無如之何惟察其理而實體之於身則體用一貫又何難哉程子所謂論孟既治則六經可不治而明誠哉是言也

讀書者當觀聖人所以作經之意與聖人所以用心與聖人所以至聖人而吾之所以未至者所以未得者作經之意以覺世也其所用心則純乎天理也行之不力則未至知之不明則未得句句而求之晝誦而味之中夜而思之平其心易其氣闕其疑則聖人之意見矣易去聲。朱子曰平其心放教虛平也易其氣放教寬慢也闕其疑莫去穿鑿也。或問

論孟二書其用力也奈何朱子曰循序而漸進熟讀而精思之可也曰然則請問循序而漸進之說曰以二書言之則先論而後孟通一書而後及一書以一書言之則其篇章文句首尾次第亦各有序而不可亂也量力所至約其程課而謹守之字索其訓句索其旨未得乎前則不敢求其後未通乎此則不敢志乎彼如是而循序漸進焉則意定理明而無踈易凌躐之患矣是不惟讀書之法是乃操心之要尤始學者之不可不知也曰其熟讀而精思者何也曰論語一章不過數句易以成誦成誦之後反覆玩味於燕開節一之中以須其浹洽可也孟子每章或千有言反覆辦論雖若不可涯者然其條理疏通語意明潔徐讀而以意隨之出入往來以千百數則其不可涯者將可以得之於指掌之間矣大抵觀書先須熟讀使其言皆若出於吾之口繼以精思使其意皆若出於吾之心然後

可以有得至於文義有疑衆說紛錯則亦虛心靜慮勿遽取舍於其間先使一說自爲一說而隨其意之所之以驗其通塞則其尤無義理者不待觀於他說而先自屈矣復以衆說互相詰難而求其理之所安以考其是非則似是而非者亦將奪於公論而無以立矣大抵徐行却立處靜觀動如攻堅木先其易者而後其節目如解亂繩有所不通則姑置而徐理之此讀書之法也

讀論語孟子而不知道所謂雖多亦奚以爲

葉氏曰語孟極聖賢之淵源爲斯道之統會體用兼明精粗畢備讀之而不通於道則章句訓詁而已雖博而何益

論語孟子只剩讀著便自意足學者須是玩

味若以語言解著意便不足其始作此二書文字既而思之又似剩只有些先儒錯會處却待與整理過讀而意足者神會其理也言語解而意不足者言不足以盡意也。朱子曰讀書須是將本文熟讀字字咀嚼教有味若有理會不得處深思之又不得然後却將註脚看方有意味如人饑而後食渴而後飲不饑不渴而強飲食之終無益也

問且將語孟緊要處看何如伊川曰固是好然若有得終不浹洽蓋吾道非如釋氏一見了便從空寂去朱子曰觀書須從頭循序而進不以淺深難易有所取舍

自然意味詳密至於浹洽貫通則無緊要處所下工夫亦不落空矣又曰此是程子荅呂晉伯問後來晉伯終身坐此病說得孤單入禪學去學者讀書須逐一去理會便通貫浹洽

興於詩者吟詠性情涵暢道德之中而歆動之有吾與點也之氣象葉氏曰詩大抵出於人情之眞感化之自然者學者於此吟哦諷詠其性情涵養條暢於道德自然有感動興起之意此即曾點浴沂詠歸之氣象。本注又云興於詩是興起人善意汪洋浩大皆是此意。汪洋浩大言善端之發如水之流溢而不可禦也

謝顯道云明道先生善言詩他又渾不曾章

解句釋但優游玩味吟哦上下便使人有得處瞻彼日月悠悠我思道之云遠曷云能來思之切矣終日百爾君子不知德行不忮不求何用不臧歸於正也行去聲。此即孔子釋物則秉彝之訓子思推純一不已之法明道蓋得其傳耳又云伯淳常談詩並不下一字訓詁有時只轉却一兩字點綴地念過便教人省悟又曰古人所以貴親炙之也外書下同。葉氏曰點綴猶沾綴拈綴也意如上章親炙親近而薰炙之也。薛氏曰朱子詩傳只轉一兩字點綴地念過蓋得明道談詩意也

明道先生曰：學者不可以不看詩，看詩使人長一格價。

長上聲。長一格價，言識趣之高出也。朱子曰：或有問於予曰：詩何爲而作也？予應之曰：人生而靜，天之性也；感於物而動，性之欲也。夫既有欲矣，則不能無思；既有思矣，則不能無言；既有言矣，則言之所不能盡，而發於咨嗟咏歎之餘者，必有自然之音響節族而不能已焉。此詩之所以作也。曰：然則其所以教者何也？曰：詩者，人心之感物而形於言之餘也。心之所感有邪正，故言之所形有是非。惟聖人在上，則其所感者無不正，而其言皆足以爲教。其或感之之雜，而所發不能無可擇者，則上之人必思所以自反，而因有以勸懲之，是亦所以爲教也。昔周盛時，上自郊廟朝廷，而下達於鄉黨閭巷，其言粹然無不出於正者。聖人固已協之聲律，而用之鄉人，用之邦國，以化天下。

至於列國之詩則天子巡狩亦必陳而觀之以行黜陟之典降自昭穆而後浸以陵夷至於東遷而遂廢不講矣孔子生於其時旣不得位無以行勸懲黜陟之政於是特舉其籍而討論之而其善之不足以爲法惡之不足以爲戒者則亦刋而去之以從簡約示久遠使夫學者即是而有以考其得失善者師之而惡者改焉是以其政雖不足以行於一時而其教實被於萬世是則詩之所以爲教者然也曰然則國風雅頌之體其不同若是何也曰吾聞之凡詩之所謂風者多出於閭巷歌謠之作所謂男女相與咏歌各言其情者也惟周南召南親被文王之化以成德而人皆有以得其性情之正故其發於言者樂而不過於淫哀而不及於傷是以二篇獨爲風詩之正經自邶而下則其國之治亂不同人之賢否亦異其所感而發者有邪正是非之不齊而所謂先王之風者於此焉變矣若夫

雅頌之篇則皆成周之世朝廷郊廟樂歌之詞其語和而莊其義寬而密其作者往往聖人之徒固所以為萬世法程而不可易者也至於雅之變者亦皆一時賢人君子閔時病俗之所為而聖人取之其忠厚惻怛之心陳善閉邪之意尤非後世能言之士所能及之此詩之為經所以人事浹於下天道備於上而無一理之不具也曰然則其學之也當奈何曰本之二南以求其端參之列國以盡其變正之於雅以大其規和之於頌以要其止此學詩之大旨也於是乎章句以綱之訓詁以紀之諷詠以昌之涵濡以體之察之性情隱微之間審之言行之樞機之始則脩身及家乎均天下之道其亦不待他求而得之於此矣

不以文害辭文文字之文舉一字則是文成

句則是辭詩爲解一字不行却遷就他說如有周不顯自是作文當如此葉氏曰詩大雅文王篇曰有周不顯言周家豈不顯乎蓋言其顯也苟直謂之不顯則是以文害辭朱子曰古語聲悉而然也

看書須要見二帝三王之道如二典郎求堯所以治民舜所以事君遺書下同。朱子曰堯所以治民舜所以事君是事事做得盡且如堯典無非治民之事舜典無非事君之道然亦是治民之事或曰二典不足以盡之曰也大槩可見。朱子與蔡仲默書曰書說未有分付處因思向日喻及尚書文義貫通猶是第二義直須見得二帝三王之心而通其所可通毋强通其所

難通郎此數語便已參到七八分千萬便險置此來議定綱領早與下手爲佳仲默迹作書傳其序畧曰二帝三王治天下之大經大法皆載此書而淺見薄識何足以知之此生於數千載之下而欲講明於數千載之前亦已難矣然二帝三王之治本於道二帝三王之道本於心得其心則道與治固可得而言矣何者精一執中堯舜禹相授之心法也建中建極商湯周武相傳之心法也曰德曰仁曰敬曰誠言雖殊而理則一無非所以明此心之妙也至於言天則嚴其心之所自出言民則謹其心之所由施禮樂教化心之發也典章文物心之著也家齊國治而天下平心之推也心之德其盛矣乎二帝三王存此心者也夏桀商受亡此心者也太甲成王困而存此心者也存則治亡則亂治亂之分顧其心之存不存何如耳後世人主有志於二帝三王之治不可不求其道有志於二帝三王

之道不可不求其心求心之要舍是書何以
哉夫文以時與治以道同聖人之心見於書
猶化工之妙見於物非精深不能識也是傳
也於堯舜禹湯文武周公之心雖未必能造
其微於堯舜禹湯文武周公之書因
是訓詁亦可得其意旨之大畧矣

中庸之書是孔門傳授成於子思其書雖是
雜說更不分精粗一袞說了令人語道多說
高便遺卻卑說本便遺卻末費隱之道誠明之德皆渾合而
盡言之所以無精粗之分也豈若後世之語
道者不入於徑約之失則流於虛無之弊也
哉

伊川先生易傳序曰易變易也隨時變易以

從道也於文日月爲易所以象陰陽之變化也聖人明之以示體道之方焉蓋道無不在因時而隨時變易以從之則無適而不然矣。胡氏曰此是指作易者與用易者而言則涉乎人矣若論理則易即道之所寓非從道也其爲書也廣大悉備將以順性命之理通幽明之故盡事物之情而示開物成務之道也聖人之憂患後世可謂至矣性命之理三極之道也幽明之故兩儀之迹也事物之情有萬不齊之數也開物者創所未有知之之明也成務者就所已爲處之之當也去古雖遠遺經尚存然而前儒失意以傳言後學誦言而忘味自秦而下蓋無傳矣予生千

之於身以求其所以處此之實則於吉凶消長之理進退存亡之道將無所求而不得通之事父遠之事君亦無所處而不當矣

伊川先生答張閎中書曰易傳未傳自量精力未衰尚覬有少進耳張閎中程子門人先生之不自滿足日新不已於此可見來書云易之義本起於數則非也有理而後有象有象而後有數易因象以明理由象以知數得其義則象數在其中矣本注理無形也故因象以明理理既見乎辭矣則可由辭以觀象故曰得其義則象數在其中矣。葉氏曰易有太極形而上之理也是生兩儀而後象與數形焉此作易之本也易之理寓

於象象必有數知其理則象與必欲窮象之數皆在其中此學易之要也隱微盡數之毫忽乃尋流逐末術家之所尚非儒者之所務也朱子曰得其理則象數在其中固是然泝流以觀郄須先見象數的當下落方說得理不走作不然事無實証則虛理易差矣

知時識勢學易之大方也易傳下同。時出於天勢成於人因而處之非見道者不能曲當也。薛氏曰學易最要知時識勢不然茫然不知吉凶悔吝之機

大畜初二乾體剛健而不足以進四五陰柔而能止時之盛衰勢之強弱學易者所宜深

識也大畜以艮畜乾故剛不進而柔能止乎健也

諸卦二五雖不當位多以中爲美三四雖當位或以不中爲過中常重於正也蓋中則不違於正正不必中也天下之理莫善於中於九二六五可見當去聲。以剛居陽以柔居陰謂之當位故爲正二在內卦之中五在外卦之中故爲中正不過不入於邪而已中則無過不及是以尤重也。朱子曰言中則正已在其中蓋無正則做中不出來而單言正則未必能中如夷惠諸子其正與夫子同而夫子之中則非諸子之所及也

問胡先生解九四作太子恐不是卦義先生

云亦不妨只看如何用當儲貳則做儲貳使九四近君便作儲貳亦不害但不要拘一若執一事則三百八十四爻只作得三百八十四件事便休了遺書下同。葉氏曰胡瑗字翼之號安定先生五爲君位四近君亦可以爲儲貳然易本無拘推其所遇皆可用占。朱子曰此眞看易之法然易傳中亦有偏解作一事者

看易且要知時凡六爻人人有用聖人自有聖人用賢人自有賢人用衆人自有衆人用學者自有學者用君有君用臣有臣用無所

不通因問坤卦是臣之事人君有用處否先生曰是何無用如厚德載物人君安可不用

易中只是言反覆往來上下易中正對之卦止於八反對之卦則有五十六皆以反覆取義往來以內外言上下以高卑言此卦變之法也惜乎易傳不以此說推之耳

作易自天地幽明至於昆蟲草木微物無不合外書下同。易本仰觀俯察近取遠求而得之故其理無不合

今時人看易皆不識得易是何物只就上穿鑿若念得不熟與就上添一德亦不覺多就

上減一德亦不覺少譬如不識此兀子若減一隻脚亦不知是少若添一隻亦不知是多若識得則自添減不得德者卦爻之性情識得則何可添減也兀子坐具之名

游定夫問陰陽不測之謂神伊川曰賢是疑了問是揀難底問葉氏曰游氏或未之深思特以此語艱深而率爾請問故伊川不答而直攻其心欲使反已而致思也

伊川以易傳示門人曰只說得七分後人更須自體究朱子曰只說得七分言沉酣浸漬自信自得之功是在學者自得力

耳豈是更要別添外料釀玄酒而和太羹也耶。愚按此言恐先生亦自知其書之象數未備而致望於後之人也故朱子又曰易傳明白無難看處但此是先生以天下許多道理散入六十四卦三百八十四爻之中將作易看郎無意味須將來作事看郎句句字字有用處耳

伊川先生春秋傳序曰天之生民必有出類之才起而君長之治之而爭奪息導之而生養遂教之而倫理明然後人道立天道成地道平

長上聲。葉氏曰天生蒸民必有司牧爲之制節而後爭奪息導之播殖佃漁而後生養遂示之五品教之孝弟忠信而後倫理明三者具矣故建極秉彝而人道立五

氣順布而天道成山川奠位而地道平二帝而上聖賢世出隨時有作順乎風氣之宜不先天以開人各因時而立政葉氏曰以大聖人之資豈不能一旦而盡興天下之利而必待相繼而始備者蓋聖人之所爲惟其時而已矣暨乎三王迭興三重既備子丑寅之建正忠質文之更尚人道備矣天運周矣更平聲。葉氏曰中庸曰王天下有三重焉鄭氏曰三重謂三王之禮天開於子地闢於丑人生於寅周正建子爲天統商正建丑爲地統夏正建寅爲人統而天運周矣夏尚忠商尚質周尚文而人道備矣聖王既不復作有天下者雖欲倣古之跡亦私意妄爲而已事

之繆秦至以建亥爲正道之悖漢專以智力持世豈復知先王之道也復扶又反下同。王者之迹熄時君雖欲倣而爲之亦皆無所考證不過用其私意妄爲而已子丑寅建正蓋本三才以更始秦至以亥月爲歲首自謂水德欲以勝周忠質文更尚皆本仁義以致用漢專以智力把持天下故謂漢家自有制度蓋極言世變之不復古也夫子當周之末以聖人不復作也順天應時之治不復有也於是作春秋爲百王不易之大法所謂考諸三王而不謬建諸天地而不悖質諸鬼神而無疑百世以俟聖人而不惑者也葉氏

曰夫子因魯史作春秋寓經世之大法所以上承將墜之緒下開無窮之治也蓋天地鬼神同此理前聖後聖同此心耳先儒之傳曰游夏不能贊一辭辭不待贊也言不能與於斯耳斯道也惟顏子嘗聞之矣行夏之時乘殷之輅服周之冕樂則韶舞此其準的也與去聲。游夏不能贊者性命之文非文學之所及也有天德然後可以行正道故顏子嘗聞之。朱子曰不是孔子將春秋大法向顏子說蓋三代制作大備矣不可復作告以四代禮樂只是集百王不易之大法其作春秋善者則取之惡者則誅之要亦明聖王之大法而已故伊川引以爲據後世以史視春秋謂褒善貶惡而已至於經世

之大法則不知也胡氏曰春秋以正大天理觀之則見王道不行當時諸侯皆是營營於私意或當爲而不爲或不當爲而爲之或昏弱而不振或恃强以爲暴或怠惰而不知修省或僭逆而無狀聖人之意蓋欲一歸天理之正而後已其於天地生物之心保民救時之意生殺予奪之權隱然見於書法之中實爲百王經世之大法或者乃欲計區區伯業之盛衰又以姓氏日月爵號爲誅賞其穿鑿瑣碎甚矣春秋大義數十其義雖大炳如日星乃易見也惟其微辭隱義時措從宜者爲難知也或抑或縱或予或奪或進或退或微或顯而得乎義理之安文質之中寬猛之宜是非之公乃制事

之權衡揆道之模範也易去聲。葉氏曰春秋大義在尊君而卑臣貴仁義而賤功利內中國而外夷狄之類其義雖大柄如日星也其難見者蓋在於微辭隱義各以其時措從宜者非深明乎時中者未易竊也或有功而抑或有罪而宥或功未就而予或罪未著而奪或尊而退之或卑而進之或婉其辭或彰其實要皆得乎義理之安而各當其則文質之中而不華不俚寬猛之宜而無過與不及是非之公而無有作好作惡揆度也權衡者酌一時之輕重模範者立萬世之軌則。朱子曰春秋大義如成宋亂宋災故之類乃是聖人直著誅貶自是分明如胡氏謂書晉侯爲以常情待晉褒書秦人爲以王事責秦穆之類郄恐未必如此所謂微辭隱義時措從宜者爲難知政謂此也問孔子有取乎五霸豈非時措從宜曰是觀其予五霸之中便有一箇奪底意思

夫觀百物然後知化工之神聚衆材然後知作室之用於一事一義而欲窺聖人之用心非上智不能也故學春秋者必優游涵泳默識心通然後能造其微也夫音扶。葉氏曰聖人精義入神泛應曲當未可以一端窺測故學春秋者必優游而不迫涵泳而有餘心悟自得庶幾深造微奧後王知春秋之義則雖德非禹湯尚可以法三代之治自秦而下其學不傳予悼夫聖人之學不明於後世也故作傳以明之俾後之人通其文而求其義得其意而法其用則

三代可復也是傳也雖未能極聖人之蘊與
庶幾學者得其門而入矣夫音扶。文集。通其文而後能明
其義得其意而後能法其用。朱子曰德非
禹湯可以法三代之治如是則無本者亦可
以措之治乎愚按程子之言誘後王之勉强
也朱子之言憂後王之假襲也意各有在學
者審之

詩書載道之文春秋聖人之用詩書如藥方
春秋如用藥治病聖人之用全在此書所謂
不如載之行事之深切著明者也葉氏曰道非無用用
非無道然詩書卽道而推於用主道而言故
曰載道之文春秋卽用以明道主用而言故

曰聖人之用詩書如藥方固可以治病春秋如因病用藥是非得失尤爲深切著明者也有重疊言者如征伐盟會之類蓋欲成書勢須如此不可事事各求異義但一字有異或上下文異則義須別重平聲。遺書下同。朱子曰春秋大旨其可見者誅亂臣討賊子內中國外夷狄貴王賤霸而已未必如先儒言字字有義也想孔子當時只是要備二三百年之事故取史文寫在這裏何嘗云某事用某法某事用某例耶五經之有春秋猶法律之有斷例也律令惟言其法至於斷例則始見其法之用也葉氏曰律令者立法以應事斷例者因事以用法。或問春秋多變例朱子曰此烏可信聖人作春

秋正欲褒貶善惡示萬世不易之法今乃復用此說以誅人未幾又用此說以賞人使天下後世皆求之而莫識其意是乃後世弄法舞文之吏之所爲也曾謂大中至正之道而如此乎

學春秋亦善一句是一事是非便見於此此亦窮理之要然他經豈不可以窮理但他經論其義春秋因其行事是非較著故窮理爲要（論其義者虛而難測因其行事者實而易明也）嘗語學者且先讀論語孟子更讀一經然後看春秋先識得箇義理方可看春秋（嘗語之語去聲。更讀經如詩書之類春秋雖於

窮理爲要然非義理素明則不能知其是非之眞也春秋以何爲準無
如中庸欲知中庸無如權須是時而爲中若
以手足胼胝閉戶不出二者之間取中便不
是中若當手足胼胝則於此爲中當閉戶不
出則於此爲中葉氏曰春秋之權衡郎中庸之時中也若於禹顏之間取
中則當洪水之時不躬乎胼胝之勞在陋巷之時不安乎簞瓢之樂皆失乎時中矣權
之爲言秤錘之義也何物爲權義也時也只
是說得到義義以上更難說在人自看如何
葉氏曰義者所以處時措之宜所謂權也
義以上則聖人之妙用未易以言盡也

春秋傳爲按經爲斷本注程子又云某年二十時看春秋黃聱隅問某如何看某答曰以傳考經之事迹以經別傳之眞僞○朱子曰左傳考會見國史考事頗精只是不知大義專在小處理會往往不會講學公穀考事甚踈然義理却精二人乃是經生傳得許多說話往往都不曾見國史○按此書編輯程子教人讀書之意必先通大學語孟而後及詩書次通中庸而後及易春秋蓋語孟之理不明則詩書無所統紀中庸之義不精則易春秋無所權衡也但禮經會未之言豈以儀禮殘鈌戴記譌雜而未易讀歟然以雅言之序觀之則執禮正不可少此朱子儀禮經傳通解之篇所爲不容已而有作也

凡讀史不徒要記事跡須要識其治亂安危

興廢存亡之理且如讀高帝紀便須識得漢家四百年終始治亂當如何是亦學也寬大長者除秦苛法所以開四百年之治母后擅權宦官杌陧所以兆四百年之亂此一代之始終也。朱子曰爲學之序爲己而後可以及人達理而後可以制事故程子教人先讀論孟然後看史其序不可亂也或問馬學只看六經語孟其他史書皆不必看如何曰如此郎不見古今成敗便是荆公之學六經是三代以上之書曾經聖人手全是天理三代以下文字有得失然而天理都在這邊自若也要有主覰得破皆是學

先生每讀史到一半便掩卷思量料其成敗然後郤看有不合處又更精思其間多有幸

而成不幸而敗今人只見成者便以爲是敗者便以爲非不知成者煞有不是敗者煞有是底量平聲。如諸葛亮討賊雖不成而不得爲非謝安卻敵雖不敗而未必盡是以此推之幸不幸可見矣薛氏曰觀史不可以成敗優劣人只當論其是非

讀史須要見聖賢所存治亂之機賢人君子出處進退便是格物處上聲。機發動所由也治亂未萌非聖賢不能審其機也出處進退乃賢人君子立身之大節事功特其餘耳。朱子作綱目其序畧曰表歲以首年而因年以著統大書以提要而分注以備言使夫歲年之久近國統之離合事情之詳畧議論之同異通貫曉晰如指諸掌藏之巾笥姑以私便檢閲自備遺忘而

已雖然歲周於上而天運明矣統正於下而人事定矣大綱槩舉而鑒戒昭矣衆目畢張而幾微著矣是則凡爲格物致知之學者亦將慨然有感於斯矣夫

元祐中客有見伊川者几案間無他書惟印行唐鑑一部先生曰近方見此書三代以後無此議論行音杭。外書。元祐宋哲宗年號唐鑑范祖禹所著程子門人也。朱子曰觀史以自家義理斷之大槩自漢以來只是私意其間有偶合處耳范唐鑑亦是此意然而稍踈

橫渠先生曰序卦不可謂非聖人之蘊今欲安置一物猶求審處況聖人之於易其間雖

無極至精義大槩皆有意思觀聖人之書須遍布細密如是大匠豈以一斧可知哉思去聲。易說。韓康伯言序卦非聖人之蘊故張子辨之。蓋天運人事聖學王猷皆在其中矣。朱子曰序卦謂之非聖人之精則可謂之非聖人之蘊則不可事事夾雜都有在裏向

天官之職須襟懷洪大方看得蓋其規模至大若不得此心欲事事上致曲窮究湊合此心如是之大必不能得也葉氏曰周建六官而天官冢宰統理邦國內外之政小大之事無所不總若非此心廣大何以包舉四海綜理百職今無此心量但欲每事委曲窮究必不能周悉通貫之矣

釋氏錙銖天地可謂

至大然不嘗爲大則爲事不得若界之一錢則必亂矣朱子曰釋氏合不將心頓在無用處纔動步便踈脫所以吾儒貴格物致知又曰太宰之職難看蓋無許大心胸包羅記得此復忘彼其混混天下之事當如捕龍蛇搏虎豹用心力看方可其餘五官便易看止一職也。復扶又反易去聲。語錄下同朱子曰冢宰內自王之飲食衣服外至五官庶事自大至小自本至末千頭萬緒若不是大其心者區處應副事到面前便且區處不下況於先事措置思患預防是著多少精神所以記得此復忘彼也。按周官之書取法天地四時故六官皆天子之相也太宰為修齊治平之相象天之覆無所

不統故看之爲難司徒爲教養之相象也之載宗伯爲禮樂之相象春之和司馬爲征伐之相象夏之烈司寇爲刑辟之相象秋之肅司空爲田賦之相象冬之藏各分一職故看之爲易然至於後世教養乖戾禮樂崩壞兵刑類苛田賦紊亂則五官之職皆當留心處民開萬世之太平不可以其易看而忽之也薛氏曰周禮後世用其治者猶不可易可見其爲聖人之書

古人能知詩者惟孟子爲其以意逆志也夫詩人之志至平易不必爲艱嶮求之今以艱嶮求詩則已喪其本心何由見詩人之志爲其之爲去聲夫音扶易喪並去聲。以意逆志以己心之所之而迎古人之心之所之也乎

易則得人心之所同然艱嶮則失之矣。本注詩人之情性溫厚平易老成本平地上道著言語今須以崎嶇求之先其心已狹隘了則無由見得詩人之情本樂易只爲時事拂著他樂易之性故以詩道其志。此爲變風變雅而言也孤臣放子去婦棄友皆無巳甚之辭可以知其樂易矣

尚書難看蓋難得胸臆如此之大只欲解義則無難也尚書紀內聖外王之迹故其言至大如克明峻德一章即具大學之規模危微精一數語即盡中庸之精蘊命官咨岳而周禮皆倣而準之作歌賡歌而雅頌皆則而效之非大其心者安能測識哉

讀書少則無由考校得義精蓋書以維持此

心一時放下則一時德性有懈讀書則此心常在不讀書則終看義理不見讀書則心存心存則理得可以見尊德性道問學之相須矣。薛氏曰讀書以防檢此心猶服藥以消磨病病雖未除常使藥力強則病自衰心雖未定常使書味深則心自熟久則衰者盡而熟者化矣

書雖成誦精思多在夜中或靜坐貫之不記則思不起但通貫得大原後書亦易記成誦者精熟而可默誦也通貫大原而書易記者已得其理則其言自不能忘也。朱子曰此說最爲捷徑蓋未論看得義理如何且是收拾得此心有歸著處不至走作然亦須是專一精研使一書通透都無記不起處方可別換一書乃爲有益若但惀流通念而竅之不精則

相發明朱子曰此眞讀書之要法不但可施於此篇也

春秋之書在古無有乃仲尼所自作惟孟子能知之非理明義精殆未可學先儒未及此而治之故其說多鑿孟子於春秋敘三聖之統正五霸之罪可謂深知之矣先儒若公穀啖陸之徒雖有得有失然皆未免於鑿也○或問朱子於春秋未有說何也曰春秋是當年實事孔子書之後世諸儒學未至而各立己意正所謂非理明義精而治之故其說多鑿是也惟伊川程子以爲經世之大法得其旨矣然其間極有無定當難理會處不若存此胡氏本子與後世看縱未能盡得之雖不中不遠矣

終

亦未免枉費工夫也須是通透後又如此温習乃佳耳所以觀書者釋己之疑明己之未達每見每知新益則學進矣於不疑處有疑方是進矣葉氏曰每見是書而每加新益則學進矣然學固足以釋疑而學亦貴於行疑蓋疑則能思思則能得於無疑而有疑則察理密矣

六經須循環理會義理儘無窮待自家長得一格則又見得別長上聲。循環謂周而復始長一格者温故知新而識進於高明也

如中庸文字輩直須句句理會過使其言互

内容簡介

南宋朱熹、吕祖謙所編訂的《近思録》，在元、明、清時期成爲理學入門的必讀之書。李文炤在嶽麓書院山長任上，篤守朱子理學，以集注之體詮解《近思録》，摭拾《四書章句集注》《四書或問》《朱子文集》《朱子語類》等文獻，附載於各條目之下，以朱子文語互證發明。同時李文炤對葉采、陳埴、薛瑄、胡居仁、陳選等人著述多有引述，去取詳明，在闡釋朱子學的基礎上對《朱子語類》的内容進行補訂。在對待南宋儒學不同學派的問題上，李氏嚴於判教，在《近思録集解》中以衛道之姿激烈批判象山、永嘉、永康之學，同時對朱子應物、教人、制心之教闡發心得，着重發揮窮理居敬的核心觀念，强調篤行實修、身體力行。《近思録集解》折射了李文炤對朱子理學的别樣解讀，爲清初湖湘學林尊朱、述朱的典範之作。

圖書在版編目（CIP）數據

李文炤學術講義兩種. 近思録集解/（清）李文炤撰；陳峰整理. —長沙：湖南大學出版社，2020.11

（千年學府文庫）

ISBN 978-7-5667-1873-0

Ⅰ.①李… Ⅱ.①李… ②陳… Ⅲ.①理學—中國—南宋 ②《近思録》—注釋 Ⅳ.①B244.7

中國版本圖書館CIP數據核字（2020）第233973號

李文炤學術講義兩種 ·近思録集解

LI WENZHAO XUESHU JIANGYI LIANGZHONG • JINSILU JIJIE

撰　　者：李文炤
整　　理：陳　峰
責任編輯：王桂貞　　**責任印製：**陳　燕
印　　裝：長沙超峰印刷有限公司
開　　本：787 mm×1092 mm　1/16　**印張：**53.5　**字數：**261千
版　　次：2020年11月第1版　**印次：**2020年11月第1次印刷
書　　號：ISBN 978-7-5667-1873-0
定　　價：288.00圓（全套）

出 版 人：李文邦
出版發行：湖南大學出版社
社　　址：湖南·長沙·岳麓山　　**郵　　編：**410082
電　　話：0731-88822559(營銷部),88821594(編輯室),88821006(出版部)
傳　　真：0731-88822264(總編室)
網　　址：http://www.hnupress.com
電子郵箱：wanguia@126.com

ISBN 978-7-5667-1873-0

李文炤學術講義兩種·近思録集解

李文炤　撰
陳　峰　整理

湖南大學出版社·長沙

千年學府文庫

李文炤學術講義兩種·周易本義拾遺

下

李文炤 撰
陳　峰 整理

湖南大學出版社·長沙

周易本義拾遺卷之三　李文炤著

彖上傳彖即文王所繫之辭傳者孔子所以釋經之辭也後凡言傳者放此

◎按凡彖象文言傳叶韻與詩騷通學者推之

大哉乾元萬物資始乃統天此專以天道明乾義又析元亨利貞爲四德以發明之而此一節首釋元義也大哉歎辭元大也始也乾元天德之大始故萬物之生皆資之以爲始也又爲四德之首而貫乎天德之始終故曰統天雲行雨施品物流形施始豉反。此釋乾之亨也大明終始六位時成時乘六龍以御天始即元也終謂貞也不終則无始不貞則无以爲元也此言聖人大明乾道之終始則見卦之六位各以時成而乘此六陽以行天道是乃聖人之元亨也乾道變化各正性命保合太和乃利貞變者化之漸化者變之成物所受爲性天所賦爲命太和陰陽會合冲和之氣也各正者得于有生之初保合者全于已生之後此言乾道變化无所不利而萬物各得其性命以自全以釋利貞之義也首出庶物萬國咸寧聖人在上高出于物猶乾道之變化也萬國各得其所而咸寧猶萬物之各正性命而保合太和也此言聖人之利貞也蓋嘗統而論之元者物之始生亨者物之暢茂利則向于實也貞則實之成也實之既成則其根蔕脫落可復種而生矣此四德之所以循環而无端也然而四者之間生氣流行初无間斷此元之所以包四德而統天也其以聖人而言則孔子之意蓋以此卦爲聖人得天位行天道而致太平之占也雖其文義有非文王之

礡者然讀者各以其意求之則並行而不悖也坤卦放此◎吳氏改定大明節在首出節下今從之。按資始者无物不有統天者无時不然氣之薰蒸爲雲之行氣之淋漓爲雨之施品物得之以成形若川流之日增而不息焉此天道之元亨也氣之方斂但鼓其機而變也氣之既藏則必其迹而化焉不相假借是謂各正无所虧間是謂保合性命理也所以宰乎氣太和氣也所以寓乎理此天道之利貞也首出物則物无不倚此聖德之利元亨也萬國咸寧則物各得所此聖德之藏貞也人能大明其終始則見卦之六位時時合時行時極及時奉時皆各以時而成耳乘六龍之德以控元亨利貞之天運不曾在輿而駕馭馬焉傳曰夫天專言之則道也分而言之則以形體謂之天以主宰謂之帝以功用謂之鬼神以妙用謂之神以性情謂之乾書有之元亨誠之通利貞誠之復大哉易

也性命
之源呼
至哉坤元萬物資生乃順承天此以地道明坤之義而首
言元也至極也比大義差緩始者氣之
始生者形之始順承天施地之道也坤厚
載物德合无疆含弘光大品物咸亨疆居良反下同
言亨也德合
无疆謂配乾也牝馬地類行地无疆柔順利
貞君子攸行言利貞也馬乾之象而以爲地
類者牝陰物而馬又行地之物
也行地无疆則順而健矣柔順利貞坤之德
也君子攸行人之所行如坤之德也所行如
是則其占如
下文所云也先迷失道後順得常西南得朋
乃與類行東北喪朋乃終有慶陽大陰小陽得兼陰陰不

得兼陽故坤之德常减於乾之半也東北雖喪朋然反之西南則終有慶矣。安貞之吉應地无疆。安而且貞地之德也。按坤不足于元亨也順以承天則能合之靜翕故含弘動闢故光大坤之功用也柔順坤之性情也大明者智之崇收行者禮之卑首出者德之盛後順者業之齊坤率三陰以居西南類也乾率三陽以居東北則非其類矣天无疆地合之地无疆君子應之是故人法地地法天也傳曰行地无疆健也非健何以配乾未有乾行而坤止也

屯剛柔始交而難生難去聲。以二體釋卦名義始交謂震難生謂坎動乎險中大亨貞以二體之德釋卦辭動震之爲也險坎之地也自此以下釋元亨利貞乃用文王本意雷雨之動滿盈天造草

昧宜建侯而不寧 以二體之象釋卦辭雷震象雨坎象天造猶言天運草雜亂昧晦宜也陰陽交而雷雨作雜亂晦冥塞乎兩間天下未定名分未明宜立君以統治而未可遽謂安寧之時也不敢初九爻義者取義多端姑舉其一也。按始交者一索也難生者陷而不行也陽氣所至金石皆透其亨宜矣根本或失元氣先傷可失其貞乎震蕃草也坎幽昧也草者刋之遂松栢蔽蔭昧者顯之依日月之光天造固恃乎人爲也撥亂反正日不暇給侯心不寧而天下寧矣

蒙山下有險險而止蒙 以卦象卦德釋卦名有兩義 蒙亨以亨行時中也匪我求童蒙童蒙求我志應也初筮告以剛中也再三瀆瀆則不告瀆蒙

也蒙以養正聖功也以卦體釋卦辭也九二以可亨之道發人之蒙而又得其時之中謂如下文所指之事皆以亨行而當其可也志應者二剛明五柔暗故二不求五而五求二其志自相應也以剛中者以剛而中故能告而有節也瀆筮者二三則問者固瀆而告者亦瀆矣蒙以養正乃作聖之功所以釋利貞之義也。按山下有險舟車莫通險而且止進退皆阻人心之蒙亦猶是也當其可之謂時故教之之術在于中禁于未發之謂豫故教之之則在于正蒙初有覺聖无不適當蒙之始而即以聖功期之聖人之仁也書云童蒙求我我正果行如筮爲筮所瀆也再三則瀆矣瀆則不告矣傳曰賢者在下豈可自進以求于君苟自求之必无能信用之理古之人所以必待人君致敬盡禮而后往者非欲自爲尊大也盖其尊德樂道不如是則不足與有爲耳需須也險在前也剛健而不陷其義不困窮矣此以卦德釋卦名義需有孚光亨貞吉位乎天位以正中也利涉大川往有功也以卦體及兩象釋卦辭。按陽性從容而有常陰性躁廹而无存故必剛健然後能須也有孚而能光亨以其中也氣象雍容无欲速見小之偏矣貞而能吉以其正也規模整暇无挾數任術之擾矣以此待天下之變知險而不足以涉險者未之有也

訟上剛下險險而健訟以卦德釋卦名義訟有孚窒惕中吉剛來而得中也終凶訟不可成也利見大人尚中正也不利涉大川入于淵也以卦

變卦體卦象釋卦辭。按威雖伸而人不服志不寧而才足以濟之訟之所以滋也需之九五來爲九二訟之主也陷則窒矣加憂則惕矣有中德焉故能自克必恃健而終之其争何時而已乎九五中正聽訟之司也能使立其前者各知其偏各見其邪而争黨息矣内歸虚情而外湜愎志陷人仍自陷也其不至入于淵者幾希

師衆也貞正也能以衆正可以王矣王往反。此況以卦體釋師貞之義以謂能左右之也一陽在下之中而五陰皆爲所以也能以衆正則王者之師矣

剛中而應行險而順以此毒天下而民從之吉又何咎矣又以卦體卦德釋丈人吉无咎之義剛中謂九二應謂六五應之行險謂行危道順謂順人心此非有老成之德者不能也毒害也師旅

之與不无害於天下然以其有是才德是以民悦而從之也。按坤偶爲衆初三兩陰亦其類矣征之爲言正也行一不義殺一不辜而得天下不爲王者之心也剛中則威和相濟應則上下一心毒天下者以其險也民從之者以其順也一將成功而萬骨枯矣執訊獲醜之日更問士女之怨咨若何斯吉而免于咎耳不然能无匹婦之干和三世之餘禍乎

比吉也此三字疑衍文**比輔也下順從也**此以卦體釋卦名義**原筮元永貞无咎以剛中也不寧方來上下應也後夫凶其道窮也**亦以卦體釋卦辭剛中謂五上下謂五陰。按輿備矣資輔以行之君臣位矣賴下順從而一之剛其天德乎中其王道乎依爻

母之怙恃所以應也外天地之覆載所以窮
也傳曰民不能自保保故戴君以求寧君不能
獨立故保民以爲安以聖人之公言之固至
誠求天下之比以安民也以後王之私言之
不求下民之附
則危亡至矣

小畜彖得位而上下應之曰小畜以卦體釋卦名義彖得位指六居四上下謂五陽健而巽剛中而志行乃亨以卦德卦體而言陽猶可亨也密雲不雨尚往也自我西郊施未行也尚往言畜之未極其氣猶上進也〇按履之大三反而居四是得位也故衆陽從之而爲所畜矣內果決而能勝其私外謹審而能去其躁不爲所牢籠亦不爲所嫉忌是以陽之志行而陰之施猶未行也當晦冥之時而猶免沾濡之患聖人之所爲致

意平

履彖履剛也以二體釋卦名義說而應乎乾是以履虎尾不咥人亨說音悅○以卦德釋卦辭剛中正履帝位而不疚光明也又以卦體明之指九五也○按涉世多危機履所以和行也以兌履乾說而應之有和衷之美无驗分之咎譏忌者何所投其隙哉其所以亨者无欲而剛不偏而中不固而正固履帝位而不疚者也上顧明命下察幽隱是即天象之光明者也高而不危不亦宜乎

泰小往大來吉亨則是天地交而萬物通也上下交而其志同也內陽而外陰內健而外

順内君子而外小人君子道長小人道消也按天地以氣交上下以心交自乾坤至此陰陽均平泄其有餘補其不足元化之橐籥王道之樞紐也夫舒者主之慘者賓之則氣无不和矣易者本之簡者輔之則德无不和矣賢良者登顯之兇頑者潛化之則政无不和矣天運開而人事盡故无往而非通與

否之匪人不利君子貞大往小來則是天地不交而萬物不通也上下不交而天下无邦也内陰而外陽内柔而外剛内小人而外君子小人道長君子道消也按氣不交充感形焉心不而發諸識焉夫慘者主之舒者賓之則氣无不交矣辟者入之勁者出之則質无不戾矣兇頑

者源倚之賢良者漸擯之則政无不辰矣人事失而天運窮故无往而非塞與

同人彖得位得中而應乎乾曰同人 以卦體釋卦名義彖謂六二乾謂九五

同人曰 衍文 同人于野亨利涉大川乾行也文明以健中正而應君子正也唯君子為能通天下之志 以卦德卦體釋卦辭通天下之志乃為亨而利涉同不然則是私情之合而已何以致亨而利涉哉。按大有六五反而居二得位得中與天合德矣擴胞與之量泯胡越之迹天德之能事也傳曰天下之志萬殊理則一也文明則能燭理故能明大同之義剛健則能克己故能盡大同之道然後能中正合于乾行也聖人視億兆之心猶一心者亦適于理而已大有彖得尊位大中而上下應之曰大有以卦體釋卦名義柔謂六五上下謂五陽其德剛健而文明應乎天以卦德卦體釋卦辭應天而時行是以元亨指六五也。按同人六二反而居五得尊位而𠂢拱之得大中而名孰之陽德雖衆孰不爲其所有乎道莫貴于正莫美于中莫盡善于大中剋聖傳心之要典也剛健則无徇溺之失文明則无疑惑之虞由是天命天討各當其則焉往而非元亨哉

謙亨天道下濟而光明地道卑而上行上時掌反。言謙之必亨天道虧盈而益謙地道變盈而流謙鬼神害盈而福謙人道惡盈而好謙謙尊而

光畀而不可踰君子之終也惡烏路反好呼報反。變謂傾壞流謂聚而歸之人能謙則其居尊者其德愈光其居卑者人亦莫能過此君子所以有終也。按天降高而化育著地處卑而功用隆无有不謙而能亨者虧盈氣也變流形也害福理也好惡情也尊而光則合乎天道卑而不可踰則合乎地道君子以爲德之柄故有終也語不云乎大極中本无物若事業功勞于我何有觀天地生萬物而不言所利則可見矣

豫剛應而志行順以動豫以卦體卦德釋卦名義豫順以動故天地如之而況建侯行師乎以卦德釋卦辭天地以順動故日月不過而四時不忒聖人

以順動則刑罰清而民服豫之時義大矣哉極言之而贊其大也。按獨剛不能以成務衆柔應之而志行順者理也動者事也順以動而人事莫非天理矣親賢有功而封之殘賊有罪而滅之天下不以為私惟其豫也陰陽之節天地之順動也晝夜辨寒暑調而太和在氣機矣張弛之宜聖人之順動也命討彰勸懲洽而太和在民物矣豫之時義思而得之可也

隨剛來而下柔動而說隨。下遯嫁反說音悅以卦變卦德釋卦名義大亨貞无咎而天下隨時王肅本時作之今當從之釋卦辭言能如是則天下之所從也隨時之義大矣哉王肅本時字在之字下今當從之。按蠱之上九來于初九以震動之才而下于和說之質是剛來而下

周易本義拾遺　卷之三

柔也非動无以集事非說无以附衆大亨而貞斯无詭隨之咎矣天下隨之不亦宜乎君子之于天下也因物而付物順事而處事亦惟隨之時義而已矣

蠱剛上而柔下巽而止蠱以卦體卦變卦德釋卦名義蓋如此則積弊而至於蠱矣

蠱元亨而天下治也利涉大川往有事也先甲三日後甲三日終則有始天行也

釋卦辭治蠱至於元亨則亂而復治之象也亂之終治之始天運然也。按隨初九之剛上而成艮其上六之柔下而成巽尊卑之情隔矣下遜巽而不敢為上苟止而不欲為所以致蠱也天下之本在國國之本在家承前人之緒而理之而天下之治基此矣器久不用而蠱生焉人久宴安而疾生焉有事乃所以致蠱也舊運之終新運之始也豈非

大行之自然乎

臨剛浸而長長丁丈反。以卦體釋卦名說而順剛中而應說音悅。又以卦德卦體言。卦之義大亨以正天之道也當剛長之時又有此善故其占如此也至于八月有凶消不久也言雖天運之當然然君子宜知所戒。按剛浸而長泰治可期矣咈民從欲非說也違道干譽非順也以說順之德而僞二五之應其亨且貞乃天道之當然也柔順之質恒太康而忘備消不久而臨下者當知所戒矣傳曰聖人爲戒必于方盛之時方其盛而不知戒故狃安富則驕後生樂舒肆則紀綱壞忘禍亂則釁孽萌是以浸淫不知亂之至也

大觀在上順而巽中正以觀天下。觀官換反以卦體

卦德釋卦名義觀盥而不薦有孚顒若下觀而化也

觀如字下同○釋卦辭觀天之神道而四時不忒聖人以神道設教而天下服矣極言觀之道也四時不忒天之所以爲觀也神道設教聖人之所以爲觀也○接五上皆陽是曰大觀有不識不知之則有不言不動之蘊有无偏无黨无反无側之規斯所以爲天下觀也夫上純敬而下不化者鮮矣雨風露雷天之迹也禮樂刑政聖人之迹也其神則道而已以言教者有聲以身教者有形神道設教則何所窺其迹哉傳曰天道至神莫可名言聖人默契體其妙用故天下之人涵泳其德而不知其功鼓舞其化而莫測其用

頤中有物曰噬嗑以卦體釋卦名義噬嗑而亨剛柔

分動而明雷電合而章柔得中而上行雖不當位利用獄也上時掌反當都浪反後凡言當位不當位者放此。以卦名卦體卦德二象卦變釋卦辭。按物在頤中吐之則不可吞之則不能故必噬之而後嗑也未噬之前剛柔不過將噬之際動明相資既噬之後若雷電之渾合而昭章其亨不亦宜乎治獄必本于慈祥故尚夫柔中賁之六二上行居五雖不當位而猶利者以此也傳曰凡天下至于一國一家至于萬事所以不和合者皆由有間也若君臣父子親戚朋友之間有離貳怨隙者蓋讒邪間于其間也去其間隔而合之則无不和且治矣噬嗑者治天下之大用也

賁亨亨字疑衍柔來而文剛故亨分剛上而文柔

故小利有攸往天文也上時掌反。以卦變釋卦辭剛柔之交自然之象故曰天文先儒說天文上當有剛柔交錯四字理或然也文明以止人文也又以卦德言之止謂各得其分觀乎天文以察時變極言賁道之大也。按噬嗑之大五來居觀乎人文以化成天下內卦而文兩剛以文輔質也忠信可以學禮則亨矣其初九上至外卦而文兩柔以質附文也繁華究之過實則小利有攸往耳七政列宿之交錯或爲天之體或受日之光四時之所以行也五典十義之明止燦然有儀以相接截然有分以相守人化之所以出也傳曰質必有文自然之理理必有對待生生之本也一不獨立二則爲文非知道者孰能識之剝剝也柔變剛也以卦體釋卦名義言柔進于陽變剛爲柔也不利有攸往小人長也順而止之觀象也君子尚消息盈虛天行也長丁丈反。以卦德釋卦辭。○按小人之去君子其辭不順其理不直浸潤侵蝕潛消而不覺所以變之也小人既長君子順而止之因時而我无與焉非觀象者而能然乎復者陽之息姤者陽之消乾者陽之盈坤者陽之虛傳曰君子隨時敦尚所以事天也

復亨剛反剛反則亨動而以順行是以出入无疾朋來无咎以卦德而言反復其道七日來復天行也陰陽消息天運然也利有攸往剛長也長丁丈反。以卦體而言

既生則**復其見天地之心乎**積陰之下一陽漸長矣復生天地生物之心幾於滅息而至此乃復可見在入則爲靜極而動惡極而善本心幾息而復見之端也程子論之詳矣而邵子之詩亦曰冬至子之半天心无改移一陽初動處萬物未生時玄酒味方淡大音聲正希此言如不信更請問庖犧至哉言也學者宜盡心焉。按剛非自外而反也變者既盡則生者自萌耳動而以順行不疾不徐之間有數存焉故七日來復如環之无端而浸長者不容已矣不觀玄化不知天心之无不觀生機不知帝心之有傳曰一陽復于下動之端也天地生物之心也非知道者孰能識之

无妄剛自外來而爲主于内動而健剛中而應大亨以正天之命也其匪正有眚不利有

攸往无妄之往何之矣天命不祐行矣哉以卦變卦德卦體言卦之善如此故其占當獲大亨而利於正乃天命之當然也其有不正則不利有所往欲何往哉蓋其逆天之命而天不祐之故不可以有行也○按大畜上九自外來初而爲主于內能動以天者也動而健則任理而不屈于欲剛中而應則至純而不雜于邪內外人已皆无妄焉天命之本然也惟六三九四上九不當其位則匪正有眚而不可以輕往耳天一也至誠之謂命至神之謂道陰陽遞復之謂行傳曰動以天爲无妄動以人欲則妄矣雖无邪心苟不合正理則妄也乃邪心也故匪正有眚

大畜剛健篤實輝光日新其德以卦德釋卦名義剛上而尚賢能止健大正也以卦變卦體卦德釋卦辭不家

食吉養賢也亦取尚賢之象利涉大川應乎天也亦以卦體而言。按剛專乎體健兼乎用篤實積乎內光輝發乎外畜極而荒安得不日新乎无妄初九進而居上有陽剛之德而六五尚之又能不畏強禦而止之皆正之大者斯可受養而非素餐矣與天相應其德不撓而其運不息則何憂乎濟險哉

頤貞吉養正則吉也觀頤觀其所養也自求口實觀其自養也擇卦辭

天地養萬物聖人養賢以及萬民頤之時大矣哉極言養道而贊之。按物必養而后遂其生然一失其貞則以小害大賤害貴矣所養所以養人之方也自養自養其身之術也有息者滋之以臭味不息者滋之以雨暘其諸天地之養與治內者奉之以采邑

治外者對之以邪國其諸聖人之養與傳自
動息節宣以養生也飲食衣服以養形也威
儀行義以養德也推
已及物以養人也

大過大者過也以卦體釋卦名義**棟橈本末弱也**以復
卦體釋卦辭本謂初末謂上弱謂陰柔**剛過而中巽而說行利有
攸往乃亨**說音悅。又以卦體卦德釋卦辭**大過之時大矣
哉**大過之時非有大過人之材不能濟也故嘆其大。按四陽相比則大者過矣本末
木之根枝也皆弱能免乎撓乎二五內外之
中也三四全體之中也剛則有爲中則有制
巽則不遠乎天理說則不拂乎人情以是而
行庶可以亨矣大過之時察而謹之可也傳
曰立非常之大事興百世之大功成絕俗之
大德皆大過之事也道无不中无不常以世

人所不常見故
謂之大過耳
習坎重險也重直龍反。釋卦名義水流而不盈行險
而不失其信以卦象釋有孚之義言內實而行有常也維心亨乃
以剛中也行有尚往有功也以剛在中心亨之象如是而往必有功也
天險不可升也地險山川丘陵也王公
設險以守其國險之時用大矣哉極言之而贊其大也
、按水之爲德足此逼彼而未嘗溢自高
趨下而未嘗往避惟其孚也天險有象地險
有迹王公之險有爲傳曰一始于中有生之
最先也故爲水至誠可以通金石蹈水火何
險難之不可亨也不行則常在險中矣由剚
城池設險之大端也若夫尊卑之辨貴賤之

分明等威異物来凡所以杜絶陵僭限隔上下者皆體險之用與

離麗也日月麗乎天百穀草木麗乎土重明以麗乎正乃化成天下重直龍反釋卦名義。柔麗乎中正故亨是以畜牝牛吉也。以卦體釋卦辭按火无常形附物以爲體者也天之麗以氣地之麗以質人之麗以德氣相麗而懸象著矣質相麗而英華發矣德相麗而光輝盛于上昭明形于下足以化成天下矣五非正也而得中則能兼之順德而不能養也能无喪牛之凶乎

彖下傳

咸感也釋卦名義柔上而剛下二氣感應以相與

止而說男下女是以亨利貞取女吉也說音悅男下之下遐嫁反。以卦體卦德卦象釋卦辭或以卦變言柔上剛下之義曰咸自旅來柔上居六剛下居五也亦通天地感而萬物化生聖人感人心而天下和平觀其所感而天地萬物之情可見矣極言感通之理。按恆之初六進而居上上九四下而居三有上行下濟之機焉山澤二氣感應相與有陽施陰受之象焉止而說則情專而節中矣男下女則夫倡而婦隨矣所感无不宜者是以亨貞而取女吉也天地之感氣機也聖人之感德化也焉往而非感哉傳曰凡有動皆爲感感則必有應所應復爲感感所感復有應所以不已也感通之理知道者默而觀之可也恒久也。剛上而柔下，雷風相與，巽而動，剛柔皆應，恒。以卦體、卦象、卦德釋卦名義。或以卦變言剛上柔下之義，曰恒自豐來，剛上居二，柔下居初也，亦通。恒亨无咎利貞，久于其道也。天地之道，恒久而不已也。恒固能亨且无咎矣，然必利于正，乃爲久于其道，不正則久非其道矣。天地之道所以長久，亦以正而已矣。利有攸往，終則有始也。久于其道，終也；利有攸往，始也。動靜相生，循環之理，然必靜爲主也。日月得天而能久照，四時變化而能久成，聖人久于其道而天下化成，觀其所恒，而天地萬物之情可見矣。極言恒久之理。○按：咸之九三，上而居四；上六下而居初，尊卑之分正矣；雷風相與，啟閉之運定矣；循理以制行，剛柔相應以接物，皆可久之道也。久而不易，故利貞；久而不已，故利有攸往。日月四時之久，氣運也；聖人之久而復去也，焉往而非恒哉？傳曰：天下之理，慤一而定始，所以恒而不窮，故恒非一定之謂也。一定則不能恒矣，唯隨時變易，乃常道也。天地之常久之道，天下常久之理，非知道者孰能識之？

遯亨，遯而亨也。剛當位而應，與時行也。以九五爻釋亨義。小利貞，浸而長也。長，丁丈反。以下二陰釋小利貞。遯之時義大矣哉！陰方浸長，處之為難，故其時義為尤大也。按：當遯而遯，所以為亨也。陽剛則无苟且之私，當位則无已甚之偏，得應則无比匪之失，與時而行，見幾而作也。今日萬鍾，明日簞瓢，推義所在耳。貞道之在天下，不可一日忘也。據浸長之勢

而滅之亦安能善其後哉

大壯大者壯也剛以動故壯釋卦名義以卦體言則陽長過中大者壯也以卦德言則乾剛震動所以壯也大壯利貞大者正也正大而天地之情可見矣釋利貞之義而極言之。按大者之壯壯以氣也以无所屈撓之體而志在于必爲所以壯也大者之正正以理也明道集義而浩然之氣塞乎天地之間矣一陽來復正大已蘊乎中四陽大壯正大盡著于外邪隘之見豈足以及此乎傳曰天地之道常久而不已者至大至正也正大之理學者默識心通可也

晉進也釋卦名義明出地上順而麗乎大明柔進

而上行是以康侯用錫馬蕃庶晝日三接也下上字時掌反。以卦象卦德卦變釋卦辭也。接希賢希聖德之進也有家有邦位之進也方升之明晝地上而照臨之可爲之時也至順之節附大明而潤色之有爲之德也明夷六二進而上行居五謙恭以接下而信任之得爲之勢也康侯當此誠明良之遇矣

明入地中明夷以卦象釋卦名內文明而外柔順以蒙大難文王以之難去聲下同。以卦德釋卦義蒙大難謂遭紂之亂而見四也利艱貞晦其明也內難而能正其志箕子以之以六五一爻之義釋卦辭內難謂爲紂近親在其國內如六五之近于上六也。接明之既降萬象皆晦矣大難天下之難也內難一家之難也文明則內不失已柔

順則外不忤物正其志則困而不改其常操聖賢之於患難隨其地而自得焉昭昭然若揭日月而行是知明而不知晦者也

家人女正位乎內男正位乎外男女正天地之大義也以卦體九五六二釋利女貞之義家人有嚴君焉父母之謂也亦謂二五父父子子兄兄弟弟夫夫婦婦而家道正正家而天下定矣上父初子五三夫四二婦五兄三弟以卦畫推之又有此象。按二五內外之人位三四全體之人位皆得其正家人之象也然九五六二實爲之主父之當嚴家之綱也母之不嚴亦家之蠹也故謂之嚴君三四則皆卑幼之列耳家人各得其序而天下之家人各得其所矣傳曰正倫理

篤恩義家人之道也大人有諸身者則能施於家行于家者則能施于國至于天下治治天下之道蓋治家之道也推而行之于外耳

睽火動而上澤動而下二女同居其志不同行以卦象釋卦名義說而麗乎明柔進而上行得中而應乎剛是以小事吉說音悅上時掌反。以卦德卦變卦體釋卦辭天地睽而其事同也男女睽而其志通也萬物睽而其事類也睽之時用大矣哉極言其理而贊之。按火就燥澤流濕物性本然之睽也中女配坎少女配艮人情必然之睽也說而麗乎明則爭競化而猜嫌泯矣家人六二進而在上得中位而應剛爻則志意和而才能輔矣小事之所以猶吉也天地同其施生男女同其倡隨萬物同其感應然其始未有不睽者傳曰物雖異而理本同故天下之大羣生之衆睽散萬殊而聖人爲能同之

蹇難也險在前也見險而能止知矣哉難去聲知音智。以卦德釋卦名義而贊其美蹇利西南往得中也不利東北其道窮也利見大人往有功也當位貞吉以正邦也蹇之時用大矣哉以卦變卦體釋卦辭而贊其用之大也。按坎通而艮光明是以知也象之反也解之九二往居于五二陰從之所以得中止則窮矣居易俟命其終未有不通者也行險儌幸其終未有不塞者也坤喪朋于東北而蹇解皆利于西南方隅之對待不可獨類而得之乎非天下之賢智不能定天

下之險阻正已而後可以正物能貞而邪可正矣

解險以動動而免乎險解以卦德釋卦名義解利西南往得衆也其來復吉乃得中也有攸往夙吉往有功也以卦變釋卦辭坤爲衆得衆謂九四入坤體得中有功皆指九二天地解而雷雨作雷雨作而百果草木皆甲坼解之時大矣哉極言而贊其大也〃按免非倖脫才足以勝境耳蹇之九三往而居四以陽臨陰所以得衆亦若屯之得民也其九五來居二又得其中則能適宜而不妄動矣雷體奮迅往何患于无功乎雷雨天之解甲析地之解豈若屯之穿地而未申哉傳曰人始離難苦不可復以煩苛嚴急治之湯除桀之虐而以寬治武王

除紂之暴而反商政皆從寬易也

損損下益上其道上行上行之上時掌反。以卦體釋卦名義

損而有孚元吉无咎可貞利有攸往曷之用二簋可用享二簋應有時損剛益柔有時損益盈虛與時偕行此釋卦辭時謂當損之時

按損下益上豈誠剝民以奉君哉下好義以事其上上有制以取于民下其道自上行耳損而有孚恭儉之實存于中斯樽節之用著于外矣時絀而不敢舉盈雖祖天亦當諒之時不宜剛而宜柔則損有餘以益不足可也損益者盈虛之將然盈虛者損益之漸致傳曰損者損過而就中損浮末而就本實也天下之害无不由末之盛也峻宇琱牆本于宮室酒池肉林本于飲食淫

酷殘忍本於刑罰窮兵黷武本于征討先王制其本者天理也後人流于末者人欲也損之義損人欲以復天理而已

益損上益下民說无疆自上下下其道大光說音悅下下上遐嫁反下如字。以卦體釋卦名義利有攸往中正有慶利涉大川木道乃行以卦體卦象釋卦辭益動而巽日進无疆天施地生其益无方凡益之道與時偕行施始豉反。動巽二卦之德乾下施坤上生亦上文卦體之義又以此極言益道之大。按損上益下開衣食之源拯饑弱之患非必費而惠之也沐浴膏澤歌詠勤苦民到于今賴之矣中正益之則也木道益之具也動則有爲巽則有序故德崇而業廣人事之益也外剛而包以施之中柔而凝以生之故氣感而形変造化之益也无往而非益之道則无往而非益之時天下之事惟其道而已君子之用惟其時而已不可即損益而起悟也哉

夬決也剛決柔也健而說決而和說音悅。釋卦名義而贊其德揚于王庭柔乘五剛也孚號有厲其危乃光也告自邑不利即戎所尚乃窮也利有攸往剛長乃終也長丁丈反。此釋卦辭柔小人加于衆君子之上是其罪也剛長乃終謂一變則爲純乾也。按除惡務盡其道用決正直和平之相濟則其決之也和矣以一柔而乘五剛好之雄而竊高位者也安可信其呼號乎不敢以易心處之而陽道乃光矣明於責人專干倚力小人之長技君子自治而不與之角而其技窮矣僉壬一分之未去足爲群賢之憂猶人欲一分之未淨足爲天理之累也剛長而至于純而天德之能事畢矣

姤遇也柔遇剛也釋卦名**勿用取女不可與長也**釋卦辭**天地相遇品物咸章也**以卦體言**剛遇中正天下大行也**指九五**姤之時義大矣哉**幾微之際聖人所謹。按不期而遇患生不測矣一柔五剛豈能從一而終與之久處有不惟家之索乎然則遇必如之何而後可也當萬物相見之候而咸章焉造化以遇而盛矣具一德咸有之蘊而大行焉人事以遇而嘉矣是豈遇非所遇者可擬哉群賢方遇而忽有一人

之爲間猶百行皆實而忽有一念之自欺也子是而不察則孰知其所底耶

萃聚也順以說剛中而應故聚也說音悅。以卦德釋卦體釋卦名義

王假有廟致孝享也利見大人亨聚以正也用大牲吉利有攸往順天命也釋卦辭

觀其所聚而天地萬物之情可見矣極言其理而贊之。

按媚于天子順也媚于庶人說也拔萃而其類附之應也二簋非儉大牲非豐惟其稱而已矣涉川處渙攸往處萃推其當而已矣天一命如是豈可違故傳曰天生至衆也而可一其歸仰人心莫知其鄉也而能致其誠敬鬼神之不可度也而能致其來格天下萃合人心總攝衆志之道非一其至大莫過于宗廟祭祀之報本于人心聖人制禮以成其德耳

故豺獺能祭其性然也人聚則亂物聚則爭事聚則亲非大人不能治之萃不以正則人聚爲苟合財聚爲悖入安得亨乎天地之化育萬物之生成凡有者皆聚也有无動靜終始之理聚散而已又按復者陰陽之介故所見者心咸恒壯萃者形氣之交故所見者情心兼寂感情則專于已發也

柔以時升以卦變釋卦名**巽而順剛中而應是以大亨**以卦德卦體釋卦辭**用見大人勿恤有慶也南征吉志行也**按柔本不善升而萃之坤柔升而居上時使然也巽順以進斯无凌躐之患矣中德相應斯无邪媚之憂矣萬物藏于冬之而長于夏也萬事廢于幽而興于明也南征之吉其孰能禦之傳曰升于位則由王公升于道則由聖賢用見大人不憂其不遂也

則已之福慶而福慶及物矣

困剛揜也。揜本又作掩，於檢反。險以說，困而不失其所亨，其唯君子乎？貞大人吉，以剛中也。有言不信，尚口乃窮也。說音悅。以卦德卦體釋卦辭。按：四五之揜也，一陰蓋之；二之揜也，羣陰陷之。遺佚而不怨，阨窮而不憫，身雖困而心之亨者自如，非有獨立不回、從容中節之能者，孰能守貞若此哉？不求心之无愧，而徒恃言以自自，或以取侮，或以招尤，斯淺之乎爲丈夫者矣。

巽乎水而上水，井。井養而不窮也。上，時掌反。以卦象釋卦名義。改邑不改井，乃以剛中也。汔至亦未繘

井未有功也羸其瓶是以凶也以卦體釋卦往來井井兩句意與不改井同故不復出剛得中以二五而言未有功而敗其瓶是以凶也

○按木入乎水而能上之故取之无禁用之不竭焉井困之二五皆剛而陷體初无所改是外境隨其所值而淵泉之蘊不可得而易也雖有汩濁不損其固有雖加修飾非增以本无隨所從應而莫不逢其原則剛中之爲用大矣功之將成而或間之亦與棄井同歸耳美之不可恃也如是夫

革水火相息二女同居其志不相得曰革以卦象釋卦名義大畧與睽相似然以相違而爲睽相息而爲革也息滅息也又爲生息之義滅息而後生息也

已日乃孚革而信之文明以說大

亨以正革而當其悔乃亡說音悅當去聲。以卦德釋卦辭

天地革而四時成湯武革命順乎天而應乎人革之時大矣哉極言而贊其大也。按水火相交爲濟相勝則息矣二女順次但不同行失次則不相得矣已土主信離實納之明則盡事理說則協物情所以當也四時皆革而夏秋之氣烈帝王皆革而征誅之迹著順乎天者當其可也應乎人者天下信之也傳曰革而无益猶可悔也況反害乎古人所以重改作也

鼎象也以木巽火亨飪也聖人亨以享上帝而大亨以養聖賢亨普庚反飪入甚反。以卦體二象釋卦名義因極其大而言之享帝貴誠用犢而已養賢則饔飱牢禮當極其盛故曰大亨巽而耳

目聰明柔進而上行得中而應乎剛是以元亨上時掌反。以卦象卦變卦體釋卦辭。按制器尚象于鼎見之其分趾也其實腹也其虛耳也其堅鉉也以木巽火文武得宜烹飪之方也聖人豈以此而窮口腹之奉哉其精神通乎上帝故專內必以享之其德業合乎聖賢故竭外必以享之義理內涵聰明外達以徽柔之德居大寶之位有不競不絿之用得允文允武之輔故華之六二上行而衆美集也元亨不亦宜乎

震亨震有亨道不假言也震來虩虩恐致福也笑言啞啞後有則也恐致福恐懼以致福也則法也震驚百里驚遠而懼邇也出可以守宗廟社稷以爲祭主也

程子以為邇也下脫不喪匕鬯四字今從之出謂繼世而主祭也或云出即鬯字之誤○按人心易死觸動而生震之所以亨也福者惠廸之吉也則者處善之安也福不自至因恐而致之則不易協因恐之後而有之无半夜之天聲衆蟄豈有昭蘇之機乎內外皆震故速邇皆聞宮門之際神祇之所式憑也不能荷重器而足以為百神之主者鮮矣傳曰臨大震懼能安而不自失者惟敬誠而已

艮止也時止則止時行則行動靜不失其時其道光明此釋卦名艮之義艮止也然行止各有其時故時止而止止也時行而行亦止也艮體篤實故又有光輝之義大畜於艮亦以輝光言之**艮其止止其所也上下敵應不相與也是以不獲其身**

行其庭不見其人无咎也此釋卦辭易背爲止以明背即止也背者止之所也以卦體言內外之卦陰陽敵應而不相與也不相與則內不見己外不見人而无咎矣晁氏曰艮其止當依卦辭作背○按人之有背如地之有北也然亦烏可以固止哉或動或靜惟其時焉虛室生白宇泰定而止天光發矣八純之卦或有同德相應之情而艮則絕不相與是以彼此不獲而不見也不獲則无畔援之擾矣不見則无誘化之蔽矣書有之背非見也止非爲也其道也深乎傳曰有物必有則父止于慈子止于孝君止于仁臣止于敬萬物庶事莫不各有其所得其所則安失其所則悖聖人能使天下順治非能爲物作則也惟止之各于其所而已

漸之進也女歸吉也之字疑衍或是漸字進得位往有

功也進以正可以正邦也以卦變釋利貞之義蓋此卦之變自渙而來九進居三自旅而來九進居五皆爲得位之正**其位剛得中也**以卦體言謂九五也**止而巽動不窮也**以卦德言漸進之義。按進不可苟當如女之歸焉歸妹六三進而居四九二進而居五皆得位也正朝廷正百官正萬民總由一身之正耳立身一敗萬事瓦裂正邦云乎哉然剛中之位尤爲正邦之主也傳曰天下之事進必以漸不以其序則淩節犯義凶咎隨之然以義之輕重廉恥之道女之從人最爲大也且男女萬化之先也欲心之動則躁而不得其漸内止靜而外巽順故其進不至困窮矣

歸妹天地之大義也天地不交而萬物不興

歸妹人之終始也釋卦名義也歸者女之終生育者人之始說以動所歸妹也說音悅。又以卦德言之征凶位不當也无攸利柔乘剛也又以卦體釋卦辭男女之交本皆正理惟若此卦則不得其正也。按天地合而萬物與焉妹不歸而生生之理息矣第發乎情而不能止乎禮義則非宜家之子耳且諸位失正兩儀㝡常豈足以美風化而著儀範乎傳曰大率以說而動安有不失止者男女有尊卑之序夫婦有倡隨之理此常理也苟狥情肆欲惟說是動男牽欲而失其剛婦狃說而忘其順傷身敗德豈人理哉

豐大也明以動故豐以卦德釋卦名義王假之尚大也勿憂宜日中宜照天下也釋卦辭日中則昃

月盈則食天地盈虛與時消息而況于人乎況于鬼神乎此又發明卦辭外意言不可過中也。按明能見微動能成務所以大也王者至此驕侈易生能无倘大乎能常照天下長慮而却顧庶幾无幽隱之不悉耳人所以參天地鬼神所以運乎天地之間者而皆不能常豐時所必至不可違也安得不先時以防之也哉

旅小亨柔得中乎外而順乎剛止而麗乎明是以小亨旅貞吉也以卦體卦德釋卦辭旅之時義大矣哉旅之時爲難處。按羈旅之人交于強有力者苟非善處能无失乎豐之六二居五得中則謙而有節矣能順乎剛則禮足以服人矣言必忠信行必篤敬止之能也非

賢不主非善不鄰麗乎明之用也不取辱不招禍不陷于非義亨且貞吉豈顧問哉出居遜難王公之旅也轍環歷聘聖賢之旅也其時義豈曰小耶

重巽以申命重直龍反。釋卦義也巽順而入必究乎下命令之象重巽故爲申命也**剛巽乎中正而志行柔皆順乎剛是以小亨利有攸往利見大人**以卦體釋卦辭剛巽乎中正而志行指九五柔謂初四。按反復丁寧之謂申釋之所以安定也詔令入人淪肌浹髓暴者悔心頑者感泣非申而何以及此乎九五之剛有一哉之心有大哉之言而巽乎中正惟恐幾微之未當斯識大人矣百僚相師萬方向化莫不順而從之其亨且利不亦宜乎

兌說也說音悅下同、釋卦名義**剛中而柔外說以利貞**

是以順乎天而應乎人說以先民民忘其勞說以犯難民忘其死說之大民勸矣哉先西薦反。按剛中實心也柔外和氣也上下皆說故順。天而應人兌正秋也營繕之事將起肅殺之令正行故先民犯難因說而行之傳曰說而能貞是以上順天理下應人心說道之至正至善者也若夫違道以干百姓之譽者苟說之道違道非順天于譽非應人苟取一時之說耳君子之道其說于民如天地之施感之于心而說服无斁焉

渙亨剛來而不窮柔得位乎外而上同上如字又時掌反。以卦變釋卦辭王假有廟王乃在中也中調廟中利涉大川乘木有功也按節之九五來居乎二而未至於極知險任勞

則不窮矣六三得四之位而上比乎中正戮力協謀則上同矣豈至過爾優游而不堪在哉門闕在前進此即廟也而九五正在其中焉木道其備有中流擊節之憂有長風波浪之檠是以乘之而有功與

節亨剛柔分而剛得中（以卦體釋卦辭）苦節不可貞其道窮也（又以理言）說以行險當位以節中正以通（又以卦德卦體言之當位中正指五又坎爲通）天地節而四時成節以制度不傷財不害民（極言節道。按剛柔之分所以均之剛之得中所以制之說則易流遇險而止節之義也能通則各適其宜而不至于苦矣二分二至天地之節也陽无伏陰无愆而其運成矣九式九賦聖人之節也過則桀不及則

谿安能不傷而不害乎日月三十而會故坎
離當之甲子六十而週故節當之易之上律
天時也
如此

中孚柔在內而剛得中說而巽孚乃化邦也
説音悦。以卦體豚魚吉信及豚魚也利涉
卦德釋卦名義
大川乘木舟虛也以卦象言中孚以利貞乃應乎
天也信而正則應乎天矣。按有主則虛柔在內也有主則實剛得中也下說以受
之上巽以施之鳥善伏而孚化焉人能孚而
邦可化矣可以感同類亦可以格異類可以
守常事亦可以適變事至誠而不動者未之
有也夫天之爲道至誠而貞觀者也舍孚與
貞何以應之哉傳曰中虛信之本中實信之
質說者曰一念之間中无私主故謂之虛事

皆不妄故謂之實非有二也

小過小者過而亨也以卦體釋卦名義與其辭過以利貞與時行也柔得中是以小事吉也以二五言剛失位而不中是以不可大事也以三四言有飛鳥之象焉飛鳥遺之音不宜上宜下大吉上逆而下順也以卦體言。按時當小過稍過乃適其宜然不守其貞亦未有能通者也大事非剛中不濟小事則柔中可行苟不審之能无冐昧之變乎下避則順時上爭則逆時鳥之上也將戾于天鳥之下也將投于林戾天者或弋人之慕投林者終守倦飛之還處過陽之時者可以自擇矣既濟亨小者亨也濟下疑脱小字利貞剛柔正而位當也以卦體言初吉柔得中也指六二終止則亂其道窮也按既濟之時大亨已逾僅小者亨耳六位各當上下皆守其分可不謂貞乎柔中循能初吉剛中乃至終亂其心止也使其无息无荒雖三代至今存可矣傳曰天下之事不進則退无一定之理濟之終不濟而止矣无常止也衰亂至矣蓋其道已窮極也聖人至此奈何曰惟聖人能通其變于未窮不使至于極也堯舜是也故有終而无亂

未濟亨柔得中也指六五言小狐汔濟未出中也濡其尾无攸利不續終也雖不當位剛柔應也按處未濟而柔中則可以亨矣然剛中者未能出險智窮勇索其能相續以終濟乎

匪龍之神匪虎之變而爲狐之妖不足恃也但剛柔相應猶可協力以圖之耳是故危使平易使傾天運也逸則忘勞則思人心也聖功神化一未濟之學也帝德王猷一未濟之彖也古往今來一未濟之局也天地老萬物盡而能再造之者其惟此相應之機乎

周易本義拾遺卷之四

李文炤著

象上傳象者卦之上下兩象及兩象之六爻周公所繫之辭也

天行健君子以自強不息天乾卦之象也凡重卦皆取重義此獨不然者天一而已但言天行則見其今日一周而明日又一周若重復之象非至健不能也君子法之不以人欲害其天德之剛則自強而不息矣◎按行健者天之運也自強不息者君子之心也志氣清明踐履充實則純亦不已可以馴致矣潛龍勿用陽在下也陽謂九下謂潛見龍在田德施普也終日乾乾反復道也復芳服反本一作覆。反復重復踐行之意或躍在淵進无咎也可以進而不必進也飛龍在天大人造

也造猶作也亢龍有悔盈不可久也義俱見文言傳用九
天德不可爲首也言陽剛不可爲物先故六陽皆變而吉○天行以下
先儒謂之大象潛龍以下先儒謂之小象後
放此○陽剛之德物孰得而先之然而四時
宣其化七政司其令而渾淪者无心也六卿
分其職九牧承其施而穆穆者无爲也義見
有爲首
之迹哉
地勢坤君子以厚德載物地坤之象亦一而已故不言重而言
其勢之順則見其高下相因之无窮至厚極厚
而无所不載也○按勢坤者地之體也厚德載
物者君子之用也親親而仁民仁民
而愛物措之天下无不得其所者矣履霜堅
冰陰始凝也馴致其道至堅冰也按魏志作初六履霜

今當從之馴順習也六二之動直以方也不習无不利地道光也含章可貞以時發也或從王事知光大也知音智括囊无咎慎不害也黃裳元吉文在中也文在中而見于外也龍戰于野其道窮也義俱見文言傳用六永貞以大終也初陰後陽故曰大終◎正固之道患其不永耳守成之治亦底于太和致曲之功亦歸于能化始于小而終于太非其明驗耶雲雷屯君子以經綸坎不言水而言雲者未通之意經綸治絲之事經引之綸理之屯難之世君子有為之時也◎按雲散而能合雷聚而能分當屯之世若亂絲然經以合之而大綱正綸以分之而萬目畢矣漢經而不綸唐綸而不經皆不足語

于三代之理也雖盤桓志行正也以貴下賤大得民下遐嫁反◎懷大器者不苟成負長材者也不輕試居貞所以行正也高以下爲基貴以賤爲本故王侯自稱孤寡不穀誠慮其亢與六二之難乘剛也十年乃字反常也難去聲◎萬變者事也至常者理也天道十年則一週矣人事十年則一易矣女子貞不字十年乃字而其志遂矣傳曰以女子能守其志節久必獲通況君子守道不同乎即鹿无虞以從禽也君子舍之往吝窮也利害之幾至明也取舍之分至定也貪者則不能見之君子幾不如舍无從禽之志也求而往明也天先乎地君先乎臣男先乎女常禮也處屯則宜通其變矣雖求婚媾不亦可乎才不足而不擇所𥚥之至者也屯其膏

施未光也施式毀反◎民罔常懷懷于有仁膏之既屯何光之有澤不究于生民惡不畢于庶類權之不可下移也如是夫

泣血漣如何可長也危事不可以圖安亡事不可以圖存无爲貴知矣泣血漣如斯无具之甚者也

山下出泉蒙君子以果行育德行下孟反下同◦泉水之始出者必行而有漸也◎按山下出泉幽昧不測果行若水之必達育德若山之有當陽墨之行非不果也佛老之德非不育也而養不以正則難以言聖功矣

利用刑人以正法也以發蒙之初法不可不正懲戒所以正法也◎發蒙之初遽用刑人毋乃不教而誅乎傳曰立法制刑乃所以教也蓋後之論則者不復知教化在其中矣

子克家剛柔接也指二五之應◎有教无類包蒙也然必因材而施之

强聒者不信而從者不改情之不洽教能入
乎桐宮未變風雷未悟雖伊周亦未如之何
已子克家非以其接乎**勿用取女行不順也**順當作愼蓋順愼古
字通用荀子順墨作愼墨且行不愼於經意
尤親切今當從之◎鄙夫懷利而改操夸士
逐名而變志失足一日遺憾終古者比比矣勿用取女誠恐其不愼也**困蒙之**
吝獨遠實也遠于萬反實叶韻去聲◎丹之所藏者赤漆之所藏者黑是以
君子必愼其所處者困蒙而自其于遠實民斯爲下矣**童蒙之吉順以**
巽也童蒙何以吉也得曰舍己從人順從也降志下求畀巽也能如是優于天下矣
利用禦寇上下順也禦寇以剛上下皆得其道◎教不寬者无以取
悔悟之新教不嚴者无以去陪溺之舊不利
爲寇利禦寇而后施之不悖求之不拂焉是

則擊蒙之義矣

雲上於天需君子以飲食宴樂上時掌反樂音洛。雲上于天无所復爲待其陰陽之和而自雨爾事之當需者亦不容更有所爲但飲食宴樂俟其自至而已一有所爲則非需也◎按雲上于大待時而雨飲食者潤滿之象宴樂者麗說之情君子之需豈誠窮口腹之欲而極志之娛哉傳曰懷其道德安以俟時飲食以養其氣體宴樂以和其志志所謂居易以俟命也

需于郊不犯難行也利用恒无咎未失常也難去聲◎需于郊而難可遠矣傳曰雖不進而志動者不能安其常也君子之需時也安靜自守志雖有需而恬然若將終身焉

需于沙衍在中也雖小有言以吉終也衍寬

意以寬居中不急進也◎惟易斯能知險迫躁而能需于涉者鮮矣覩止行遲游刃有餘衆難群疑聲色不動其所養者定也**需于泥災在外也自我致寇敬慎不敗也**外謂外卦敬慎不敗發明占外之意聖人示人之意切矣◎先幾之哲既昧善處之方復疎寇雖在外致之者不在我乎小心以圖之深慮以防之是則救敗之策耳**需于血順以聽也**量能度分可以涉世與賢從善可以守身需于血出自穴正而聽故也**酒食貞吉以中正也**君子所安者時也所處者順也酒食之貞吉豈酖毒之宴安哉天理人欲同行異情蓼蕭湛露之盛固非彼昏之所得託也**不速之客來敬之終吉雖不當位未大失也**以陰居上是爲當位言不當位未詳◎忌疾者无輔忿競

者无徒敬而无失其誰敢弓侮雖入于穴豈終困乎上爲天位之極固非柔所當居也

天與水違行訟君子以作事謀始 天上水下其行相違作事謀始訟端絕矣◎按天水同乎一氣而其卒也上下違行人之相與而訟生亦猶是也大者三才之始水者五行之始君子法之以處事斯无後患矣傳曰謀始之義廣矣若愼交結明契劵之類是也

不永所事訟不可長也雖小有言其辯明也 佳兵備患國健訟蠹家理伸則已不必極其勢也不永所事其自已處審矣柯䘏于有言乎

不克訟歸逋竄也自下訟上患至掇也 掇自取也◎凡聽五刑之訟必原父子之親立君臣之義以權之意論輕重之序愼測淺深之量以別之自下而可以訟上乎不克訟歸而逋善全之術也

食

舊德從上吉也從上吉謂隨人則吉明自主事則无成功也◎矜心招尤客氣取侮多上人者其誰堪之安分而不專成功故食舊德而吉也復即命渝安貞不失也不可長者做也不可遂者非也情僞盡知之險阻艱難備嘗之而後天則見焉復即命渝安貞則何失之有哉訟元吉以中正也中則聽不偏正則斷合理◎化天下之偏黨蕩天下之奇袤訟而无訟矣虞芮質成于西伯群言折衷于孔氏其元吉之謂乎以訟受服亦不足敬也爭者逆德也奪者凶事也即有所獲亦非章德之具矣又況三褫隨之乎

地中有水師君子以容民畜衆畜許六反○水不外于地兵不外于民故能養民則可以得衆矣◎按地中有水顛而險矣居則爲比閭族黨之民

田則爲伍兩卒旅之衆法坤以容之法坎師以畜之故民兵相習而交侵之患不至矣

出以律失律凶也用兵之道仁義爲本節制輔之旌旗所以一其目金鼓所以一萓耳步伐所以一其體故治衆如治寡分數是也鬭衆如鬭寡形名是也觀律之得失而師之吉凶可上矣

在師中吉承天寵也王三錫命懷萬邦也將師者將將將者君王三錫命寵之至也傳日人臣之道于事定所敢專唯閫外之事則專制之雖制之在已然因師之力而能致者皆君所與而職當爲也

師或輿尸大无功也抗兵相加哀者勝矣驕敵妄動則何以爲三軍之司命乎師或輿尸自棄之也

左次无咎未失常也知難而退師之常也◎同力度德同德度義小敵之堅大敵之擒也左次无咎愈于覆敗遠矣

長

子帥師以中行也弟子與尸使不當也當都浪反◎仁者愛人故惡人之殘之也義者理人故惡人之亂之也有禽而執天討也而可不擇天吏平會朝清明必推鷹揚四國是皇群瞻赤舄均之長子用各有當況使弟子與之乎聖人

大君有命以正功也小人勿用必亂邦也聖人之戒深矣◎王者以萬邦爲一體故用賢以懷之復恐用不肖以亂之開國承家小人勿用豈得暴彼民哉

地上有水比先王以建萬國親諸侯地上有水水比于地不容有間建國親侯亦先王所以比于天下而无間者也象意人來比我此取我往比人◎按水各紀其地侯各統其民列爵分上以建之巡狩述職以親之則億兆有主而

天下无土崩之患矣**比之初六有他吉也**以利交者利盡則散以勢交者勢盡則疏惟誠斯无間耳誠之積也甚微而其發也不可揜有孚盈缶他吉豈待問哉**比之自內不自失也**得正則不自失也○獲上必由乎誠身故比之自內傳曰士之修己乃求上之道降志辱身非自重之道也故伊尹武侯救天下之心非不切必待禮至然後出也**比之匪人不亦傷乎**即乎暱者違乎明親乎邪者疏乎正比之匪人斯其遠禽獸不遠矣**外比于賢以從上也**明艮相遇外比之也公爾忘私主爾忘身國爾忘家賢賢貴貴斯兼之矣**顯比之吉位正中也舍逆取順失前禽也邑人不誠上使中也**舍音捨○由上之德使不偏也○顯比之吉何也傳曰人君比

天下之道加誠意以待物恕已以及人發政施仁使天下蒙其惠澤天下自然來此來者撫之此王道之大所以其民皡皡而莫知爲之者也若乃暴其小仁違道干譽欲以求下之比其道亦已狹矣人之相比蓋莫不然此盡已而不求比于人三驅失前禽之義也

比之无首无所終也以上下之象言之則爲无首以終始之象言之則爲无終无首則无終矣○既不能用人又不爲人用孤行于中原孰知其税駕之所比之无首而能有終者未之有也

風行天上小畜君子以懿文德風有氣而无質能畜而不能久故爲小畜之象懿文德言未能厚積而遠施也○按風行天上所聚者小巽主威儀亦善辭令文明和說乃文德也風周旋而不舍文德浹徧而不窮君子懿之所謂知風之

自與

復自道其義吉也

君子之自守也擇地而蹈相時而動復自道矣咎何由生枉已者未有能直人者也

牽復在中亦不自失也

亦者承上爻義◎君子安于中道與同志者由之炎炎臨之其處其陋隆隆加之其受其卑牽復吉則何至于失哉

夫妻反目不能正室也

程子曰說輻反目三自爲也◎物有以愚自洽者亦有以義自破者不能制義斯制于人矣同浴而能譏裸裎未之聞也說輻反目自取之耳

有孚惕出上合志也

小固不可以敵大寡固不可以敵衆弱固不可以敵強備情僞貌其誰助之有孚血去惕出則處憂患之道也

有孚攣如不獨富也

非誠无以動物非惠无以使人心之不締利之獨擅其能得天下之助乎有孚攣如富以其鄰是禦強暴之道也

既雨既

處德積載也君子征凶有所疑也既雨而施行矣既處而志不行矣傳曰陰敵陽則必消陽小人抗君子則必害君子安得不疑慮乎大畜畜之大故極而散小畜畜之小故極而成

上天下澤履君子以辨上下定民志程傳備矣◎撥天澤相涵而其氣自殊猶上下相依而其等不一也傳曰古之時公卿大夫而下位各稱其德農工商賈勤其事而所享有限故皆有定志而天下之心可一後世自庶士至于公卿日志于尊榮農上商賈日志于富侈億兆之心交騖于利天下紛然如之何其可一也欲其不亂難矣素履之往獨行願也素履往无咎何謂也傳曰賢者安履其素其處也樂其進也將有為非苟利也若欲貴之心與行道之心交戰于中豈能

獨行其願也幽人貞吉中不自亂也履道坦坦幽人貞吉何謂也傳曰履道在于安靜其中恬正則所履安裕中若躁動豈能安其所履故必幽人則能堅固而吉蓋其中心安靜不以利欲自亂也眇能視不足以有明也跛能履不足以與行也咥人之凶位不當也武人為于大君志剛也自見者不明自是者不彰自伐者无功自矜者不長妄動之禍禍不旋踵矣處多凶之地咥人不亦宜乎愬愬終吉志行也聰明絕物守之以愚勇力震世守之以怯功蓋天下守之以謙雖甚猜暴將何所施哉愬愬終吉處多懼之地也夬履貞厲位正當也傷於所恃○夬者決也傳曰吉之聖人居天下之尊未嘗不盡天下之議雖芻蕘之言必取乃

其所以爲聖也履帝位而光明者也若自任剛明決行不顧雖使得正亦危道也可固守乎

元吉在上大有慶也若得元吉則大有福慶也○吉凶者善惡之徵也大小者多寡之等也不怍于人人必宜之不愧于天天必祐之行有不慊于心則餒矣其旋元吉有終之道也

天地交泰后以財成天地之道輔相天地之宜以左右民財與裁同相息亮反左音佐右音佑○財成以制其過輔相以補其不及○按地氣上騰天氣下降泰之義也乾衣坤裳而后裁之乾覆坤載而后成之乾馬坤輿而后輔之乾行坤止而后相之左右者陰陽之道路后之于民亦各循其當然而已矣

拔茅征吉志在外也窮覩其所與達覩其所所舉合志同方

營道同術豈不能相輔以有爲**包荒得尚于**
乎拔茅征吉而君子之志伸矣
中行以光大也包荒之時非斷非明非公不
克濟也傳曰自古泰治之世
必漸至于衰替蓋由狃習安逸因循而然自
非剛斷之君英烈之輔不能挺特奮發以革
其弊也故曰用馮河人心狃于泰則苟安逸
而已治夫泰者當周及庶務若事之隱微賢
才之在僻陋皆遐遠者也時泰則固遺之矣
時之奢既泰則人習于安其情肆而失節若夫
禁奢後則害于近戚限田產則妨于貴家如
此之類既不能斷以大公而必行是牽于朋
比也治泰不能朋
亡則爲之難矣**无往不復天地際也**平陂往復
氣運之常制治于未亂保邦于未危圖之于
其際焉斯可矣傳曰德善日積則福祿日臻
德踰于福則雖盛而非滿自古
隆盛未有不失道而喪敗者也**翩翩不富皆**

周易本義拾遺　卷之四

失實也不戒以孚中心願也陰本居下在上爲失實○有道
之世顯名厚實皆君子居之彼翩翩者能自
丼于窮厄乎同病相憐同惡相濟固其所也
不介以孚其以祉元吉中以行願也能自得
情不可遏矣師者王
謂人莫已若者亡保厥美以驕傲歡娛絕而
路遥緜古傷之中以行願斯兩美之必合矣
城復于隍其命亂也命亂故復否告命所以
治之也○邱夷川實下
陵上替非一日之積也匹夫匹婦亦能勝乎
雖欲用師安得人人而敵之天下有道四夷
來王天下无道變起蕭墻自邑
告命庶乎正本而清亂源也
天地不交否君子以儉德辟難不可榮以祿
辟音避難去聲○取斂其德不形於外以避
小人之難人不得以祿位榮之○按天氣上

處地氣下收否之義也坤可載也法之以儉德乾知險也法之以避難天下无邦而術可榮以祿雖免于患而能无恥邪

拔茅貞吉志在君也小人而變爲君子則能以愛君爲念而不許其私矣◎隱情惜已身名俱辱忠君愛國品望俱墜始之不謹雖悔可追乎拔茅貞吉亨廣遷善之門也

大人否亨不亂羣也言不亂于小人之羣◎窺人之欲而中之包承之術也小人之得計豈大人之所屑哉傳曰守其正節不雜亂于小人之羣身雖否而道之亨也不以道而身亨乃道之否矣

包羞位不當也苞苴所入介士或爲之舞顏暮金所投端人或爲之易處包羞之計得行有不釁其算中者乎是以君子慎之也

有命无咎志行也扶杖而期德化之成順涕而讀罪已之節大君之命焉可一日不行于天下乎文誥既修

犹結胥化有命无告則何至于亂哉**大人之吉位正當也**義見繫辭下傳**否終則傾何可長也**天下安危人生不知生民休戚師尹不知四方叛服岳牧不知育盲之間有物據焉而一身之血氣壅矣傾而出之喜可量耶君相造命豈其然乎

天與火同人君子以類族辨物天在上而火炎上其性同也類族辨物所以審異而致同也◎按天體包涵火性燭照故于大同之中而能致其異爲類族者察于人倫也辨物者明于庶物也知其理一所以爲仁知其分殊所以爲義故自私者與无等者均无當于同人之義也

出門同人又誰咎也井蛙不足語于海夏蟲不足語于冰匿于一鄉者不知一國之廣也域于一國者不知天下之

大也出門同人則何所偏邪同人于宗吝道也乾吾父也坤吾母也四海之內吾兄弟也同人于宗其所見者爲已險矣伏戎于莽敵剛也三歲不興安行也言不能行◎不膠漆而固不繩約而結心相與也聞有以德服者矣未聞以力也聞有以明遇者矣未聞以詐也伏戎升高亦徒勞焉耳乘其墉義弗克也其吉則困而反則也乘其墉矣則非其力之不足也特以義之弗克而不攻耳能以義斷困而反于法則故吉也◎恃強以凌弱恃衆以暴寡恃勇以苦怯力雖伸而義則屈矣乘其墉弗克攻則見懷而思感也同人之先以中直也大師相遇言相克也值謂理直◎義見繫辭下傳同人于郊志未得也獨行其意與世无爭同人

于郊何悔之有雖然天下一家也中國一人
也絶人逃世豈所以通天下之志亦安能釋
然
哉

火在天上大有君子以遏惡揚善順天休命
遏于葛反○火在天上所照者廣爲大有之
象所有既大无以治之則釁蘖萌于其間矣
天命有善而无惡故遏惡揚善所以順天反
之于身亦若是而已矣◎揩火在天上无遠
不獨遏惡者天討有罪也揚善者天命有
德也剛无不克明无不照斯理无不順矣大
有初九无交害也才以養而成識以練而達驟進而議天下之事者或
未必不反書也无交害所以自度乎大車以載積中不敗也小才
不足以任重弱質不足以致遠體无不具用
无不周斯足以當大任而不凝矣大車以藏

則何憂于敗哉**公用亨于天子小人害也**明良合德分則君臣也情則賓主也周行之不示德音之不昭夫豈足以當之故人臣必度才而後進人君必論德而後官公用享于天子小人弗克益言辨也

匪其彭无咎明辨晢也晢明貌◎五緯避日四瀆宗海誠不敢居其盛也驕斯傲傲斯危矣後斯僭僭斯溢矣故匪其彭傳日賢知之人明辨物理當其盛時則知咎之將至故能抑損不使至于滿極也

厥孚交如信以發志也一人之信足以發上下之志也

威如之吉易而无備也易以致反◎大柔則人將易之而无畏備之心◎情不通則離分不嚴則褻和衷端拱之並形慈惠恭儉之交示故其下愛而慕之則而象之厥孚交如威如吉斯泰交之盛乎

大有上吉自天祐也

義見繫辭上傳

地中有山謙君子以裒多益寡稱物平施裒蒲侯反稱尺證反施始豉反◎以卑蘊高謙之象也裒多益寡所以稱物之宜而平其施損高增卑以趨于平亦謙之意也◎按地中有山以卑而蘊高物之多者裒而使之寡猶降山之高而使之卑也物之寡者益而使之多猶升地之卑而使之高也稱物物之多寡而損益之然後所施得其平斯義之盡而仁之至矣

謙謙君子卑以自牧也矜心不可以持躬盛氣不可以與物謙謙君子善于自欲矣人心喜觸不啓爪牙角距焉徑行自遂則不鞭其後者也

鳴謙貞吉中心得也和順積于中英華達于外故其辭遜其氣平深情厚貌焉能久而不變哉

勞謙君子萬

民服也義見繫辭上傳无不利撝謙不違則也言不為過◎左宜而右有靜存而動著撝謙之用也傳曰謙不可過以其處近君之位據勞臣之上如是而後中于法則耳利用侵伐征不服也佳兵者不祥之器惟謙為能用之畔援歆羨之皆无聲色之不大而後侵伐无不利焉傳曰文德所不能服而不用威武何以治平天下非人君之中道謙之過也鳴謙志未得也可用行師征邑國也陰柔无位才力不足故其志未得而至于行師然亦適足以治其私邑而已◎退讓之至暴者侮焉樽節之至頑者狎焉行師豈得已哉頑虜既遜多方不悛安得復恤其私乎雖征邑國亦何損于謙耶

雷出地奮豫先王以作樂崇德殷薦之上帝

以配祖考雷出地奮和之至也先王作樂既象其聲又取其義殷盛也◎按雷所以宣天地之化樂所以彰帝王之德出震上帝也門宮隱伏祖考也祭之至尊且親者莫是過矣苟非和也其不至震怒而怨恫者幾希

初六鳴豫志窮凶也窮謂滿極◎盤水可捧而志難持也六馬可調而氣難御也氷山方倚安知陽春之必至乎鳴豫之凶其志滿也

不終日貞吉以正中也義見繫辭下傳

盱豫有悔位不當也盱當作盱◎欲不可縱欲縱則荒樂不可極樂極則悲盱豫而悔已爲後矣若更遲之將何及乎傳日君子處已有道以禮制心雖處豫時不失中正故无悔也

由豫大有得志大行也以有爲之才居得爲之地則何求而不獲開誠心布公道天下之士輕千里而來告之以善矣勿疑

朋盍簪則各于其類也　六五貞疾乘剛也恒不死中未亡也安其危而利其菑樂其所以亡者太阿之柄日劍持而不覺則亦寄生焉耳貞疾恒不死溺于豫者也傳曰人君致危亡之道非一而以豫為多　冥豫在上何可長也燭天理者如嚮明徇人欲者如人則長夜之漫漫矣冥豫成有渝震无咎之道也輪臺之詔馬嵬之誅不猶愈于泗肖者乎

澤中有雷隨君子以嚮晦入宴息雷藏澤中隨時休息◎按天地之氣至冬而潛君子之身至夜而息昔所以飭宣之也是故朝以聽政晝以訪問夕以修令夜以安身食其時而百骸理動其機而萬化安矣　官有渝從正吉也出門交有功不失也心之未發渾然澄然思有所係則情

有所移官有渝而不貞是過動矣傳曰人心所從多所親愛者也故妻孥之言雖失而多從所憎之言雖善而爲惡私情所與豈合正理故出門而交則有功也

係小子弗兼與也係小子失丈夫失所從者也傳曰人之所隨得正則遠邪從非則失是无兩從之理二苟係初則失五矣弗能兼與也從正而可不專一乎

係丈夫志舍下也舍音捨◎係丈夫失小子則得所從矣傳曰昏之隨明事之從善上隨也背是從非舍明求暗下隨也三之隨四有求必得雖然固不可非理枉道以從于上苟取愛說以遂所求如此則小人邪諂趨利之爲也故利居貞

隨有獲其義凶也有孚在道明功也得時行志而寵利之不挾澹泊之不甘者雖貞亦凶矣必有孚在道以明斯可无咎其傳曰孚誠積于中動爲合于道以明哲處之

是以下信而上不疑位極而无逼上之嫌勢重而无專權之過孚于嘉吉位正中也大中至正天下之美皆會焉孚于嘉吉信從之宜也拘係之上窮也窮極也◎盟詛可得而寒交質可得而畔誠之至者則无時而解拘係之乃從維之固之至也山川鬼神莫不福享而況其顯焉者乎

山下有風蠱君子以振民育德山下有風物壞而有事矣而事莫大于二者乃治已治人之道也◎拔山下有風物壞而當變振民若風之能動作新民之謂也育德若山之有常克明德之謂也皆所以去舊而從新與幹父之蠱意承考也初者幹之柢父子一體也是則公守之非則公改之阿意曲從豈得謂之繼述哉時有污隆道有升降事不必襲而意則承之有子考无咎可謂能子矣

幹母之蠱得中道也二者幹之軀傳曰子之于母當以柔巽輔導之

若仲已剛陽之性遽然矯拂則傷恩所害大矣亦安能天乎在乎屬已下意巽順將承使

之身正事治而已故曰不可貞

幹父之蠱終无咎也三亦幹之軀也

傳曰以陽處剛而不中而巽體不爲无順順事親之本也故无大過然有小悔已非善事

親也

裕父之蠱往未得也四則幹之枝矣事成于決敗于需業盛于

勵衰于靡蠱當前而用裕是安步而救溺也各安免乎

幹父用譽承以德也五則幹之杪矣一人之才非所以濟庶務也一人之智非所以應萬幾也勞於

求賢斯逸於得人矣以奇察治蠱而股肱腹心无一可恃者益不知用譽之義也

不事王侯志可則也上居幹之外者傳曰士之自高尚亦非一道有懷抱

道德不偶于時而高潔自守者有知止足之
道退而自保者有量能度分安于不求知者
有清介自守不屑天下之事獨潔其
身者所謂志可則者進退合道者也
澤上有地臨君子以教思无窮容保民无疆
思去聲。地臨于澤上臨下也二者皆臨下
之事教之无窮者兌也容之无疆者坤也◎
按澤上有地相臨无間教而出于心思之誠
然則不徒以其言矣容而能使之各得其所
則不徒以其量矣說萬
物而載之殆以此乎　咸臨貞吉志行正也
表正萬邦臨之則也罔違道以干譽罔咈民
以從欲咸臨而貞何不吉乎傳曰聖人感天
下之心如雨暘寒燠无不　咸臨吉无不利未
時无不通者亦貞而已矣
順命也　未詳。未當作末◎建中于民臨之
極也尊賢而容衆嘉善而矜不能咸

臨吉无不利順命之至也未謂衆陰也震有木象故臨複震咸九五化震皆以未擬之

并臨位不當也既憂之咎不長也 其才臨下无又非其任含莛溢而媚說何利之有焉

至臨巧言而令色圓不如勞心而焦思也

无咎位當也 非寬无以溢下非簡无以御衆非誠心无以致賢才之輔

至臨无咎則地道之粹者也

大君之宜行中之謂也 聰明睿知斯足以有臨矣傳曰以一人之身臨天下之廣若區區自任豈能周于萬事唯能取天下之善任天下之聰明則无所不周大君之所宜也

敦臨之吉志在內也 仁漸義摩期之必世禮明樂備俟之百年敦臨之吉豈責效于旦夕者乎帝之猶病王之如傷閔千載而可見其心矣

風行地上觀先王以省方觀民設教省悉井反觀民之觀如字◦省方以觀民設教以爲觀◎按風行地上无所不屆省方因坤之體也設教行巽之用也因地而制宜因俗而布化故王道四達而不悖亦如風之行地无微而不入矣

初六童觀小人道也性命本于孝弟神化通于禮樂精義入神由于洒掃應對小人因之以寡過君子因之以成德由之而不知是童觀而已矣

闚觀女貞亦可醜也在丈夫則爲醜也◎亦臨亦保即所以通神明也有物有恒即所以法天下也雝雝肅肅即所以位天地而育萬物也不見其全是闚觀耳豈得謂之通識哉

觀我生進退未失道也君子之于道也進則行之非苟利也退則明之非獨善也觀我生進退斯量而後人者乎

觀國之光尚

賓也士之蘊其才業待明時而彰之禮樂增其明備政治增其潤色民物增其菁華觀國之光誠不愧于嘉賓也觀我生觀民也此夫子以義言之明人君觀己所行不但一身之得失又當觀民德之善否以自省察也◎觀我生觀其及人也考諸三王而不謬建諸天地而不悖質諸鬼神而无疑百世以俟聖人而不惑斯可謂之君子矣傳曰天下之俗未合君子之道則是己之所爲政治未善能免于咎乎觀其生志未平也志未平言雖不得位未可忘戒懼也◎觀其生觀其致君也爲天地立心爲民物立道爲去聖繼絕學爲萬世開太平非君子而誰任之耶傳曰苟未君子則何以使人觀仰矜式不可以不在于位故安然放意无所事也

雷電噬嗑先王以明罰勑法◎雷電當作電雷按雷電以宜

鬱未必擊物也而物畏焉五刑以鋤梗未必殺人也而使人不可犯罰者一時之所用效電之明以明之法者平日之所定效雷之威以勑之斯有以懲惡而遠罪矣**履校滅趾不行也**滅趾又有不進于惡之象。義見繫辭下傳**噬膚滅鼻乘剛也**雪霜被而棘荊枯橫網振而逆鱗掃則強弗友者不至肆行矣乘剛而不以威克之豈足以破奸乎噬膚滅鼻用刑之宜也**遇毒位不當也**治人之獄卽其敵也一失其當反噬隨之蜂蠆猶毒而況奸慝乎噬腊肉遇毒則聽不能无偏也**利艱貞吉未光也**執法者有司之能然情雖險而必求其實也辭雖強而必衡其直也日月之光倘有覆盆一或未察窮抑多矣艱貞吉憂其明之或蔽耳**貞厲无咎得當也**欽恤者人主之志也念失道之散懷好生之德酌不辜不經之介謹失出失入之防訟何校欽歸之不亦宜乎貞厲无咎中之之至也**滅耳聰不明也**滅耳葢罪其聽之不聽也若能審聽而早圖之則无此凶矣。義見繫辭下傳

山下有火賁君子以明庶政无敢折獄山下有火明不及遠明庶政事之小者折獄事之大者內離明而外艮止故取象如此◎按山有卉木之文而重之以火光其賁盛矣政貴增華獄必得情故庶政可飾而明折獄不可飾而當也

止**舍車而徒義弗乘也**君子之取舍決于義而已◎書爲士者窮不失義雖步之間儀範炳如是賁其趾也傳曰君子所貴世俗所羞世俗所貴君子所賤故舍車而徒**賁其須與上興也**玉帛所以歸敬也鐘鼓所以歸

和也揮讓周旋所以飾忠信也文之覲于質也審矣賁其須豈能自興乎永貞之吉終莫之陵也其羣陰相附其潤足以藉其滋其文足以增其彩其和足以安其意然弱而不返或與之俱化矣賁如濡如永貞吉則奚至于滅質哉六四當位疑也匪寇婚媾終无尤也當位疑謂所當之位可疑也終无尤謂守正而不與則无他患也◎美才而失所附人斯賤之矣會赫奕之强鄰從淡泊之貞士何所往而不善乎賁如皤如白馬翰如揮賁之明也六五之吉有喜也士榮高蹈君貴下交建于旌于稼穡之附談廟謨于蓬華之內心之結矣儀豈在多乎賁于邱園束帛戔戔白賁无咎上得恒情以爲吝古道以爲吉也志也大羨不和貴其本也疏布无華反其始也大圭不琢尚其質也華葩盛而本實

之不微者鮮矣白賁无咎斯天下之大爻與

山附于地剝上以厚下安宅拔山至高也而附于地之至卑猶君之賴乎民也厚下者持載之能安宅者固止之體本固邦寧其斯之謂與

剝牀以足以滅下也善人國之基也剝之而不防其微則本拔而源塞矣剝牀以足蔑貞凶其迷止于滅下乎

剝牀以辨未有與也言未大盛◎多士國之幹也剝而不杜其斷則朴折而維傾矣剝牀以辨蔑貞凶无剛明之與故至此極也蔡京張鷟惜相見之晚耳

剝之无咎失上下也上下謂四陰◎人有秉彝不盡斷也國有公論不盡泯也君子榮道不榮惠仲義不伸邪剝之无咎能自拔于其類矣

剝牀以膚切近災也熠熠不滅炎炎熾矣涓涓不壅

江河洶矣綿綿不絶網羅結矣剝牀以膚災可得而逃耶**以宮人寵終无尤也**小大異性尊卑異職相抗相凌行自及也各安其分斯各得其所矣貫魚以宮人寵巽順之至也**君子得輿民所載也小人剝廬終不可用也**碩果不食將復生焉傳曰陽无可盡之理變於上則生於下无間可容息也亂極思治故君子得輿詩匪風下泉所以居變風之終也若小人則剝及其廬矣何所容其身哉

雷在地中復先王以至日閉關商旅不行后不省方安靜以養微陽也月令是月齋戒掩身以待陰陽之所定◎按雷潛于地蟄而後奮至日復之候也閉關坤闔之象也衆在大塗商旅行焉君臨萬國后省方焉而

時當安靜故不行而不省也自
下至上孰敢不順乎天時哉
不遠之復以
修身也
義見繫
辭下傳
休復之吉以下仁也
下遐嫁
反◎頤
果之蘊生意萌焉人心之仁亦猶是也學莫
賁乎近其人嚴憚而心不放焉切磋而善相
觀焉曾子致懷于吾
友其休復之吉乎
頻復之厲義无咎也
體
仁
者理存守義者欲遏聖學之要也以義自克
斯能頻復亦日月至焉者乎傳曰聖人廣遷
善之門與其復而危其屢失頻失則
爲危屢復何咎過在失而不在復也
中行獨
復以從道也
修身以道修道以仁仁其微也
道其著也中行獨復其志高其
守定動不離道矣聖遠言湮而
學顔子之學者足以當之矣
敦復无悔中
以自考也
考成也◎上智明睿而自強八賢
克實而自得敦復无悔夫焉過

不及之差乎主敬行恕而无已可克者舜斯人之徒耶

迷復之凶反君道也

位高无下仁之美剛遠失遷善之機厚極有難開之蔽柔終无改過之勇迷復之凶也一念之微不能遏制覆國亡身莫不由之其亦可畏也哉

天下雷行物與无妄先生以茂對時育萬物

天下雷行震動發生萬物各正其性命是物物而予之以无妄也先王法此以對時育物因其所性而不爲私焉◎按物與无妄各一其性也對時育物各得其所也天與聖人之道皆至誠而已矣

无妄之往得志也

无妄之往天機之發也傳曰誠之下物无不能動以之修身則身正以之治事則事理以之治人則人化何所往而不得其志乎

不耕穫未富也

富如非富天下之富言非計其利而爲之也◎

无爲而治外王之極也不習而利內聖之純也故誠則无事矣不耕穫不菑畬豈人力之所及乎慕仁强義者猶未免乎利之矣**行人得牛邑人災也**內省不咎何恤乎外至之徑行人之得邑人之災非已有以致之也籍黨人禁僞學適自狀其妄人耳**可貞无咎固有之也**有循守也◎一心之微衆欲攻之非所往而往焉喪其守而不自知矣可貞无咎則操之之固也**无妄之藥不可試也**既已无妄而復藥之則反爲妄而生疾矣試謂少嘗之也◎非意之變特吾有以善處之干羽而負固格亥繡而流言弭絃歌而圍師解未嘗自失其常也无妄之疾苟或藥之而妄乃滋矣**无妄之行窮之災也**心有所向即欲也以是而行妄之積耳君子時止時行時感時寂是以時出而不窮也與

天在山中大畜君子以多識前言往行以畜其德 哉如字又音志行下孟反。天在山中不必實有是事但以其象言之耳◎按天氣块然无隙可間故山中之虛處即天之所在也以一隅而涵太虛之體猶以一心而藏千古之秘乎傳曰考跡以觀其用察言以求其心識而得之以畜成其德乃大畜之義也

有厲利已不犯災也 君子得時則雲飛失時則泥蟠知險而可以冐進耶往而遠上則厲居而俟命則利得已則不如其已矣

輿說輹中无尤也 氣雄九軍者或屈於賓贊之儀才蓋一世者或聽於委裘之命輿說輹其自度也畜矣傳曰處得中道動不失宜時之盛衰勢之強弱學易者所宜深識也

利有攸往上合志也 所蘊既大則思推而行之然銳進之戒不可忘也仁足以

兼容智足以慮患斯勇足以致遠矣良馬逐而日閑輿衛勝任不亦宜乎**六四元吉有喜也**禮禁于未然之前法施于已然之後童牛之牿豈至抃格而不勝乎制官刑以訓蒙士无奭酒以誥小子其慮益已遠矣**六五之吉有慶也**豶豕之牙何謂也傳曰物有總攝事有機會聖人操得其要則視億兆之心猶一心道之斯行止之則戢故不勞而治天下之惡不可以力制也且如止盜民有欲心見利則動使之有農桑之業知廉恥之道雖賞之不竊矣**何天之衢道大行也**君子之道蘊之為德行行之為事業故何天之衢秩秩者百官也穆穆者四門也蕩蕩平平者宇宙也日新而不能富有者鮮矣

山下有雷頤君子以慎言語節飲食二者養德養身

之切務◎拔山下有雷萬物由是而滋養焉亂階于言語禮始于飲食其出納在頤故動于中者宜慎止于外者宜節也傳曰在身爲言語于天下則命令政教慎之則必當而无失在身爲飲食于天下則貨財資用節之則適宜而无傷推養之道莫不然觀我朶頤亦不足貴也蓄可以果腹水可以樂饑美膏粱之味不能安菜根之常則人睒之矣舍爾靈龜觀我朶頤其內外取舍之介乎六二征凶行失類也初上皆非其類也◎我耕子耨餘粒相資顛頤而何害非分妄求其可得乎食去者信存餓死者節立貧中正之德而非類相從拂經之甚也十年勿用道大悖也三旬九食德恒飽焉肆口腹之貪饕思權門之哺啜拂頤貞凶可謂失道矣无餘不飽之歎固志士之所羞聞也顛頤之吉上施光也

施始豉反◎郄尊富之奉就卑貧之養顛頤之吉柔貞之操也情專則施者有常矣故虎視眈眈其欲逐逐

居貞之吉順以從上也

厚天下之生利天下之用司牧之職也有中德焉而養人以養非拂經而何故可常而不可變也傳曰以成王之才當管蔡之亂幾不保于周公況其下者乎

由頤厲吉大有慶也

受養賢之奉當有以遂萬民之生由頤之道也傳曰得君如此之專受任如此之重苟不濟天下之艱危則何以稱委任而謂之賢乎

澤滅木大過君子以獨立不懼遯世无悶

澤滅于木大過之象也不懼无悶大過之行也◎按木體堅實澤滅之而不顛獨立不懼植而深也遯世无悶險而說也當非常之時而不苟隨乎流俗非大過之德乎

藉用白

茅柔在下也義見繫辭上傳老夫女妻過以相與也濟天下之事者无本不能以自立无輔不能以自行豈躁懷者所能哉枯楊生稊老夫得其女妻斯足以有爲矣棟撓之凶不可以有輔也棟撓剛之失也傳曰居大過之時興大過之功立大過之事非剛柔得中取于人以自輔則不能也以過盛之剛動則違于中和而拂乎衆心安能當其任乎棟隆之吉不撓乎下也棟隆剛之宜也心不外者乃能統一人衆氣不紛者乃能處大事故絶利一源斯當大任而不動心矣變隆而爲撓則有他之故也枯楊生華何可久也老婦士夫亦可醜也繁華盛而本實微媚說入而叢脞集其能成天下之務者鮮矣枯楊生華老婦得其士夫豈可常之道耶過涉之凶

不可咎也

疾風知勁草板蕩識忠臣過涉滅頂非得已也亦自致其精誠而已矣

水洊至習坎君子以常德行習教事

洊在薦反行下孟反○治已治人皆必重習然後熟而安之

◎按洊而不已常也洊而日增習也德行有常則不厭教事能習則不倦而成已成物皆无所慊矣

習坎入坎失道凶也

立本存乎誠濟務存乎才出險之道也既處下流載胥及溺而已習坎入于坎咎豈足以自拔乎

求小得未出中也

險夷者境也通塞者時也无入而不自得者心也信足以自固才足以自衛動足以適宜而僅求小得者僨險相仍未足以援天下之溺也

來之坎坎終无功也

剛中者知險斯不入于險

矣柔正者知阻斯不至于幽矣舍是而徼幸焉則險且枕而已心之不亨安望其行之有尚乎**樽酒簋貳剛柔際也**晁氏曰陸氏釋文本无貳字今從之◎上下變而險可濟矣樽酒簋貳用缶无事乎虛文也不由戶而自牖非專于直致也傳曰欲上之篤信惟當盡其質實而已自古能諫其君者未有不因其所明者也故訐直強勁者率多取忤而溫厚明辨者其說多行由攻其蔽與就其明之異耳**坎不盈中未大也**有中德而未大◎克實之德蘊于中應變之則協于外豈久陷者乎坎不盈祇既平則積而將流也**上六失道凶三歲也**信義行于君子而刑發施于小人陰極志在于因陽陰終志在于棄乎係用徽纆寘于叢棘則自取之耳

明兩作離大人以繼明照于四方作起也◎按清明在

躬志氣如神表裏繼明也日就月將緝熙光明始終繼明也夫如是則足以照于四方矣

履錯之敬以辟咎也　辟避同◎中有主者萬變不得而擾之才剛則其動多妄識淺則其明未融履錯然而不能敬之能无躁進之咎乎

黄離元吉得中道也　乖戾之端化于中偏倚之迹泯于外黄而離者也麗道之至善也可以化成天下矣

日昃之離何可久也　日昃之離何謂也傳曰前明將盡後明當繼人之始終時之革易也達者知其常理樂天而已不達者則恐懼有將盡之憂必也求人以繼其事退處以休其身安常處順何足以爲凶乎

突如其來如无所容也　无所容言焚死棄也◎明之將繼必有巽讓之誠順承之道則上下皆習而安之剛躁陵爍不戢將自焚也突如其來如盡自絕于天者也

六五

之吉離王公也離音麗◎代君不可以不威者失心之人也出涕沱若戚嗟若可謂能子矣王用出征以正邦也剛躁居高故利用征之征之爲言正也如火烈烈王者不得已而用之也殲厥渠魁脅從罔治則无殘暴之咎矣

象下傳

山上有澤咸君子以虛受人山上有澤以虛至卑也山至高也而虛則能運之人心至微也事物至紛也而虛則能受之傳曰中无私主則无感不通以量而容之擇合而受之非聖人有感必通之道也咸其拇志在外也信在言前者不言而信誠在合外者不合而行養之未孚而遽求感之速

也難矣咸其拇其志不已淺乎**雖凶居吉順不害也**自私多將迎之擾用智乃馳騖之歸故廓然而大公斯物來而順應矣咸其腓卽柰何而不安其居也**咸其股亦不處也志在隨人所執下也**言亦者因前二爻皆欲動而云也二爻陰躁其動也宜九三陽剛居止之極宜靜而動可吝之甚也◎卓然有定者天地萬物皆隨之安可以身隨人乎感巧言而失其聰徇合色而失其明至于多行可愧而不知返者皆咸其股而執其隨者也**貞吉悔亡未感害也憧憧往來未光大也**感害言不止而感則有害也◎義見繫辭下傳**咸其脢志末也**志末謂不能感物◎寂然不動者誠也感而遂通者神也中有所係則囿于一隅非復无方之用矣咸其脢僅愈于憧擾者耳**咸其**

輔頰舌滕口說也滕騰通用◎以言感人已為淺矣言又不實其誰應之傷易則誕矣傷煩則支矣感其輔頰舌豈足語于无心之感哉

雷風恆君子以立不易方按雷之收發有時風之寒溫有候皆恆道也君子法之而仕止久速各協其宜仁敬孝慈各止其所未嘗立而易其方焉木體常植亦其象與

浚恆之凶始求深也久道不可以猝致也沉而變之漸而漬之日計之不足而歲計之有餘矣源之不深而徒濬其流亦何益乎浚恆之凶其求之為已迫矣

九二悔亡能久中也有恆懿行也然必信必果或乖天理之正矣愚忠愚孝或貽名教之憂矣苟失其中能无悔乎傳曰中重于正中則正矣正不必中也

不恆其德无所容也德之恒者中心安焉不見異而

遷焉故獨行不愧夫影獨寢不愧夫衾久非
不恒其德或承之羞其志不能无慊也
其位安得禽也中正然后貫天下之道君子
大方執偏材者非遠畧所以大居正也守曲學者非
无禽蓋徒勞而鮮功矣田婦人貞吉從一而
終也夫子制義從婦凶也道之所貴者中中
之所貴者權故隨
事而順理因時而制宜惟義所在而已矣婦
人伏于人者也夫子帥人者也恒其德貞豈
可以一振恒在上大无功也深根寧極故履
視哉大變而不驚剝
非常而不懼動其可妄乎好大而貽終身
之悔更制而基數世之禍者皆振恒者也
天下有山遯君子以遠小人不惡而嚴遠袁萬反
○天體无窮山高有限遯之象也嚴者君子
日守之常而小人自不能近按天之遠山

而山自遯乎天君子无憂于絕小人而遯尾小人自不能免之止則不惡健則嚴矣之厲不往何災也刳胎殺夭則麒麟不至其郊覆巢破卵則鳳凰不翔其邑遯而尾焉其見固巳後矣若其攸往速之災耳執用黃牛固志也自守之堅物莫得而易之故兕无所投其角虎无所措其爪兵无所容其刃執之用黃牛之華莫之勝說則藏身之固也係遯之厲有疾憊也畜臣妾吉不可大事也憊蒲拜反◎神龍可得而豢之亦可得而殺之有欲故也係遯而能无疾乎傳曰係戀之私恩懷小人女子之道也故畜臣妾則得其心而吉然君子之待小人亦不如是也君子好遯小人否也以道制欲者三公不以易其介預慮不以累其中而兕腐鼠之徵乎隱忍而圖濟世者其究至于失身好遯之

能否君子小人之决也**嘉遯貞吉以正志也**无朋比之迹无眷戀之情雖嘉耦而亦遯守莫徇焉**肥遯无不利**世變而道不變動罔不臧矣**无所疑也**蟬蛻汚穢之中以捍遊塵埃之外道洪而德飽心廣而體胖遯記焉明且决矣焉往而不自適哉

雷在天上大壯君子以非禮弗履自勝者强◎按雷在天上其氣壯矣君子法之以自克故浩然而无所餒焉乾行震動皆能履者也傳曰赴湯火蹈白刃武夫之勇可能也至于克己復禮則非君子之大壯其孰能之**壯于趾其孚窮也**言必困窮◎君子之行思其終也思其復也始之不審則何以善其後乎壯于趾不待早智之上而知其凶矣**九二貞吉以中也**天則之協

道義之配也人爲之擾血氣之私也中立而不倚斯貞而吉矣**小人用壯君**

子罔也小人以壯敗君子以罔敗◎用壯无禮之勇也用罔不慮之決也傳曰剛

柔得中則不折不屈施于天下而无不宜苟剛之太過則无和順之德多傷莫與危道也

凡物莫不用其壯齒者齧蹄者踶角者觸猶人倘剛壯所當必用必至摧困矣**藩決**

不羸尚往也處高位際昌時動不可以不慎也衆正視之以卷舒其道羣邪

視之以作止其惡一失其貞所悔滋焉決不羸壯于大輿之輹斯身進而道行也**藩喪**

羊于易位不當也才浮于事則事成力優于任則任勝苟爲不然自守

可矣城府不設故平戈亦不起喪羊于易善用其柔者也**不能退不能遂**

不詳也艱則吉咎不長也明者之慮事也詳吾發之吾能收之

見可而進知難而退故恢恢乎其有餘地焉不能退不能遂恃其一往之氣也審時度勢厥惟艱哉

明出地上晉君子以自昭明德 昭明之也◎按天之明以日人之明以德去其物欲之蔽化其氣質之昏皆所以自昭之也 晉如摧如獨行正也裕无咎未受命也 初居下位未有官守之命◎晉如摧如不枉道以求合也傳曰在下而始進乃急于求上之信也苟欲信之心切非汲汲以失其守則悻悻以傷于義矣故裕則无咎未當職枉故也若有官守不信于上而失其職一日不可居也然事非一槩久速惟時亦容有爲之兆者 受茲介福以中正也 晉如愁如畏天命而憫人窮也然中正之德久而必彰受滋介福于其王母豈虛加

之乎先天下之憂而憂後天 **衆允之志上行**
下之樂而樂於茲見之矣
也 士必自信而養其心志兒童走卒亦知其
素志賢士大夫皆說其和衷故衆允而悔
亡不然與情
未可以市也 **鼫鼠貞厲位不當也** 大明之世
黜幽而陟
明德薄者推賢才絀者讓能久居非分衆論
之所不容也高位速謗多藏厚亡鼫鼠貞厲
是鄙夫
而已矣 **失得勿恤往有慶也** 天下之事所當
為者理也所得
為者勢也過此以往莫之能必也以察為明
以苛為察鼻計雖或見效而大體損矣失得
勿恤百志所
以惟然與 **維用伐邑道未光也** 晉道貴榮
而賤剛柔
能知止剛則必競明極既失乎人情晉極復
遠乎物理晉其角也高而危矣上下一心三
軍同力而僅可以
伐其邑能无吝乎

明入地中明夷君子以莅衆用晦而明按明入地中善藏其用用莅衆之道不明則昏過明則察惟用晦而明明則至寬至簡之中而慶賞刑威各當其則矣君子于行義不食也雖義所在不食可也◎飛而垂翼道不行也伯夷所以居北海而餓西山也傳曰事未顯而處甚艱非見幾之明不能也世俗孰不疑怪故主人有言然君子不以世俗之疑怪而遲疑其行也若俟衆人盡識則傷已及而不能去矣六二之吉順以則也君子之過患難未嘗失其常度也衆天知命吾何憂安土敦仁吾何怨盡人謀以俟之而已矣夷于左股用拯馬壯文王之見囚而得返也殆類之乎南狩之志乃大得也賊仁賊義之无已悔過遷善之无望南狩而得大首豈書曰乎一日命絕則爲獨夫一日未絕猶爲

共主荷疾貞之是利天下也武王之遵養時晦審此道也入于左腹獲心意也意叶音臆◎安其其染危同其辱者宗臣之詛也然惡稔罪盈亦徒與之同燼耳入于左腹獲明夷之心于出門庭所以全身也微子以宗威而行遯正其事矣箕子之貞明不可息也親足以結人主之知道足以濟天下之溺而見傷于昏德千古之明夷未有如箕子之甚者存亡者天也得喪者命也不可泯者心也推斯志也雖與日月爭光可矣初登于天照四國也後入于地失則也照四國以位言◎居高以臨四國其心豈不願爲中天之懸象哉辨足以飾非力足以拒諫不旋踵而倡披隨之矣哲王致戒于日昃誠慮其不明晦與

風自火出家人君子以言有物而行有恒

下行

孟反。身修則家治矣◎按火熾則風生言行修則德業盛有物者言之不虛也有恒者行之不變也化行俗美由是而基矣**閑有家志未變也**志未變而預防之◎純一未散逕泆安生敦樸未漓後縱安作閑有家悔亡謹其始也傳曰閑之于始不傷恩不失義處家之善也志變而後治則所傷多矣**六二之吉順以巽也**婦人有閫門之修无境外之志何所敢自遂乎供井者奉蘋蘩事在饋食之閒而已矣呂雉武曌非无才也一念之不順而禍延數世可不戒乎**家人嗃嗃未失也婦子嘻嘻失家節也**禮勝則離嗃嗃也樂勝則流嘻嘻也[illegible]矣然與[illegible]失之資寧失之嚴物各[illegible]二而後和徙[illegible]節[illegible]之者[illegible]惟勤惟儉[illegible]不匱也**富家大吉順在位也**[illegible]和[illegible]則不[illegible]

六二大吉畜藏之職然也匪是金玉彌崇莫之能守矣**王假有家交相愛也**程子曰夫愛其內助婦愛其刑家◎男統帥女承順家之所由治也始于憂勤終于逸樂而宇宙之太和昉此矣王假有家以恤吉其德孚也夫豈情欲之感燕私之暱或**威如之吉反身之謂也**謂非作威也反身自治則人畏服之矣◎有孚威如治家之道也傳曰中有孚信則能常久而衆人自化為善不由至誠已且不能常守也況欲使人乎妻孥情愛之間患在禮法不立而瀆慢生也長失尊嚴勿忘恭順而家不亂者未之有也然威嚴不先行于己則人怨而不服矣

上火下澤睽君子以同而異二卦合體而性不同◎按火炎上澤潤下其性殊矣古之君子同道而或樂或憂同仁而或囚或去同聖而或清或和固

不必拘拘于其迹也**見惡人以辟咎也**辟音避◎物之合者卒莫得而自間之急之則滋擾緩之則逐常喪馬勿逐自復不終睽也傳曰當睽之時雖同德者相與然小人乖異者至聖若棄絕之不幾盡天下以仇君子乎故必見惡人則无咎也古之聖王所以能化姦凶爲善良革仇敵爲臣民者由弗絕也**遇主于巷未失道也**本其正應非有邪也◎遇主于巷何謂也傳曰君心未合賢臣在下至誠以感動之盡力以扶持之明義理以致其知杜蔽惑以誠其意如是宛轉以求其合也遇非枉道逢迎也巷非邪僻由徑也**見輿曳位不當也无初有終遇剛也**曳之掣之天且劓之其遇難矣然而合者剛柔之交也傳曰不正而合未有久而不離者也合以正道自无終睽之理故賢者順理而安行智者知幾而固守

交孚无咎志行也德不患乎孤立[illegible][illegible][illegible]其有以結之折節而[illegible]恐其抗渴情而猶慮易間推心置腹而猶虞其隱交孚若是其與元夫猶一夫也則何睽之不濟乎**厥宗噬膚往有慶也**得士者昌夫士者亡而況當睽乎其導我也不啻伯叔其翼我也不昆弟其承我也不啻子姓故外託君臣內系骨肉所以入之者深也**遇雨之吉羣疑亡也**剛察之至猜很自滋焉能无孤乎夫自視太高者我際而人傷也我亮而人暗也方寸之中萬境起滅矣婚媾遇雨幻固不能以久也

山上有水蹇君子以反身修德按水爲山阻猶德因遇滯也反身而內省皆誠修德而外驚皆止能往如是則不怨不尤而俯仰无愧怍之端矣

位卑而當亂世高蹈隱淪以蹇來譽宜待也待天下之淸可也往蹇來譽身名俱泰矣蹇蹇以就卒履危機則何益乎王臣蹇蹇終无尤也事雖不濟亦无可尤◎父母有疾无不用藥之理天步艱難正天下士竭力之時也爲人子者无以有已爲人臣者无以有已干臣蹇蹇匪躬之故所以紆難也往蹇來反內喜之也不忘濟險者憂世之仁不敢旨險者審幾之哲往蹇來反安其身以有爲也草廬之臥夫耆社之迂叟固民望之攸歸矣往蹇來連當位實也善圖天下之務者无智名无勇功群策莫非其策也群力莫非其力也往蹇來連資其實而巳矣國士既得而漢運與老臣亟用而唐宗復豈必出之自巳哉大蹇朋來以中節也禍亂之作天所以開聖明也從善如圖求賢若渴故智者

協謀男者効力大蹇朋來非守中適宜其誰助之乎**往蹇來碩志在內也利見大人以從貴也**不尚而不肯事賢賤而不肯事貴人之不觧也況能出險乎往蹇來碩吉利見大人依日月之未光者也**雷雨作解君子以赦過宥罪**按雷雨奮盈天所以解萬物之屯也无心失理之謂過赦之而使之自奮有心權法之謂罪宥之而使之不陷君子所以解萬民之難也**剛柔之際義无咎也**天下本无事庸人自擾之戡定之後倘拊循嚴密之後倘寬大夫何咎之有耶**九二貞吉得中道也**小人之蠱惑无所至非嚴氣正性不足以絕之非乘機審勢足以除之田獲三狐得黃矢邪不足以勝也傳曰羣邪不去君心一人則中正之道由行矣桓敬之不去武

周易本義拾遺　卷十

三思是已負且乘亦可醜也自我致戎又誰咎也戎古本作寇◎義見繫辭上傳解而拇未當位也陽託附麗之狀而陰竊其行止之大權小人之常態也拂鬱摩足之出其門則天下之望望然去之矣辨而拇朋至斯孚薰蕕豈同器而藏者哉君子有解小人退也小人之得柄亦由己有以致之貞利之不殖聲色之不遁則其隱服矣君子有解吉有孚于小人端本清源之道也公用射隼以解悖也解佳買反◎義見繫辭下傳

山下有澤損君子以懲忿窒慾君子修身所當損者莫切於此◎彼澤愈深則山愈高損之象也忿之癹至也若山欲之難滿也若澤懲之窒之而

克已之已事遄往尚合志也尚上通◎華火功成矣害者若救焚蹙宿弊者若拯溺已事遄往幾之固无及矣去泰去甚人情之所宜即天理之所協也酌損之豈紛更而无漸者乎九二利貞中以爲志也无才不足以有爲恃才恒至于輕爲富强功利之圖未有不流禍于生民者也利貞征凶弗損益之中之既得何損之有朝廷享坐鎮之安草野食養恬之福矣一人行三則疑也義見繫辭下傳損其疾亦可喜也因循苟且日失歲亡名爲无事而其實有莫測之憂非損其疾其能相勉以厲精乎彼方汲汲此乃悠悠非所謂遄也治神者望而却步矣受益莫如謙六五元吉自上祐也滄海所以爲百谷王者以其善下也或益之十朋之龜弗克違豈期而后得者乎弗損益之

大得志也我无欲而民自樸我无事而民自富弗損益之也德澤恩溥天下之心歸之矣八荒洞然皆在吾闥故得臣而无家問舍求田者豈凡以贊无外之化也哉

風雷益君子以見善則遷有過則改風雷之勢交相助益遷善改過益之大者而其相益亦猶是也◎按風愈烈則雷愈迅益之象也見善則遷若風之速而无微不入有過則改若雷之厲而一往不返而誠身之道備矣

元吉无咎下不厚事也下本不當任厚事故不如是不足以爲咎也◎利用爲大作傳施弘濟身任之而不疑也傳曰在下者本不當處厚事以爲在上所任所以當之能致元吉則任者爲知人當者爲勝任不然則上下皆有咎也

或益之自外來也或者衆无定主之辭◎好善則天下之善歸之子孫黎民咸賴其保斯可

謂之飞貞矣純臣之事君也猶**益用凶事固**
事天享帝且吉而况其他乎
有之也益用凶事欲其困心衡慮而固有之
也◎天心仁愛災異以警之君心仁
愛艱巨以試之益用凶事將以別利器于盤
錯也勿欺勿詘逵吾意之誠然而已故告公
用
圭
告公從以益志也忠愛不足諫必不行徑
遂有餘言必不聽中行
告公從其信之者素矣遷國而非志
定將築室而道謀也何益之有哉**有孚惠**
心勿問之矣惠我德大得志也天地有大美
而不言故萬
物各足其分而莫知其所自惠心惠德未施
信而民信之也王者允方之益與天地同沛而
巳
矣
莫益之偏辭也或擊之自外來也莫益之
者猶從
其求益之偏辭而凶也若究而言之
則又有擊之者矣◎義見繫辭下傳

澤上于天夬君子以施祿及下居德則忌施始

致及◯澤上于天潰決之勢也施祿及下潰決之意也居德則忌未詳◯按澤上于天積而必流暢者澤之具也德者澤之實也施祿及下所被无窮若皆其德則非不言之美利而可忌矣

不勝而往咎也

君子之決小人也權足以𩐋之力足以制之猶且躊躇審顧萬全而后發誠恐一戰不勝而公議爲之敗績也壯于前趾往不勝則輕踈以敗咎耳

有戎勿恤得中道也

陰謀詭道以乘人之不備者小人之長技也內愼于心外謀于衆惕號雖盛若勿閑也戰勝于廟堂之上折衝于樽組之間夫何恤于莫夜之戎邪

君子夬夬終无咎也

事未發而機先露壯于頄也能无凶乎含容以待其發堅忍以持其久迹可污而志不可奪則夬夬之用也汲汲于

自明者淺之乎爲丈夫矣

其行次且位不當也聞言不信聰不明也坐以聽之則不甘起而圖之則不能讓彼居先我得因其後而制其行則牽羊之術也聞言不信殆不學而无術皆與

中行无咎中未光也程傳備矣◎莧陸夬夬帥羣陽以同進也傳曰夫人心正意誠乃能極中正之道而充資光輝五心有所北以義之不可而決之雖行于外不失中正之義然于中道未得爲光大也蓋人心一有所欲則離道矣

无號之凶終不可長也魑魅悄于竈靈雨雪消于見睍告哀揚罪其誰聽之无號終有凶勢不容于並立也

天下有風姤后以施命誥四方按太虛之氣吹號萬籟元后之命鼓舞四方皆以巽而入者也

繫于金柅柔道牽也牽進也以

其進故止之◎小人之得志倖也非福也繫
于金柅斯止其分矣附體逐臭其變千狀羸
豕孚蹢躅不以爲恥也非
秉道疾邪者其孰能遠之**包有魚義不及賓**
有道之世亦或使貪亦或使詐恃[illegible]以
也制之耳苟爲縱之則爲蝮爲螭吾不其
變化矣包有魚无咎不及賓以義制
之者也傳日遇道尚專一二則雜矣**其行次**
且行未牽也行止皆疑進退維谷遇之聯也
亦莫得而逸之臀无膚卄行次
且寧有失身
之大咎邪**无魚之凶遠民也**遠袁萬反○
民之去已由
已遠之◎馭得其道四海皆臣妾也馭失其
道袛席皆寇仇也民心已去變生不測包无
魚起凶即奈何
而不自反也**九五含章中正也有隕自天**
含音括○品物之含章由蓄之
志不舍命也者厚也王言之盡美由蘊之者

深也發之九重之上而達之薄海之間民䟫不遇焉含章有隕自天天下所以其論其志

平

姤其角上窮吝也 剛亢之至群小皆與爲敵姤其角也調停之見終足以養奸委蛇之行終足以失已孰若无所遇者之脫然哉

澤上于地萃君子以除戎器戒不虞 上時反。

者修而聚之之謂 ⑦ 按澤上于地生其間者皆得所養矣物之既萃爭奪萌焉安可以无備乎故除戎器乃所以戒不虞也

乃亂乃萃 兌司肅殺坤爲師衆則其象與

其志亂也 物必先腐也而後蟲生之人必自亂也而后敵刼之有爭不終乃亂乃萃此號彼笑固其所也可脅者身也不可奪者志也勿恤往无咎邪終不能干正矣

引吉无咎中未變也 內志正外體直志在命中而已萬變不得而移

之引吉无咎以誠相與也實意盛則**往无咎**繁文殺孚乃利用禴豈必大牲哉**上巽也**萃如嗟如傷孤立之无與也君方憂卜以求人相方吐握以待士往而從之何咎之有士不能自立而至于求人亦中心之恒恍矣**大吉无咎位不當也**大吉无咎何謂也傳曰以陽居陰非正也雖當上下之聚必得大吉然後爲无咎非理枉道而得君者自古多矣非理枉道而得民者蓋亦有焉然得爲大吉乎得爲无咎乎**萃有位志未光也**未光謂匪孚◎王者不勤遠略而修德以來之首出長人仁莫大焉久道化成勇莫加焉无爲守正智莫固焉元永貞悔亡自信以孚人也招携懷遠固不徒恃乎其位也**齎咨涕洟未安上也**衆皆聚處已獨向隅其操心危矣其慮患深矣豈遂終于无助乎齎咨涕洟不敢肆然以自安也

地中生木升君子以順德積小以高大王肅本順作慎今按他書引此亦多作慎意尤明日蓋古字通用也說見上篇蒙卦◎按地中生木其以升而成君子之德亦猶是也勾萌甲坼其之始乎千尋蔽日其大學之終乎坤巽皆有順德勿忘勿助之謂也

允升大吉上合志也巽順之德不謀而合信乎友斯獲乎上矣允升大吉豈相鈞以虛聲者哉

九二之孚有喜也自外而內之謂萃自下而上之謂升孚乃利用禴其情同也傳曰以剛而事柔以陽而從險當內存至誠不假文飾于外上下之交不誠其可以久乎其可以有為乎

升虛邑无所疑也以淑德而際昌時其在一鄉則一鄉宗之其在一國則一國式之其在天下則天下仰之升虛邑夫焉有所阻哉

王用亨于岐山

周易本義拾遺 卷六

順事也 以順而升登祭于山之象◎遇本可遠也畢本可高[注]循序而不已自有

所至矣精誠之至鬼神可迎王用亨于岐山聚百順以事之也**貞吉升階大**

得志也 其德愈下其治愈上咸五登三可坐正朝廷以正百官正百官以正萬民

而致也貞吉升階誰得而及之**冥升在上消不富也** 物極則反致至則危利合智昏是冥升也傳曰君子于貞正之德終日乾乾資强不息以小人貪求无已之心移丨進德則何善如丨之

澤无水困君子以致命遂志 水下漏則澤上枯故日澤无水致命猶言授命言持以與人而不之有也能如是則雖困而亨矣◎按澤竭而萬類困矣致命若[注]之將盡遂志[注]承之必**入于幽谷**

行貪生而能舍義者未之有也

幽不明也君子于困抑鬱可以熟吾仁疢疾末流可以增吾智以中材而涉亂世之以爲明也三歲不覿終坐困而已矣困于酒食中有慶也樂人之樂者憂人之憂食人之食者事人之事酒食亦困具也朱紱方來對恩寵而踧踖矣竭誠祈福享祀之道也鞠躬盡瘁雖征凶而何咎乎據于蒺藜乘剛也入于其宮不見其妻不祥也義見繫辭下傳來徐徐志在下也雖不當位有與也拯人之困而彼不能速就安能釋然乘其車而不載其危可乎金車亦困具也傳曰初四正應終必相從寒士之妻弱國之臣各安其正而已苟擇勢而從則惡之大者不容于世矣劓刖志未得也乃徐有說以中直也利用

祭祀受福也大難未定其氣鬱結其行委頓袞冕雖榮而九重以爲桎梏劓刖困于赤紱困其所也乃徐有說求治焉容以太急乎祿者德之發費流國不往于尾器也困于葛藟未當也動悔有悔吉行也柔不可牽含之可也剛不可乘法之可也動而生悔轉念即坦塗也有悔征吉斯窮而通矣

木上有水井君子以勞民勸相上如字又時掌反勞力報反相息亮反。木上有水浸潤上行井之象也勞民者以君養民勸相者使民相養皆取井養之義◎按木上有水而受其潤矣勞者坎之用相者巽之材制田里導樹畜所以勞民也尚任恤拯困窮所以勸相也而民生于是乎逐矣

井泥不食下也

舊井无禽時舍也舍音捨。言爲將所棄◎水之性无不指也汲之則

日新汨之則日涸本質
哉井泥不食舊井无禽
井谷射鮒无與也資其廟廊
矣以芳潔之品而辱于
何井谷射鮒甕敝漏蓋
渫不食行惻也求王明
惻也◎源濤流潔而世
而旁觀者恒太息焉井
惻然乎邱壑既已无求
不寤有先容者而著生
修井也天賦未極于澄涓涓之逹將不
善于自治者夫寒泉之食中正
地非假挹注之力也泉
天下之煩苛淨天下之

既失向何物之能濟
自棄而人棄之也
不廣而汲引邸邑不
洞酌澤之所被者微
褻廢之器命也如
遭時之不偶也井
受福也行惻考行道之人皆以爲
莫之知身當者自若
渫不食有情者誰不
廟堂又復井甃无咎
之願遂矣
弘人功自障其黯濁
叩禦矣井甃无咎亦
裂土進石非由穿
鍪之勞也出山行
也至是何以加焉孫
列寒泉食其

有本而時出者乎**元吉在上大成也**畱一壑之澤矜十里之潤其量亦已小矣博施而不匱利濟而不私井收勿幕尚得曰未有功耶

澤中有火革君子以治歷明時四時之變革之大者◎按澤溢則火熄火熾則澤竭必革之勢也七政之躔謂之歷四序之運謂之時治而明之所以去故而即新也一日之革其晝夜乎一月之革其朔望乎一歲之革其分至乎百世之革其歷元與歲差乎

鞏用黃牛不可以有為也鞏用黃牛之革毋乃固乎傳曰動于初則无審慎之意而有躁易之象動于下則有僭妄之咎而无體勢之重離性上而剛體健皆速于動者也其才如此有為則凶咎將至矣

已日革之行有嘉也已日乃革之以盡善為期也傳曰中正則无偏蔽文明則盡事

理應上則得權勢臨順則无違悖必待上下之信乃足以幸天下之勢新天下之治不進則失可爲之時爲有咎也

革言三就又何之矣

言已審◎改革之際毫厘之差禍被于生民害延于子孫征凶貞厲不可以不戒也熟慮之審處之革言三就則人心之同然也晰理之不精而欲處事之不謬難矣

改命之吉信志也

庸人毋于循常才士輕于趨變悔之所以滋也天命人心灼見其必然故時至而不疑易天下之號合新天下之耳日有孚改命吉天下信之矣

大人虎變其文炳也

大而化之故其威可畏其儀可象是惟无動動則變爲宇宙爲之生色臣民爲之改觀文德之誕敷遠矣大人虎變未占有孚民之戴之厭惟舊哉

君子豹變其文蔚也小人革面順以從君也

蔚一作斐◎貫

華之射息虎賁之劍脫君子豹變雍雍乎泰交之盛也化雖未浹而小人固已革面矣革舊之後不可擾也更新之餘不可驟也行止之間其吉凶之判乎

木上有火鼎君子以正位凝命　鼎重器也故有正位凝命之意凝猶至道不凝之凝傳所謂協于上下以承天休者也◎按木上有火鼎受其氣宗廟之重器也正位則淑慎其儀若日之升凝命則安定其辭若風之達夫如是萬方型之矣

鼎顛趾未悖也利出否以從貴也　鼎而顛趾悖道也而因可出否以從貴則未爲悖也從貴謂應四亦爲取新之意◎福者禍之倚也禍者福所伏也天下事亦何常之有經一蹶則改一失矣鼎顛趾利出否豈曰悖乎正所以玉成之也

鼎有實愼所之也我仇有疾終无尤也

有實而不慎所往則爲仇所即而陷于惡矣◎鼎之有實誰不染指我仇有疾不我能即所以保厥美也傳曰人之有才業當慎所趨向不慎將陷于非義能自守以正則不正不能就之矣

鼎耳革失其義也調劑之義水勝則溢火勝則躁鼎耳革矣其孰能舉之方雨虧悔相濟以爲功也傳曰君子蘊其德久而必彰守其道其終必亨

覆公餗信如何也言失信也見繫辭下傳◎義

鼎黃耳中以爲實也聰而不自用其謀明而不自用其哲虛已守中一聽夫左提右挈者焉鼎黃耳金鉉斯明良之際與

玉鉉在上剛柔節也萃一代之德業兼綜而條貫之萬邦于焉協和陰陽于焉調燮其與溫潤而栗廉而不劌者何以異乎鼎玉鉉宜其當火烹而无愧矣

洊雷震君子以恐懼修省按勃然以興之謂恐隱然以傷之謂
懼亦洊雷之象也理无不存之謂修欲无不
過之謂省則所以體治雷之德矣事天以實
而以文乎哉震來虩虩恐致福也笑言啞啞後有
則也謹嚴出于危迫暇豫得于精明故尸居而龍見淵默而雷聲其有或懔于心者
寡矣虩虩而後啞啞蓋事之序也震來厲乘剛也處變之道不失吾常
而已御動之道不失吾靜而已震來而厲豈
必却之哉弗逐七日得微能止之效不及此
也震蘇蘇位不當也生于憂患死于安樂人心之常也死之途履迫
而生之機頻至矣震行无眚震遂泥未光也溺者雖欲懷安其可得乎
淵猶可游也溺于人不可救也象壬之與居
善柔之與狎雖負有為之才且沛靡而不自

覺矣震遂泥亦
同歸于迷陷耳**震往來厲危行也其事在中**
大无喪也多凶多懼之地進德修業之資也
震往來厲豈得謂之窮遂哉億九
喪有事而危者
可使之平矣**震索索中未得也雖凶无咎**
中謂中心◎神閒氣定則萬物不
畏鄰戒也得而擾之索索矍矍方寸之亂可
知也圖之于未至斯可矣安則疎者附焉危
則親者隙焉婚媾有言而不知為之戒者過
也

兼山艮君子以思不出其位按身之所止心
即從之兼山之
象也傳曰位者所處之分也萬事各有其所
得其所則止而安若當行而止當速而久或
過或不及皆出其位
也況踰分非據乎**艮其趾未失正也**世彼
萬墳

岐途于差始之能謹猶或不能守其終也况並不謹其始乎艮其趾不逐物以妄動也**不拯其隨未退聽也**三止乎上亦不肯退而聽乎二也◎可必者在已不可必者在人艮其腓其自處善矣同體而不能救其陷溺之失則徇物之患也亦徒憂之而已矣**艮其限危薰心也**艮其限列其夤是絕物之過也傳曰止道貴乎得宜行止不能以時而定于一則處世乖戾與物睽絕其危甚矣艱蹇忿畏焚燒其中豈有安裕之理耶**艮其身止諸躬也**律生于指矩生于足陰陽即其抱負四序即其屈伸天下之理何一不備于我乎艮其身寧假于外求哉**艮其輔以中正也**正字羨文叶韻可見◎躬行之至不言而信不得已而出之發必中節矣本末不遺紀綱不紊所謂序也艮其輔豈致飾於辭令者乎**敦艮之**

吉以厚終也敦艮何以吉也傳曰人之止難于久終故節或移于晚守或失
于終事或廢于久人之所同患
也敦厚于終止道之至善也
山上有木漸君子以居賢德善俗二者皆當以漸而進
疑賢字衍或善下有脫字◎郭氏曰善下有
風字◎按山下有木以漸而盛修己治人安
可以无漸耶居德則安效民之**小子之厲義**
止也善俗則化效巽之入也
无咎也鴻漸于干其止卑矣傳曰君子深識違照知義理之所安時事之所宜處
之不疑小子則危懼而有言蓋不知在下所
以有進也也用柔所以不躁也无應所以能漸
也于義自无咎也**飲食衎衎不素飽也**素飽如詩言素餐得之以
道則不爲徒飽而處之安矣◎鴻漸于磐則
安所止矣飲食非君子之所屑計然以功詔

祿亦不得而辭之淡泊之操不改委蛇之**夫**
度自如其術術也豈苟求于一飽者乎
征不復離羣醜也婦孕不育失其道也利用
禦寇順相保也離力得反◎鴻漸于陸止非
其所也陰邪之黨相麗震風
之道悉遣不復不育作之而不能成之也嘉
耦不利則怨偶利矣禦寇僅足以自保乃遑
云　進
哉
或得其桷順以巽也鴻漸于木或得其
桷不擇遇而安之
也委吏乘田亦循吾職條例酒梲亦適
吾宜凌而躐之焉往而非不平之境乎**終莫**
之勝吉得所願也鴻漸于陵其止高也兩美
之不合有間之者也持久
不變誰得而易之古之人精誠通于
夢寐感召及于卜筮蓋由斯道也**其羽可**
用爲儀吉不可亂也漸進愈高而不爲无用
其志卓然豈可得而亂

哉◎鴻漸于逵豈人寰之所及哉[illegible]
彝倫流風傳下百世榆榆枋者莽然矣之夫
傳曰君子之道自下而上跬步造
次莫不有序則无所不得其吉也

澤上有雷歸妹君子以永終知敝雷動澤隨歸妹之象
君子觀其合之不正知其終之有敝也推之
事物莫不皆然◎按雷發而澤從若男挑而
女蕩也其始出于情欲之私其終必失身敗
德而後已歸妹女之終也震多凶兌為毀
折所謂敝也亦既
知之可不慎哉

歸妹以娣以恒也跛能履吉相承也恒謂有常久之德◎命之不循
之自天越次非望而僭擬之咎滋制
矣塞淵者在心淑慎者在儀以此事上
誰不安之跛能履能循分以盡職者也**利幽**

人之貞未變常也以智帥人在彼既有所不
足在我豈敢專制之傾城

亂政惟其哲也恥能視其持久而知止足者
乎傳曰守其幽貞貞未失夫婦常正之道世人
以媟狎爲常故以貞靜爲變常耳**歸妹以須未當也**以小而加大以
賤而妨貴以撓而破義非人倫之正也並后
奪嫡其漸由此矣歸妹以須反歸以娣不顧
其德之不堪也**愆期之志有待而行也**婚禮不備則貞女不行以
身許人安可苟然而已歸妹愆期遲歸有時
其自待者厚矣世无伯鸞而肯與之舉案哉
帝乙歸妹不如其娣之袂良也其位在中以
貴行也以其有中德之貴而行故不尚飾◎貴而能謙富而能儉居高而能逮下
帝乙歸妹王姬下嫁之則也陽教不修日爲
之食陰教不修月爲之食貴德若是幾望不
亦宜乎**上六无實承虛筐也**幣之必誠辭之无不腆告以直信也

无實无血徒以誕僞相欺耳豈足以正萬世之始哉

雷電皆至豐君子以折獄致刑折之舌反。取其威照並行之象◎按雷電皆至氣飈赫然獄之情僞不一也法電之明以折之刑之差等必當也去雷之威以致之則下情通而衆志服矣雖旬无咎過旬災也戒占者不可求勝其配亦爻辭外意◎積行塞于上聞豐之常也過其配主賓以有爲殆意外之合乎傳曰非明則動无所之非動則明无所用有孚發若信以發志也明月之珠夜光之璧暗投于道或按劍相盼焉豐其蔀而无以發之其可往乎傳曰誠意能動則雖昏蒙可開也雖柔弱可輔也雖不正可正也古之人事庸君而克行其道者已之誠意上達而君見信之篤耳豐其沛不可大事也折其右肱終不可用也探薜荔于水中搴芙蓉于木末豈獨指据之徒勞哉或作忠以造怨矣豐其旆而折其右肱則不如袖手之爲安也豐其蔀位不當也日中見斗幽不明也遇其夷主吉行也吉行一作志行或云脫志字◎臣能從善則可以善君矣臣能聽諫則可以諫君矣遇其夷主所以裨其明者豈小乎居高而不盡物情自是其愚者也六五之吉有慶也珍禽異獸不産而自至貝金文貝无脛而自行物莫不聚于所好也來章有慶譽多士華國何有于保豐耶豐其屋天際翔也闚其戶闃其无人自藏也藏謂障蔽◎斯華斯翬宇則峻矣如天如帝居則深矣三歲不覿孰知鬼蜮之在其傍也

山上有火旅君子以明慎用刑而不留獄慎刑如山不留如火◎按山上有火照而不聚明則其其情无隱火之用也慎則其施必當山之體也不留則无淹滯之苦亦處旅之道與

旅瑣瑣志窮災也水至清則无魚人至察則无徒例在旅而可以瑣瑣乎傳曰志卑之人既處旅困鄙猥瑣細无所不至乃其所以致悔辱取災咎也

得童僕吉終无尤也謙所以安身也約所以辭用也忠信所以服物也即次懷資得童僕貞宜其居親寡之地而不疚也

旅焚其次亦以傷矣以旅與下其義喪也喪息浪反◎以旅之時而與下之道如此義當喪也◎不慎不足以容身不和不足以得人旅焚其次喪其童僕則孑然孤立焉耳傳曰在旅而過剛自高致困災之道也

旅于處

未得位也得其資斧心未快也懷與安實敗
名喜于祉之
奉者无自奮之才也戀十乘之富者无遠圖
之志也旅于處得其資斧苟以是爲快將終
焉而
已矣終以譽命上遠也上遠言其譽命聞于
上也◎流離之時豈
能勳无所失乎計小利而能成大事者鮮矣
已之所處者順也衆之所附者文也射雉一
矢亡終以譽命孰
不心說而命行乎以旅在上其義焚也喪牛
于易終莫之聞也人心好上猶火之炎不戢
將自焚也驕人者人亦奢
之先笑後號咷宜矣心之飛揚不啻鳥其驕
伏也不啻牛喪牛于易寧滅其身而无悔已
隨風巽君子以申命行事隨相繼之義◎接
天之令以風君子
之令以命命既申而後事可行矣不能誦
天下之志而能成天下之務者未之有也進

退志疑也利武人之貞志治也深潛之才不患其不能謀患其不能斷也疑行无名疑事无功進退故也勇士一人雄入于九軍利武人之貞斯无二三之擾矣**紛若之吉得中也**巽在牀下諸臣以之行其謟瀆士以之將其敬王前巫而後史史以鑑觀今古也巫以愼防起居也納君于无過之地故言雖煩而不厭也**頻巽之吝志窮也**君子退讓以明禮未聞屈節而爲謙也一身當天下之任一言決盈庭之議豈旁貸乎頻巽吝游移之見中之也**田獲三品有功也**蒐苗禰狩先王以之講武且觀其不犯命也故文治而不流于弱田獲三品則何事之不立哉**九五之吉位正中也**破庸人之苍黼化武人之鋒鋩惟其貞也言不順者事不成令不止者民不信先庚三日後庚三日故更

化而適宜乎**巽在牀下上窮也喪其資斧正乎凶也**正乎凶言必凶◎百鍊之剛化爲繞指之柔居上而巽在牀下非德之制也欲以求得失反隨之喪其資斧人所其侮也

麗澤兌君子以朋友講習兩澤相麗互相滋益朋友講習其象如此◎按言語兌之能也講以明其所學若澤之滋焉習以熟其所講若麗澤之互滋焉天下之說莫不有損而朋友之說則日益而不知矣**和兌之吉行未疑也**居卦之初其說也正未有所疑也◎居恒有合志之極應求有同方之樂兌而和者也從匪彝而即慆**孚兌之吉信志也**君子之交濫以誣吾知其其免矣成小人之交并以毀誠僞之分也兌而孚焉其志相諭矣不以其道者孰得而說之**來**

兌之凶位不當也後媚于人物情之所薄也始或以欲而迷究必有時而悟釁未凶終其能免乎**九四之喜有慶也**來兌之凶而將誰咎耶端人可近而難合匪人可遠而易曬角立而交戰故商兌而未寧私情抑則正氣伸矣介疾有喜不得與履九五同謂之已甚也**孚于剝位正當也**◎火生于木禍發必尅奸生于國時動必潰孚于剝有厲消長之機也傳曰以舜之聖且畏巧言令色說之惑人易入**上六引兌未光也**人主不可而可懼如此使之間引兌之術也心志求所以娛之耳目求所以說之久則與之俱化矣鬼燐乘大明之晦夫何光之有耶

風行水上渙先王以享于帝立廟皆所以合其散◎按

風行水上波瀾揚散體高氣遠天神之渙也魂遊魄散人鬼之渙也享帝以象巽之高立廟以象坎之隱而精誠无所間矣

初六之吉順也

坐圖者失機却行者寡助載胥及溺而已去風濤之險履康莊之途用拯馬壯斯善于因人者也

渙奔

其杌得順也

離散之時非獨君擇臣臣亦擇君也周流天下而无慙足之地漂泊者將何所歸乎渙奔其杌蓋託身之得所者與

渙其躬志在外也

閉戶而任天下之陸沉仁者不爲也君國之念重則身家之計輕渙其躬而廣務乎可濟矣

渙其羣元吉光大也

各擁其衆各擅其土則生民之爭未有已也渙其羣而民志一矣渙有邱而國統尊矣匪夷所思負固者誠井底蛙耳

王居

无咎正位也

出之九重之內而浹之四方之遠渙汗其大號其孰不論焉京

師堂奥也五嚴戶庭也四瀕籓籬也渙王居而天下一家聖人之大寶有攸歸矣

渙其血遠害也遠袁萬以◎後肆則衆難生焉逖抑則群險化焉害之未遠何利之敢圖渙其血去逖出能遠患于事外也

澤上有水節君子以制數度議德行行下孟反◎按水之有坊猶竹之有節也數以紀之度以度之德以蘊之行以推之而出身加民各得其則矣坎爲矯揉其制之之象乎兌爲口舌其議之之象乎

不出戶庭知通塞也塞悉則反◎義見繫辭上傳

不出門庭凶失時極也過坎斯休乘流斯逝非有與于我也唯其時而已不出戶庭其斯以爲固乎傳曰以剛中正爲節如懲忿窒欲損過抑有餘是也不正之節如嗇節于財懦節于行是也

不節

之嗟又誰咎也此无咎與諸爻異言无所歸
咎也㊂制行无防檢之素處
事失調劑之宜欣然自以爲適意者多矣職
思其居職思其外則怨艾无時而已也不節
若則嗟若亦善
于補過者乎**安節之亨承上道也**儉約而
出于勉
然其終必奢矣儀文而出于勉然其終必放
矣貞義而出于勉然其終必渝矣故安節而
後亨克儉克勤不自滿
假者所爲低承於帝也**甘節之吉居位中也**
酌文質之中定損益之極本之一身協其則
推之百官循其制措之萬民安其分甘節之
吉也傳曰在已則安行天下
則說從以此而往其功大矣**若節貞凶其道**
窮也嬌枉而過于中亦非天下之達道也苦
空豈恭儉之懿垢獘豈委蛇之度苦節
貞凶君子不由也然蕩
閑踰檢之悔固已亡矣

澤上有風中孚君子以議獄緩死風感水受中孚之象議獄緩死中孚之意◎按風入于澤以實感獄獄成不可復變議者能言之用也既死不相可復生緩者不果之情也傳曰水體虚故風能入之人心虚故物能感之君子之于議獄盡其忠而已于決死極于惻而已天下之事无所不盡其心而議獄緩死最其大者也

初九虞吉志未變也擇信貴乎明守信貴乎固一則專二三則惑矣虞吉有他不燕謹其始也傳曰志有所從則是變動不得其正矣

其子和之中心願也義見繫辭上傳

或鼓或罷位不當也以邪敵正疑信萬端怒其相軋復恐其不勝懼其見責復幸其不校鼓罷泣歌皆非由于已也此亦妄人也已矣

馬匹亡絕類上也上時掌反◎易溺莫如說況同類乎

能勝其私斯足以取信矣月幾望馬匹亡非有所係也立黨而欲其不我疑不可得也此德裕之所以不終與**有孚攣如位正當也**鳥之伏子也專氣凝神莫得而間焉聖人之覆天下也知人安民莫得而貳焉有孚攣如亦君道之握固也傳曰不能使天下固結如是則億兆之心安能保其不離乎**翰音登于天何可長也**持一端之小信冀无方之大業翰音登于天非有不可拚之誠也豈能久而不變哉

山上有雷小過君子以行過乎恭喪過乎哀用過乎儉山上有雷其聲小過三者之過皆小者之過可過于小而不可過于大可以小過而不可甚過象所謂可小事而宜下者也(◎)按小過之聲非若大壯之烈也

小過之事非若大過之變也震能恐懼故蒸而不至于納侮坎能憂戚故哀而不至于滅性艮能收斂故儉而不至于廢禮雖過于中亦可矣**飛鳥以凶不可如何也**飛揚不已矰弋之媒也翔集不求畢羅之梯也飛鳥以凶蓋不安于下者也**不及其君臣不可過也**所以不及君而還遇臣者以臣不可過故也㈡慈順以與物畀伏以持身陰道之常也不侵乎尊且有繼世之譽矣不越乎上且有代終之績矣過其祖遇其妣不及其君遇其臣進退皆適其宜也故无咎**從或戕之凶如何也**禍患常伏于至微智勇多困于所溺弗過防之從或戕之已至而圖將何及矣傳曰防小人之道正已爲先**弗過遇之位不當也**爻義未明此亦當闕**往厲必戒終不可長也**㈢處群小之間求進

則爲所排擠守節則爲所嫉忌弗過遇之往厲必戒安能與之久哉勿用永貞酌事變之宜斯不至于固矣**密雲不雨已上也**已上太高也㊂昆陰昆陽莫非戾也密雲不雨自我西郊安望其和而散乎腐薪不可以撻兵涣泥不可以膠物公戈取彼在穴而能大有爲者吾未之聞也**弗遇過之已亢也**憑權而藉勢得志而藩意俯視一切皆出其下矣飛倦而不知還孰知駭機之發乎弗遇過之飛鳥離之求上之无已者也

水在火上既濟君子以思患而豫防之按水在火上相濟爲用思患者慮其險也豫防者用其明也存之于心著之于事則既濟可以長保矣

曳其輪義无咎也卷舒之宜在我用舍之權在人銜玉以求售君

子不爲也曳其輪濡其尾豈果于忘世者哉**七日得以中道也**士之守禮猶婦車之有茀也傳曰時已既濟无復進而有爲在下賢才豈有求用之意喪茀則不可行矣然中正之道无終廢之理不得行于今必行于異時自守不失則七日當復得也**三年克之憊也**負固不服伐之宜矣以征不庭義也以幸邀功非義也小人勿用將不可以非人也傳曰在高宗爲之則可无高宗之心則貪戾以殃民矣**終日戒有所疑也**民猶水也君猶舟也水之能載舟亦能沉舟明者圖之于未然暗者无救于已然繻有衣袽終日戒蓋言備也**東鄰殺牛不如西鄰之時也實受其福吉大來也**皇天无親鬼神无常享顧其誠敬何如耳東鄰殺牛不如西鄰之禴祭時有消長也故降格之福非德不足以

受**濡其首厲何可久也**時之既濟自以爲无
之虞曾不知險之在前
也求載无方舟之具求涉无游泳之能
蹇裳焉河濡至于首安能保其終哉
火在水上未濟君子以愼辨物居方水火異物各居
其所故君子觀象而審辨之◎按火上水下
其用不同而其方亦異用火之明以辨之用
水之聚以居之則上
下各從其類者矣
濡其尾亦不知極也極字
未諱考上下韻亦不叶或恐是敬字今且闕
之◎極朱子云或作拯今以韻叶之艮是◎
守身而遺物不仁而不可爲也輕身而徇物
不智而不可爲也內度之巳外度之世斯足
以拯天下之溺矣鼎睽
而往濡尾不亦宜乎
九二貞吉中以行正
九居二本非正以中故得正也◎君子量
也而后入不入而后量難進而易退也故曳

其論耕莘釣渭者求之不切則亦慾焉而已耳**未濟征凶位不當也**才不足者株守而非固時不可者蘖屆而非迂未濟征凶險之至矣履常且不可況彙變乎**貞吉悔亡志行也**詰爾戎兵守成之要務也廟算无遺出兵有名斯貞吉矣王心載寧師行不擾斯悔亡矣大國之賞亦分之應受者也**君子之光其暉吉也**暉者光之散也◎詐有時而窮力有時而竭圖濟而失其貞能无悔乎矣其交德洽此四國君子之光固非內多欲而外施仁義者也傳曰積克而光盛至子有暉善之至也故重云吉**飲酒濡首亦不知節也**比大明之主挨无為之化有孚于飲酒何咎之有弱材不可與其事暗質不可與同功濡其首者而孚之則非也君子之道因**應无**万祇成就一是而已

周易本義拾遺卷之五

李文炤著

繫辭上傳

繫辭本謂文王周公所作之辭繫于卦爻之下者即今經此篇乃孔子所述繫辭之傳也以其通論一經之大體凡例故无經可附而自分上下云

天尊地卑乾坤定矣卑高以陳貴賤位矣動靜有常剛柔斷矣方以類聚物以羣分吉凶生矣在天成象在地成形變化見矣斷丁亂反見賢遍反。

天地者陰陽形氣之實體乾坤者易中純陰純陽之卦名也卑高者天地萬物上下之位貴賤者易中卦爻上下之位也動者陽之常靜者陰之常剛柔者易中卦爻陰陽

之稱也方謂事情所向言事物善惡各以類
分而吉凶者易中卦爻占決之辭也象者日
月星辰之屬形者山川動植之屬變化者易
中蓍策卦爻陰變爲陽陽化爲陰者也此言
聖人作易因陰陽之實體爲卦爻之法**是故**
象莊周所謂易以道陰陽此之謂也
剛柔相摩八卦相盪盪徒浪反。此言易卦之變化也六十四卦之
初剛柔兩畫而已兩相摩而爲四四四
相摩而爲八八相盪而爲六十四**鼓之以**
雷霆潤之以風雨日月運行一寒一暑此變化之
成象者**乾道成男坤道成女**此變化之成形者此兩節又明易之
見于實體者與上文相發明也**乾知大始坤作成物**知猶主也乾主
始物而坤作成之承上文男女而言乾坤之
理盖凡物之屬于陰陽者莫不如此大抵陽

先陰後陽施陰受陽之輕清未形而陰之重濁有迹也乾以易知坤以簡能易以致反。乾健而動即其所知便能始物而无所難故爲以易而知大始坤順而静凡其所能皆從乎陽而不自作故爲以簡而能成物易則易知簡則易從易知則有親易從則有功有親則可久有功則可大可久則賢人之德可大則賢人之業人之所爲如乾之易則其心明白而人易知如坤之簡則其事要約而人易從易知則與之同心者多故有親易從則與之協力者衆故有功有親則一於內故可久有功則兼於外故可大德謂得於己者業謂成於事者上言乾坤之德不同此言人法乾坤之道至此則可以爲賢矣易簡而天下之理得矣天下

之理得而成位乎其中矣成位謂成人之位其中謂天地之中

至此則體道之極功聖人之能事可以與天地參矣○體成物之物叶上聲◎按此章言伏義畫卦之由非聖人不能體也蓋易原于造化而假手于聖人故太古至淳之時未有奇偶之畫也而天地之依附已不之未有初終之交也而物類之畢高已寓之未有大小之體也而氣機之動靜已判之未有貞悔之占也而類之[illegible]正羣之秀頑已殊其凝焉未有九六之質也而象之隱顯形之聚散已著其迹焉聖人因是而設卦也剛柔迭加如兩物之相憂八卦互交如衆物之相惟而天地萬物之象遂悉備于易矣雷電之出入即震離之用也風雨之斂散即巽坎之施也日月寒暑之往來即坎離之交運而兌艮之融結也男女之化生即長中少之異性也大始成物之施受即父母之殊職也此易之所以與造

化合也然易之爲道乾坤盡之而乾坤之爲德易簡盡之人心與天地本同體者也无所傾險則易知矣无所勞擾則易從矣億兆雖衆此心同也而何患于无親乎事變雖繁此理同也而何患于无功乎日新而不已富有而无疆而賢人之德業在是矣理之在天下若玉之有膚惟能易簡則胸中潔淨而无委曲紛紜之患官止神行依乎天則无往而不與之會焉始物者乾也成物者坤也而知之无不明處之无不當則非聖人不能成位乎其中不亦宜乎

右第一章　此章以造化之實明作經之理又言乾坤之理分見于天地而人兼體之也

聖人設卦觀象繫辭焉而明吉凶　象者物之似也此言

聖人作易觀卦爻之象而繫以辭也**剛柔相推而生變化**言卦爻陰陽迭相推盪而陰或變陽陽或化陰聖人所以觀象而繫辭衆人所以因蓍而求卦者也**是故吉凶者失得之象也悔吝者憂虞之象也**吉凶悔吝者易之辭也失得憂虞者事之變也得則吉失則凶憂虞雖未至凶然已足以致悔而取羞矣蓋吉凶相對而悔吝居其中間悔自凶而趨吉吝自吉而向凶也故聖人觀卦爻之中或有此象則繫之以此辭也**變化者進退之象也剛柔者晝夜之象也六爻之動三極之道也**柔變而趨于剛者退極而進也剛化而趨于柔者進極而退也既變而剛則晝而陽矣既化而柔則夜而陰矣六爻初二為地三四為人五上為天動即變化也極至也三極天地

人之至理三才各一太極也此明剛柔相推
而生變化而變化之極復爲剛柔流行于一
卦六爻之間而占者得是故君子所居而安
因所値以斷吉凶也
者易之序也所樂而玩者爻之辭也樂音洛。易之
序謂卦爻所著事理當
然之次第玩者觀之詳是故君子居則觀其
象而玩其辭動則觀其變而玩其占是以自
天祐之吉无不利象辭變已見上凡單言變
者化在其中占謂其所値
吉凶之決也。按此章言文王繫辭之由非
君子不能學也天下之事歸于吉凶天下之
理兆于變化聖人之設卦也觀全體之象而
繫以象辭觀一節之象而繫以爻辭而天下
之事寓焉則吉凶于是乎生矣剛相推而柔
即繼之柔亦推而剛復仍之而天下之理該

焉則變化于是乎生矣吉恒恃得而安肆故可虞而吝吝則惡積而凶焉凶恒因失而懲創故能憂而悔悔則善積而吉焉四者相因人事之所以不齊也變則浸長而有迹故進而剛既剛又以不能不化而夜焉化則浸消而无餘故退而柔既柔又不能不變而畫焉四者亦相因天運之所以不窮也夫六爻之靜全體渾然而已惟其動也故陰陽剛柔仁義之道皆可得而見而君子學易之方于是乎在矣上下之篇易之序也九六之藴爻之辭也居而安之所以敎仁樂而玩之所以精義易之爲用象辭變占而已居既盡乎天之理動必合乎天之道而能不爲天之所祐乎然所謂吉利者亦曰有善而无惡斯无所用而不周无所處而不當耳君子豈巧爲趨避者哉

右第二章 此章言聖人作易君子學易之事

彖者言乎象者也爻者言乎變者也彖謂卦辭文王所作者爻謂爻辭周公所作者象指全體而言變指一節而言吉凶者言乎其失得也悔吝者言乎其小疵也无咎者善補過也此卦爻辭之通例是故列貴賤者存乎位齊小大者存乎卦辯吉凶者存乎辭位謂六爻之位齊猶定也小謂陰大謂陽憂悔吝者存乎介震无咎者存乎悔上悔乎罪反下悔呼對反○介謂辨別之端蓋善惡已動而未形之時也於此憂之則不至于悔吝矣震動也知悔則有以動其補過之心而可以无咎矣是故卦有小大辭有險易辭也者各指其所之易以豉反

○小險大易各隨所向◎按此承上章而示人以用辭之方也蓋易之爲道有動有靜當其靜也但陳六十四卦之象而其象已備矣及其動也則三百八十四爻之變于是乎形焉悔因疵而生吝吝所以生疵无咎則能去其疵吉凶悔吝之間有補過之方焉而聖人之示人切矣夫爻之上下有定也或崇或卑所以列之也卦之陰陽无定也或抑或扶所以齊之也事之善惡不相謀也或勸或戒所以辨之也吉凶未判先憂其介吉凶既成又震其悔其爲辨也不亦微乎潘氏曰卦有小有大隨其消長而分辭有險有易因其安危而別吉則指其可趨之所凶則指其可避之方所以示乎人也

右第三章 此章釋卦爻辭之通例按文王之易以繫爲主彖者辭之蘊變者辭之推而占者辭之決也故章末特專指之

易與天地準故能彌綸天地之道易書卦爻其有天地之道與之齊準彌如彌縫之彌有終竟聯合之意綸有選擇條理之意仰以觀於天文俯以察於地理是故知幽明之故原始反終故知死生之說精氣爲物游魂爲變是故知鬼神之情狀此窮理之事以者聖人以易之書也易者陰陽而已幽明死生鬼神皆陰陽之變天地之道也天文則有晝夜上下地理則有南北高深原者推之於前反者要之於後陰精陽氣聚而成物神之伸也魂游魄降散而爲變鬼之歸也與天地相似故不違知周乎萬物而道濟天下故不過旁行而不流樂天知命故不憂

安土敦乎仁故能愛知音智樂音洛知命之知如字。此聖人盡性之事也天地之道知仁而已知周萬物者天也道濟天下者地也知且仁則知而不過矣旁行者行權之知也不流者守正之仁也既樂天理而又知天命故能無憂而其知益深隨處皆安而無一息之不仁故能不忘其濟物之心而仁益篤蓋仁者愛之理愛者仁之用故其相爲表裏如此範圍天地之化而不過曲成萬物而不遺通乎晝夜之道而知故神無方而易無體此聖人至命之事也範如鑄金之有模範圍匡郭也天地之化無窮而聖人爲之範圍不使過於中道所謂裁成者也通猶兼也晝夜即幽明生死鬼神之謂如此然後可見至神之妙無有方所易之變化無有形體也〇按此章[illegible]精蘊糟易以發之也張弓而蕭其彀之謂彌治絲而理其緒之謂綸易之有卦以道陰陽之理實與天地準故能于天地之道渾然无欠燦然有倫而彌綸之焉天文懸象而易見地理分條而難窮觀之察之而已然之迹可得而考也物之始必有朕兆之萌物之終初无形象之寓原之反之而同然之理可得而推也氣之精英疑而為物而滋息于不已魂之飄遊散而為變而消淪于太虛則其自然之機與當然之用皆可得而悉也其為蓄也以盡知仁之用實與天地相似故天地亦同運並行而不能遺之焉其高明配天之大而知實周乎萬物之小其博厚配地之廣而道實濟乎天下之紛則未嘗窮高極遠而焉有所過即知有所窮仁有所限而旁行之亦未嘗不及乎中正之則而焉有所流乎樂天則于理无間知命則于數无違而又何憂之有乎安土則无適不然敦仁則无時或息而又何不愛之有

乎夫其相準相似也則悠然者大化而範圍其用不使之過矣其周之齊之也則散然者萬物而曲成其性不至于遺矣其无所不知也則秩然者晝夜之道而既通其運且知其所從出矣故蓍之神本无方而易之爲書亦无體所以陰陽之理知仁之用不可勝窮也

右第四章　此章言易道之大聖人用之如此

一陰一陽之謂道　陰陽迭運者氣也其理則所謂道

繼之者善也成之者性也　道具於陰而行乎陽繼言其發也善謂化育之功陽之事也成言其具也性謂物之所受言物生則有性而各具是道也陰之事也周子程子之書言之備矣

仁者見之謂之仁知者見之謂之知百姓日用而不知故君子之道鮮矣　知音智不知之

知知字鮮息淺反。仁陽知陰各得是道之一隅故隨其所見而目爲全體也日用不知則莫不飲食鮮能知味者又其每下者也然亦莫不有是道焉或曰上章以知屬乎大仁屬乎地與此不同何也曰彼以淸濁言此以動靜言

顯諸仁藏諸用鼓萬物而不與聖人同憂盛德大業至矣哉

自顯內而外也仁謂造化之功德之發也藏自外而內也用謂機緘之妙業之本也程子曰天地无心而成化聖人有心而无爲

富有之謂大業日新之謂盛德

張子曰富有者大而无外日新者久而无窮

生生之謂易

陰生陽陽生陰其變无窮理與書皆然也

成象之謂乾效法之謂坤

效呈也法謂造化之詳密而可見者

極數知來之謂占通變之

謂事占筮也事之未定者屬乎陽也事行事也占之已決者屬乎陰也極數知來所以通事之變張張忠定公言陰陽不測之謂神公事有陰陽意蓋如此

張子曰兩在故不測◎按此章言造化之精蘊亦即易而寓之也陰陽錯綜而各循其自然之節即道之所寓也渾然具備則謂之善秩然有常則謂之性然性之爲蘊仁者但見其及物之機知者但見其幹事之體百姓則行不著習不察故君子之道鮮有能知之者善之爲用發育无窮仁非至此而始有也于是乎顯耳各正性命用非至此而遂无也于是乎藏耳樂之疾徐在鼓物之生成在造化其機一而已矣帝曰循病王曰如傷莫非憂也豈能若彼之自然其德業之盛大何如耶能愚王先生曰天地之外无天地日月之外无日月以其富有也元會之後有元會運世之後有運世以其日新也至哉言矣造化之

盛大既不外于陰陽故易之為道太極儀象相生于不窮不過此陰陽之交錯也具畫而為卦始物而象著則為乾承天而法備則為坤不過此陰陽之對待也其揲而為蓍審驗于未然則為占推行于已然則為事不過此陰陽之流行也然其所以然者雖不離于陰陽而實未嘗囿于陰陽則豈非神之所為乎邱氏曰易惟其生生是以无體神推其不測是以无方程子曰上天之載无聲无臭其體則謂之易其理則謂之道其用則謂之神其斯之謂與

右第五章 此章言道之體用不外乎陰陽而其所以然者則未嘗倚於陰陽也

夫易廣矣大矣以言乎遠則不禦以言乎邇

則靜而正以言乎天地之間則備矣夫音扶下同。不禦言无盡靜而正言卽物而理存備言无所不有夫乾其靜也專其動也直是以大生焉夫坤其靜也翕其動也闢是以廣生焉翕虛吸反闢婢亦反。乾坤各有動靜於其四德見之靜體而動用靜別而動交也乾一而實故以質言而曰大坤二而虛故以量言而曰廣蓋天之形雖包乎地之外而其氣常行乎地之中也易之所以廣大者以此廣大配天地變通配四時陰陽之義配日月易簡之善配至德易以豉反。易之廣大變通與其所言陰陽之說易簡之德配之天道人事則如此◎按此章中言生生之謂易也遠邇兼時地而言天地之間則萬物之所

處也天體雖虛而其氣則實當其靜也並地
而包之可謂專矣及其動也以地形之堅而
不能間可不謂之直乎所生者大象之所由
成也地形雖實而其蘊則虛當其靜也若與
天與可謂翕矣及其動也以天氣之盛而
无不容可不謂之闢乎所生者廣法之所由
数也易之爲書奇偶二畫之廣大生儀生象
生卦生爻以至于无窮所以配乎天地也其
所推變通之法乃生生之機迭運而不已盡
天下之所以配乎四時也其所陳陰陽之
義乃生生之具並行而不悖盡天下之象所
以配乎日月也其所蘊易簡之善乃生生之
本中正而尤該盡天下之道所以配乎
至德也易之不禦靜正而備何如耶

右第六章

子曰易其至矣乎夫易聖人所以崇德而廣

業也知崇禮卑崇效天卑法地夫音扶知音智。十翼皆夫子所作不應自著子曰字疑皆後人所加也窮理則知崇如天而德崇循理則禮卑如地而業廣此其取類又以清濁言也天地設位而易行乎其中矣成性存存道義之門天地設位而變化行猶知禮存性而道義出也成性本成之性也存存謂存而又存不已之意也聖人有以見天下之賾而擬諸其形容象其物宜是故謂之象賾雜亂也象卦之象如說卦所列者聖人有以見天下之動而觀其會通以行其典禮繫辭焉以斷其吉凶是故謂之爻斷丁玩反。會謂理之所聚而不可遺處通謂理之可行而无所礙處如庖丁解牛會則其族而通則其虛也言天下之至賾而不可惡也言天下之至動而不可亂也惡烏路反○惡猶厭也○擬之而後言議之而後動擬議以成其變化觀象玩辭觀變玩占而法行之此下七爻則其例也◎按此章申言成象之謂乾效法之謂坤也凡物之崇者必狹卑者必博聖人知效乎天之成象所以造其極禮法乎地之效法所以立其基而皆於易乎寓之是非所以崇德而廣業乎人之所立謂之位其所出入謂之門天高地下若設位焉而交易變易之理行乎其中矣因所性固有之知禮而存存不已有如門焉其由之道義豈外于此乎聖人于是因所見而寓之于卦爻焉蓋天下之事務至賾也其形之容非知之崇不足以擬之其物之宜非禮之卑不足

以象之卦象之所由立也天下之云爲至動
也其會與通非知之崇不足以觀之其典與
禮非禮之卑不足以行之爻辭之所由出也
故其所言者道无不在至賾而不可惡焉義
无不宜至動而不可亂焉擬之而後言故言
有物而可法議之而後動故動有常而可則
不敢苟也擬之議之而千變萬化
于是乎成豈非道義出入之門耶

右第七章此章言卦爻之用◐按本義分道義之門以上爲一章今合之又章末有七爻今從吳氏入文言內

天一地二天三地四天五地六天七地八天九地十此簡本在第十章之首程子曰宜在此今從之此言天地之數陽奇陰偶郎所謂河圖者也其位一六居下二七居上三八居左四九居右五十居中就此章而言

之則中五爲衍母次十爲衍子次一二三四爲四象之位次六七八九爲四象之數二老位於西北二少位於東南其天數五地數五數則各以其類交錯於外也

五位相得而各有合天數二十有五地數三十凡天地之數五十有五此所以成變化而行鬼神也

此簡本在大衍之後今按宜在此天數五者一三五七九皆奇也地數五者二四六八十皆偶也相得謂一與二三與四五與六七與八九與十各以奇偶爲類而自相得有合謂一與六二與七三與八四與九五與十皆兩相合二十有五者五奇之積也三十者五偶之積也變化謂一變生水而六化成之二化生火而七變成之三變生木而八化成之四化生金而九變成之五變生土而十化成之鬼神謂凡奇偶生成之

屈伸往來者

大衍之數五十其用四十有九分而爲二以象兩掛一以象三揲之以四以象四時歸奇於扐以象閏五歲再閏故再扐而後掛

揲時設反奇紀宜反扐郎得反。大衍之數五十蓋以河圖中宮天五乘地十而得之至用以筮則又止用四十有九蓋皆出於理勢之自然而非人之智力所能損益也兩謂天地也掛懸其一於左手小指之間也三三才也揲間而數之也奇所揲四數之餘也扐勒於左手中三指之兩間也閏積月之餘日而成月者也五歲之間再積日而再成月故五歲之中凡有再閏然後別起積分如一掛之後左右各一揲而一扐故五者之中凡有再扐然後別起一掛也

乾之策二百一十有六坤之策

百四十有四凡三百有六十當期之日

凡此策數生於四象蓋河圖四面太陽居一而連九少陰居二而連八少陽居三而連七太陰居四而連六揲蓍之法則通計三變之餘去其初掛之一凡四爲奇凡八爲偶奇圓圖三偶方圖四三用其全四用其半積而數之則爲六七八九而第三變揲數策數亦皆符會蓋餘三奇則九而其揲亦九策亦四九三十六是爲居一之太陽餘二奇一偶則八而其揲亦八策亦八四八三十二是爲居二之少陰二偶一奇則七而其揲亦七策亦四七二十八是爲居三之少陽三偶則六而其揲亦六策亦四六二十四是爲居四之老陰是其變化往來進退離合之妙皆出自然非人之所能爲也少陰退而未極乎虛少陽進而未極乎盈故此獨以老陽老陰計乾坤六爻之策數餘可推而知也期周一歲也凡三百

六十五日四分日之一此特舉成數而槩言之耳二篇之策萬有一千五百二十當萬物之數也二篇謂上下經凡陽爻百九十二得六千九百一十二策陰爻百九十二得四千六百八策合之得此數是故四營而成易十有八變而成卦四營謂分二掛一揲四歸奇也易變易也謂一變也三變成爻十八變則成六爻也八卦而小成謂九變而成三畫得內卦也引而伸之觸類而長之天下之能事畢矣長丁丈反。謂已成六爻而視其爻之變與不變以爲動靜則一卦可變而爲六十四卦以定吉凶凡四千九十六卦也顯道神德行是故可與酬酢可與祐神矣行下孟反。道因辭顯行以數神酬酢謂應對

祐神謂助神化之功

子曰知變化之道者其知神之所爲乎

變化之道卽上文數法是也皆非人之所能爲故夫子嘆之而門人加于曰以別上文也◎按此章申言極數知來之謂占通變之謂事也天以輕清而始物故奇數屬焉地以重濁而承天故偶數屬陽无十是以不足于尾陰无一是以不足于首天有五運地有五行而十數于是乎備相得者兄弟之亭也相合者夫婦之情也而萬物之變化造化之功用皆不能外之此河圖所以爲數之宗而大衍必本之與參天兩地者造化之體存其五以擬之數之所以擬于五十也太一者萬物之根虛其一以爲之極用之所以止于四十有九也其分而爲二也猶之分陰分陽兩儀之所以立也其掛一也猶之冲氣會合以一人而參天地三才之所以成也其揲之以四也猶之大運悠久而不外四時之相

積也其歸奇于扐也猶之氣朔參差而必置閏以紀之也夫爻占其動故策用其老乾策多三分之一坤策少三分之一者天參而地兩陽有餘而陰不足也日浮于三百有六十物亦非止于萬而其數畧足以當之然則大衍之數何莫非時行物生之機乎人爲之謂營事遷之謂變然事變萬變而實不過健順動止陷麗入說之八端故八卦已爲小成六十四卦不過山此而加之耳引漸張焉之大謂引角相抵焉之謂觸而易道豈有窮哉大之道本微而能顯之人之德行有迹而能神之酬酢祐神而顯微無或間矣變化者陰陽之用而其所以然者孰非神之所爲耶

右第八章此章言天地大衍之數揲蓍求卦之法然亦畧矣意其詳具於大卜筮人之官而今不可考附其可推者敘蒙備言之

易有聖人之道四焉以言者尚其辭以動者尚其變以制器者尚其象以卜筮者尚其占

四者皆變化之道神之所爲者也

是以君子將有爲也將有行也問焉而以言其受命也如嚮无有遠近幽深遂知來物非天下之至精其孰能與於此

嚮許兩反古文嚮字與音預下同。此尚辭尚古之事言人以筮問易求其卦爻之辭而以之發言處事則易受人之命而有以告之如嚮之應聲以決其未來之吉凶也以言與以言者尚其辭之以言義同命則將筮而告蓍之語冠禮筮日宰自右贊命是也

參伍以變錯綜其數通其變遂成天地之文

極其數遂定天下之象非天下之至變其孰能與於此此參七南反錯七各反綜作弄反。參者三數之也伍者五數之也既參以變又伍以變一先一後更相考覈以審其多寡之實也錯者交而互之一左一右之謂也綜者總而挈之一低一昂之謂也此亦皆謂揲蓍求卦之事蓋通三揲兩手之策以成陰陽老少之畫究七八九六之數以定卦爻動靜之象也參伍錯綜皆古語而參伍尤難曉按荀子云窺敵制變欲伍以參韓非曰省同異之言以知朋黨之分偶參伍之驗以責陳言之實又曰參之以此物伍之以合參史記曰必參而五之又曰參伍不失漢書曰參伍其賈以類相準此足以相發明矣易无思也无為也寂然不動感而遂通天下之故非天下之至神其孰能與於此此四者易之體所以立而用所以行者也易指蓍卦无思无爲言其无心也寂然者感之體感通者寂之用人心之妙其動靜亦如此夫易聖人之所以極深而研幾也幾音機下同。研猶審也幾微也所以極深者至精也所以研幾者至變也唯深也故能通天下之志唯幾也故能成天下之務唯神也故不疾而速不行而至所以通志而成務者神之所爲也子曰易有聖人之道四焉者此之謂也

◎按此章申言陰陽不測之謂神也卦爻蓍策即聖道之所寓辭出于書以言者尚之則足以窮理變生于爻以動者尚之則足以制事象呈于卦以制器者象之則足以備物占

出于筮以卜筮者尚之則足以決疑故君子
之用用之也措諸一身謂之爲達諸天下謂之
行受命如響稽實以待虛也遂知來物存體
以應用也卦爻有辭而辭之所決者爲占其
有或疏者鮮矣分之掛之以相參揲左揲右
以相伍所以成易陰陽之相錯老少之相綜
所以成爻剛柔交錯天地之文也貞悔具備
天下之象也蓍策有變而變之所成者爲象
其有或窮者鮮矣雖有變化而實无所思也
雖有經營而實无所爲也當其未用寂然不
動而已矣及其以言以動以制器以卜筮也
則隨所感而天下之故无不通其有或滯止
圓者鮮矣夫其所以然者蓋因聖人極至深
之理則人情物態莫能遁焉志之所以通也
研至微之幾則事會時宜无所失焉務之所
以成也存至妙之神則體无不具用无不周
豈待乎疾之行之也哉程子曰神无
速亦无至不如是不足以形容故也

右第九章　此章承上章之意言易之用有此四者

子曰夫易何為者也夫易開物成務冒天下之道如斯而已者也是故聖人以通天下之志以定天下之業以斷天下之疑　夫音扶冒莫報反斷丁亂反。開物成務謂使人卜筮以知吉凶而成事業冒天下之道謂卦爻既設而天下之道皆在其中　是故蓍之德圓而神卦之德方以知六爻之義易以貢聖人以此洗心退藏於密吉凶與民同患神以知來知以藏往其孰能與於此哉古之聰明睿知神武而不殺者夫方以知之知音智下知以睿知知並同易音亦與音預夫音扶下同○圓神謂變化无方方知謂事有定理易以貢謂變易以告人聖人體具三者之德而无一塵之累无事則其心寂然人莫能窺有事則神知之用隨感而應所謂无卜筮而知吉凶也神武不殺得其理而不假其物之謂

是以明於天之道而察於民之故

是興神物以前民用聖人以此齋戒以神明其德夫

神物謂蓍龜湛然純一之謂齊肅然警惕之謂戒明天道故知神物之可興察民故故知其用之不可不有以開其先是以作爲卜筮以教人而於此焉齋戒以者其占使其心神明不測如鬼神之能知來也

是故闔戶謂之坤闢戶謂之乾一闔一闢謂之變往來不窮謂之

通見乃謂之象形乃謂之器制而用之謂之法利用出入民咸用之謂之神見賢遍反下同。闔闢動靜之機也先言坤者由靜而動也乾坤變通者化育之功也見象形器者生物之序也法者聖人修道之所爲而神者百姓自然之日用也是故易有大極是生兩儀兩儀生四象四象生八卦大音泰。一每生二自然之理也易者陰陽之變太極者其理也兩儀者始爲一畫以分陰陽四象者次爲二畫以分太少八卦者次爲三畫而三才之象始備此數言者實聖人作易自然之次第有不假絲毫智力而成者畫卦揲蓍其序皆然詳見序例啟蒙八卦定吉凶吉凶生大業有吉有凶是生大業是故法象莫大乎天地變通莫大乎四時縣象著明莫大乎日月崇高莫大乎富貴備物致用立成器以爲天下利莫大乎聖人探賾索隱鉤深致遠以定天下之吉凶成天下之亹亹者莫大乎蓍龜縣音懸探吐南反索色白反亹亡偉反。富貴謂有天下履帝位立下疑有闕文亹亹猶勉勉也疑則怠決故勉是故天生神物聖人則之天地變化聖人效之天垂象見吉凶聖人象之河出圖洛出書聖人則之此四者聖人作易之所由也河圖洛書詳見啟蒙易有四象所以示也繫辭焉所以告也

定之以吉凶所以斷也

斷丁亂反。四象謂陰陽老少示謂示人

以所値之卦爻◎按此章言富有之謂大業日新之謂盛德之在易者也剏所未有之謂開就所將爲之謂成涵已所有之謂首惟開物故能通志惟成務故能定業惟道无不首故能決疑項氏日蓍用七故其德圍卦用八故其德方爻用九六故其義易蓍開于无卦之先所以爲神卦定于有彖之後所以爲知爻于无一幾先者也所以爲貢夫洗心藏齊疑淤之于物矣及其出而與民同恚也則萬幾悉洞來者无不知焉聖人一蓍之德矣萬理皆備往者无不藏焉聖人一卦之德矣聰明叡知知之至也神武不殺易之至也既知且勇何志之不通何業之不定而何凝之不斷也邪以蓍之德言之明于理之所以然察于事之所當然其知之至矣因而與至神之所禹者以前民之所用者則處之當矣聖人

何所不敬特因此而九見其精誠之至妙事
物而不圓于事物耳彼夫氣化之動靜若戶
之有之闔乃乾坤之理蓍之所以有分合也
闔闔闔更遞往來之循擐乃通變之機蓍之
所以有履分履合也見而有迹者爲象蓍之
所以有単折交重之畫也形而一定者爲器
蓍之所以有剛柔動靜之爻也制而用之者
莫非法也而蓍亦其一物矣利用出入民咸
用之者莫非神也而蓍亦其一端矣此德之
所以神明也以卦之德言之本于太極理之
至極而无以復加者也分而爲兩儀則有對
待之相匹矣搞而爲四象則有形容之可係
矣成而爲八卦則有體䍜之可挂矣相錯相
盡而吉凶之趨避无所于滑則何爲而不當乎
彼夫萬物之法象統于天地而卦之廣大實
旣之羣生之變通範于四時而卦之變通實
配之五薢列宿之著明宗于日月而陰陽之
義實配之山海麟鳳之崇高畝于富貴而中

正之位實配之智巧之剏述其所立所成感圓于聖人而非卦則何由發邪諸方由技之明參其所定所成感儆于蓍龜而非卦則何由寓邪此大業之所由以生也然則神物有分合之用其著之所由生乎陰陽有變化之迹其卦之所由立乎垂象有吉凶之別其象之所由設乎圖書有生成之位其數之所由倚乎此易之四象也上古聖人以是示人而巳由是繫之辭而所告者乃辭也由是定之占而所斷者乃備也則中古聖人同患之情與○又按原本此下有自天佑之一條今入文言

右第十章此章專言卜筮◎按揲蓍之法自泛而專故言其德之神蓍卦之法自簡而繁故言其業之大而觀玩之方備矣

子曰書不盡言言不盡意然則聖人之意其

不可見乎子曰聖人立象以盡意設卦以盡情僞繫辭焉以盡其言變而通之以盡利鼓之舞之以盡神言之所傳者淺象之所示者深觀奇偶二畫包含變化无有窮盡則可見矣變通鼓舞以事而言兩子曰字疑衍其一蓋子曰字皆後人所加故有此誤如近世通書乃周子所自作後人每章加以周子曰字其設問答處正如此也

乾坤其易之緼邪乾坤成列而易立乎其中矣乾坤毁則无以見易易不可見則乾坤或幾乎息矣緼與蘊同邪于遮反幾音機○緼所包蓄者猶衣之著也易之所有陰陽而已凡陽皆乾凡陰皆坤畫卦定位則二者成列而易之體立矣乾坤毁謂卦畫不

立乾坤息謂變化不行是故形而上者謂之道形而下者謂之器化而裁之謂之變推而行之謂之通舉而措之天下之民謂之事業卦爻陰陽皆形而下者其理則道也因其自然之化而裁制之變之義也變通二字上章以天言此章以人言是故夫象聖人有以見天下之賾而擬諸其形容象其物宜是故謂之象聖人有以見天下之動而觀其會通以行其典禮繫辭焉以斷其吉凶是故謂之爻重出以起下文極天下之賾者存乎卦鼓天下之動者存乎辭卦即象也辭即爻也

化而裁之存乎變推而行之存乎通神而明之存乎其人默而成之不言而信存乎德行

行下孟反。卦爻所以變通者在人人之所以能神而明之者在德。夫象二字疑衍◎此章言體易者貴于不言也一奇一偶以寫陰陽之妙聖人不傳之意可得而畫矣一悔以寓消長之機天下不齊之情偽可得而盡矣有象有象以推陰易之蘊聖人无己之言可得而盡矣爲老爲少以著變通之用斯民自然之利可得而盡矣或勸或戒以爲鼓舞之方斯民莫知其然之神亦可得而盡矣象辭占變之用穿非聖人之精蘊所由寄乎兩物相並之謂列一理卓然之謂立兩儀四象以至无窮皆乾坤二畫之相間而已變易之理已立于其中矣苟其體之毀則其用未有不息者也夫易作于聖人而學之者植君子大極形而上者也兩儀四象以往形而下者也因其化而裁之卽所推而行之隨所舉而措之而卦爻于是乎設爲此作易者之能事也其觀且玩之也亦因其化而裁之亦卽所推而行之神而明之見之熟矣然而成之體之純矣此豈有待于言而後信者哉是則學易者之極致也自道體而散爲事業自卦辭而歛爲德行一以貫之而已矣

右第十一章

繫辭下傳

八卦成列象在其中矣因而重之爻在其中矣

重直龍反。成列謂乾一兌二離三震四巽五坎六艮七坤八之類象謂卦之形體也因而重之謂各因一卦而以八卦次第加之爲六十四也爻六爻也旣重而後卦有六爻也剛柔相推變在其中矣繫辭焉而命之動在其中矣剛柔相推而卦爻之變往來交錯无不可見聖人因其如此而皆繫之辭以命其吉凶則占者所値當動之爻象亦不出乎此矣吉凶悔吝者生乎動者也吉凶悔吝皆辭之所命也然必因卦爻之動而後見剛柔者立本者也變通者趣時者也趣七樹反。一剛一柔各有定位自此而彼變以從時吉凶者貞勝者也貞正也常也物以其所正爲常者也天下之事非吉則凶非凶則吉常相勝而不已也天地之道貞觀者也日月之道貞明者也天下之動貞夫一者也觀官喚反夫音扶下同。觀示也天下之動其變无窮然順理則吉

逆理則凶則其所正而常者亦一理而已矣

夫乾確然示人易矣

夫坤隤然示人簡矣確苦角反易以豉反隤大回反。確然健貌隤然順貌所謂貞觀者也

爻也者效此者也象也者像此者也此謂上文乾坤所示之理爻之奇偶卦之消息所以效而象之

爻象動乎內吉凶見乎外功業見乎變聖人之情見乎辭內謂蓍卦之中外謂蓍卦之外變即動乎內之變辭即見乎外之辭◎按此章言聖人本造化而繫辭也八卦之圖成列未嘗言遠求近取之象也而象固在其中矣因而重之為六十四未嘗言本末貴賤之爻也而爻固在其中矣一剛一柔相推不已未嘗言或九或六之變也而變固在其中矣繫辭焉而命之為三百八十四未嘗言有為有行

之動也而動固在其中矣乃若吉凶悔吝之占則皆因人之動而生者周子曰吉一而已動可不慎乎大易之爲道不過剛柔變通耳然卦爻之剛柔所以立本天地之常經也蓍策之變通所以趣時古今之通義也至于人事之吉凶則必以貞爲勝焉蓋貞者正而固也順境爲吉逆境爲凶能知正之所在而固守之則无不勝矣縱或所遇之不齊乃其天之未定耳孔之窮顔之夭程朱之禁綱何常不常悖于萬世也哉蓋天地以貞而示人故无邪徵之雜日月以貞而照物故无陰騭之干天下之動雖萬變而必貞夫一以御之則何二三之感耶夫所謂一者豈有外于易簡之理哉乾之成象雖大而示人者惟易坤之效法雖所而示人者惟簡爻象豈能外此而立義乎此其所以立本也至于揲蓍之際策數之爻象既動乎內事物之吉凶卽見乎外功業皆爻象之蘊也因蓍之變而后形聖人

之情卽吉凶同患之情也因易之辭而益著所謂易簡者同昭然於日用之間此其所以趣時也易簡貞一其聖人之心印乎

右第一章此章言卦爻吉凶造化功業

天地之大德曰生聖人之大寶曰位何以守位曰仁何以聚人曰財理財正辭禁民爲非曰義

曰人之人今本作仁呂氏從古葢所謂非衆罔與守邦◎按此章葢言聖人之大業以起下文之意三極之道不外乎仁義天大地廣其爲德也生而已矣聖人得位以參贊之而仁而義正之政行焉有人所以庶之也有財所以富之也理財而爭奪息正辭而名分辨禁民爲非而法制立皆義之當然所以教之也本天地之德爲生民之上此五

帝之所以有作乎

右第二章 按本義通上爲一章今分之

古者包犧氏之王天下也仰則觀象於天俯則觀法於地觀鳥獸之文與地之宜近取諸身遠取諸物於是始作八卦以通神明之德以類萬物之情 包蒲交反王于況反。王昭素曰與地之間諸本多有天字俯仰遠近所取不一然不過以驗陰陽消息兩端而已神明之德如健順動止之性萬物之情如雷風山澤之象

作結繩而爲網罟以佃以漁蓋取諸離 罟音古佃音田。兩目相承而物麗焉

包犧氏没神農

氏作斲木爲耜揉木爲耒耒耨之利以教天
下蓋取諸益斲陟角反耜音似耒力對反揉奴豆反○二體皆木上入下動天下之益莫大於此日中爲市致天下之民聚天下之
貨交易而退各得其所蓋取諸噬嗑日中爲市上明而下動又借噬爲市嗑爲合也神農氏沒黃帝堯舜氏作通
其變使民不倦神而化之使民宜之易窮則
變變則通通則久是以自天祐之吉无不利
黃帝堯舜垂衣裳而天下治蓋取諸乾坤乾坤變化而无爲刳木爲舟剡木爲楫舟楫之利以濟

不通致遠以利天下蓋取諸渙刳口姑反剡以冉反。木在水上也致遠以利天下疑衍服牛乘馬引重致遠以利天下蓋取諸隨下動上説重門擊柝以待暴客蓋取諸豫重直龍反柝他各反。豫備之意斷木爲杵掘地爲臼臼杵之利萬民以濟蓋取諸小過斷丁管反杵昌呂反掘其月反。下止上動弦木爲弧剡木爲矢弧矢之利以威天下蓋取諸睽睽乖然後以威服之上古穴居而野處後世聖人易之以宮室上棟下宇以待風雨蓋取諸大壯壯處上聲。壯固之意古之葬者厚衣之以薪葬之中野不封不樹喪期无數後世聖人易之以棺槨蓋取諸大過衣於既反。送死大事而過於厚上古結繩而治後世聖人易之以書契百官以治萬民以察蓋取諸夬明決之意是故易者象也象也者像也易卦之形理之似也彖者材也彖言一卦之材爻也者效天下之動也效放也是故吉凶生而悔吝著也悔吝本微因此而著◎按此章言卦象也法始乎伏羲修乎黃農而成乎堯舜其蹤皆不出于易焉象以氣凝陽也法以形著陰也鳥獸之交謂天產之物飛陽而走陰也土地所宜謂地產之物木陽而草陰也然一物之中又各有陰陽之辨八卦作而天下之象著矣離之中爻所複亦附物之象也故網罟者取之益之中爻所互亦田土之象也故耒耨者取之噬嗑有塗有徑物所出人致民之象有水有山群珍所興聚貨之象或動或止出行而歸各得其所之象且致民者足也辨貨者目也交柔者乎也故爲市者取之乾衣坤裳象也乾覆坤載德也故治天下者收之乾坤諸卦之統黃帝堯舜其百王之宗乎渙之中虛舟也偶畫刳旁楫也風揚于上則帆象亦寓其中矣故濟不過者取之隨之爲義物必隨人也且牛以引重馬以致遠未嘗不各隨其性而以乘服者取之豫之奇橫偶附門也木體善〻柝也大衆之內而險伏馬則暴客也熟其逸也是以備之故禦暴者取之小過木以象杵上以象臼大體所覆象附物於穴中故濟萬者取之睽之橋木堅木毀折而矯揉之弦之象也內調和而外得所麗弧矢之象也

威天下者取之大壯木翔天際棟宇相承之象也故宮室者取之大過澤以象穴䋲以象縡木以象棺槨陷之入之毀折而用之故埋瘞者取之小過以養生大過以送死聖人之術也夬之爲口爲言書契所以代之也澤上之于天雲漢爲章書契之流行于天下亦若斯以平故治察者取之乾坤以守位離益渙隨以聚人噬嗑小過大過大壯以理財夬以正辭乃豫睽以禁民爲非而天地之所生遂矣象乃大荒之歡不可常見但想像其形容而已象之取義似之材即木之質也象之爲體似之以此倣彼之謂倣爻之所由名也觀象而象爻之辭于是乎繫爲則吉凶悔吝從能遁其情哉

右第三章 以上爲一章今令之按本義分蓋取諸夬

陽卦多陰陰卦多陽 震坎艮爲陽卦皆一陽二陰巽離兌爲陰卦皆

一陰二陽其故何也陽卦奇陰卦偶奇紀宜反。凡陽卦皆五畫凡陰卦皆四畫其德行何也陽一君而二民君子之道也陰二君而一民小人之道也行下孟反。君謂陽民謂陰◎按此章言卦主也陽卦以奇爲主故有動陷止之義焉陰卦以耦爲主故有入麗說之義焉以簡而御繁所謂德惟一動罔不吉也以繁而御簡所謂德二三動罔不凶也君子小人其道不同而所繫之辭因之以異矣柴氏曰爲陽卦者未必皆君子之道爲陰卦者未必皆小人之道蓋此特借陰陽二卦之體以明君子小人之道不同耳

右第四章按原本此下有十一爻本義另爲一章今從吳氏入

文言

子曰乾坤其易之門邪乾陽物也坤陰物也陰陽合德而剛柔有體以體天地之撰以通神明之德諸卦剛柔之體皆以乾坤合德而成故曰乾坤易之門撰猶事也其稱名也雜而不越於稽其類其衰世之意邪萬物雖多无不出于陰陽之變故卦爻之義雖雜出而不差謬然非上古淳質之時思慮所及也故以爲衰世之意蓋指文王與紂之時也夫易彰往而察來而微顯闡幽開而當名辨物正言斷辭則備矣夫音扶當都浪反斷丁亂反。而微顯恐當作微顯而闡而之而亦疑有誤其稱名也小其取類也大其旨遠其辭文其言曲而中其事肆而隱因貳以濟民行以明失得之報中之仲反行下孟反。肆陳也貳疑也。開疑作因◎按此章言卦體也乾坤散寓于易之中而實總攝于易之表故既謂之緼又謂之門陰陽合德相摩相盪化之所以流行而不已也剛柔有體內貞外悔分之所以一定而不移也通神明之德而後類萬物之情自本而之末體天地之撰而後通神明之德自顯而之微事物无窮不能不雜義理有定何至于越因世變而派別所謂神化以宜民也蓋伏羲作易之初不過為陰陽之畫以明淑慝而已夏之連山專以象取商之歸藏專以用取至文王演易而後意言象數性情形體皆備于六十四名之中其憂此覺民之心蓋亦有不得已焉者矣彰往察來以決事也微顯闡幽以窮理也當名若父母男女之辨物若馬牛首腹之象正言若元亨利貞之義斷辭若吉凶悔吝之趣數者備而易之縕可見焉名雖小而包括甚大則不溺于泛近旨雖遠而經綸成文則不入于虛无言雖曲而義未嘗不中故不涉于隱怪事雖肆而理未嘗不隱故不流于浮夸因其必之貳而濟其所行使得失之報皆不可掩所以定吉凶而成亹亹也

右第五章　此章多闕文疑字不可盡通後皆放此

易之興也其於中古乎作易者其有憂患乎夏商之末易道中微文王拘於羑里而繫彖辭易道復興是故履德之基也謙德之柄也復德之本也恒德之固也損德之修也益德之裕也困德之辨也井德之

地也巽德之制也履禮也上天下澤定分不易必謹乎此然後其德有以爲基而立也謙者自卑而尊人又爲禮者之所當執持而不可失者也九卦皆反身修德以處憂患之事也而有序焉基所以立柄所以持復者心不外而善端存恒者守不變而常且久懲忿窒慾以修身遷善改過以長善困以自驗其力井以不變其所然後能巽順於理以制事變也履和而至謙尊而光復小而辨於物恒雜而不厭損先難而後易益長裕而不設困窮而通井居其所而遷巽稱而隱易以豉反長丁丈反稱尺證反。此如書之九德禮非強世然事皆至極謙以自卑而尊且光復陽微而不亂於羣陰恒處雜而常德不厭損欲先難習熟則易益但充長而不造作困身困稱物之宜而潛隱不露而道亨井不動而及物巽履以和行謙以制禮復以自知恒以一德損以遠害益以興利困以寡怨井以辨義巽以行權和行之行下孟反遠袁萬反。寡怨謂少所怨尤辨義謂安而能慮。尊當作卑◎按此章言卦德也畫雖創于伏羲而名義則成于文王觀履否同人之象可見故雖述而實作也聖人之亦无非易也然困憂患之閲歷而其緒愈出焉兌說則和乾健則至履如室之有基也山蘊于地雖界然內光明而外光大謙如器之有柄也坤陰皆小而動陽能辨之復如樹之有本也巽陰多疑幾于雜而善動之德不厭能恒斯足以自固矣先損下而用力難後益上而成功易能損斯足以自修矣下益而增長克裕上損而不事施張能益斯足以自克矣澤涸則窮而淵泉在下則遏困无所往而或忽非辨而何耶常巽則居其所而流行則遷井无所處而不安非地而何耶內巽則深潛所以能稱也外巽則退讓所以隱也无所用而不宜非制而何耶和行所以能處已制禮所以接物自知察之也一德守之也遠害興利則過且存矣寡怨辨義則安而資矣而後可行權以幾于化焉豈非學易者之的乎王椓村曰序九卦治一身天德也序十三卦治天下王道也

右第六章　此章三陳九卦以明處憂患之道

易之爲書也不可遠爲道也屢遷變動不居周流六虛上下无常剛柔相易不可爲典要唯變所適　遠袁萬反。遠猶忘也周流六虛謂陰陽流行於卦之六位　其出入以度外內使知懼此句未詳疑有脱誤又明於憂患與故无有師保如臨父母雖无師保而常若父母臨之戒懼之至初率其辭而揆其方既有典常苟非其人道不虛行方道也始由辭以度其理則見其有典常矣然神而明之則存乎其人也◎按此章言卦變也易之為書切于日用而其為道神乎變化言乎其道則變動而非固守其位周流而不滯于一隅或升而上或降而下其周流也无常定之位焉或以偶居剛或以奇居柔其變動也有相易之機焉健順中正之德承乘應比之情初无一成之要約而惟變易之所適則時中之道出乎其間矣此其所以屢遷也言乎其書則或出而往或入而來皆有法度之守在外為悔在內為貞不忘戒懼之心又明于所當之憂

畏患與其致之所以然也是雖无有師保亦如臨乎父母之側而愛敬之至不能已焉此其所以不可遠也書不可遠則當率其辭其道屢遷則當揆其方觀且玩之又未嘗不有典常也假彼象辭爲我儀則苟非其人而道豈虛行也哉

右第七章 按卦變之說朱子以一爻之更易爲義來氏以全卦之反覆爲義然參之傳文則來氏爲協今悉從之云

易之爲書也原始要終以爲質也六爻相雜唯其時物也 要一遥反下同。質謂卦體卦必舉其始終而後成體爻則唯其時物而已 其初難知其上易知本末也初辭擬之卒成之終 易以豉反。此言初上二爻 若夫雜物撰德辨是與非則非其中爻不備夫音扶○此言卦中四爻噫亦要存亡吉凶則居可知矣知者觀其象辭則思過半矣知者之知音智○象統論一卦六爻之體二與四同功而異位其善不同二多譽四多懼近也柔之爲道不利遠者其要无咎其用柔中也要如字又一遲反下章同○此以下論中爻同功謂皆陰位異位謂遠近不同四近君故多懼柔不利遠而二多譽者以其柔中也三與五同功而異位三多凶五多功貴賤之等也其柔危其剛勝邪勝音升○三五同陽位而貴賤不同然以柔居之則危惟剛則能勝之◎按此章言卦互也卦

有定體故兼始終而其質乃成爻无定用則因其時之不同而假物以明之初必擬之而類後言上則成其章而已物者雷風山澤之類德者健順動止之類卦有上下之體而中爻之互又有二體則爻辭之取義備矣然君子雖居安樂玩而究之存亡吉凶不過即居而可知故彖辭雖无幾自知者觀之而思過半矣特語其大備則不可不參之于中爻耳如二與四互成一卦其功用同矣而遠近之位則異二遠君則多譽四近君則多懼夫以柔居遠宜无援而不利其卒之无咎者則以其得中也三與五互成一卦其功用同矣而貴賤之位則異三賤而爲臣則多凶五貴而爲君則多功蓋其勝任與否亦視乎所居之正不正焉大哉中正之道六爻之時義其必以是爲準乎

右第八章　按卦互之說朱子所不取然語録又有不可廢今特

推明其
微意云

易之爲書也廣大悉備有天道焉有人道焉有地道焉兼三才而兩之故六六者非他也三才之道也三畫已具三才重之故六而以上二爻爲天中二爻爲人下二爻爲地

道有變動故曰爻爻有等故曰物物相雜故曰文文不當故吉凶生焉當都浪反。道有變動謂卦之一體等謂遠近貴賤之差相雜謂剛柔之位相間不當謂爻不當位◎按此章言卦之也无所不容之謂廣无所不在之謂大无所不具之謂悉備六畫以兼三才然二五兩爻又兼人道言之者以其爲三畫之中也形乎畫焉之謂變見乎書焉之謂動道之用有變動也故命爲內外之爻以傚之爻之質有差等也故命爲陰陽之物以别之物之狀或相雜也故命爲交錯之文以章之文不必悉當乎三才之位而吉凶于是乎生焉當而吉不當而凶者其常也或當而反凶不當而反吉者其變也三百八十四爻旣備而四千九十六之變動可以類推矣

右第九章　按前篇旣云爻也者言乎變者也本篇亦云爻也者效天下之動也故於此又以道有變動故曰爻申之先儒不取之卦之義則九六命爻爲不可解

易之興也其當殷之末世周之盛德邪當文王與紂之事邪是故其辭危危者使平易者

使傾其道甚大百物不廢懼以終始其要无咎此之謂易之道也易者之易以豉反要平聲。危懼故得平安慢易則必傾覆易之道也

夫乾天下之至健也德行恒易以知險夫坤天下之至順也德行恒簡以知阻夫音扶行下孟反易以豉反阻莊呂反。至健則所行无難故易至順則所行不煩故簡然其於事皆有以知其難而不敢易以處之也是以其有憂患則健者如自高臨下而知其險順者如自下趨上而知其阻蓋雖易而能知險則不陷於險矣旣簡而又知阻則不困於阻矣所以能危能懼而无易者之傾也

能說諸心能研諸侯之慮定天下之吉凶成天下之亹亹者說音

悅。侯之二字衍說諸心者心與理會乾之事也研諸慮者理因慮審坤之事也說諸心故有以定吉凶研諸慮故有以成亹亹是故變化云爲吉事有祥象事知器占事知來變化云爲故象事可以知器吉事有祥故占事可以知來天地設位聖人成能人謀鬼謀百姓與能與音預。天地設位而聖人作易以成其功於是人謀鬼謀雖百姓之愚皆得以與其能八卦以象告爻彖以情言剛柔雜居而吉凶可見矣象謂卦畫爻彖謂卦爻辭變動以利言吉凶以情遷是故愛惡相攻而吉凶生遠近相取而悔吝生情僞相感而利害生凡易之情近而不相得則凶或害之悔且吝惡烏路反。不相得謂相惡也凶害悔吝皆由此生將叛者其辭慚中心疑者其辭枝吉人之辭寡躁人之辭多誣善之人其辭游失其守者其辭屈卦爻之辭亦猶是也◎按此章言善易者有以知天下之言也殷當末世而自恣周負盛德而自晦聖人處難而同患之情不能自已也故其辭危危者如自高臨下常恐其墜則平焉易者如處夷忘險自以爲无患則傾焉天地聖人之教不過如此其道可謂大矣君公士庶之州无適不然百物孰得而廢之故戒其鮮終愼其謀始无所不用其懼也而後要之于无咎焉僅言无咎者所謂平爲福也子曰假我數年五十以學易可以无大過矣其斯之謂與夫易之爲道不外乎乾坤而乾坤之德不外乎易簡知險知阻者辨之于未然所以謂之易簡也出險越阻者救之于已然所以不勝其勞擾也此德行才力之分也說心者无意研慮者有爲定吉凶者象之見成亹亹者器之形與氏曰云爲猶言動也人能以易中陰陽變化之道而用之以言用之以動則于事皆可以吉而有辭必不至于凶而有災也或有所象之事則能知器之形而可以制器或有所占之事則能知方來之吉凶而可以決疑然天地設位于上下離有此道而不能使人由此道聖人作易教人由此道所以成天地之事也人聖人之易而用之以占凡有一事既謀之于人又問之于筮而後爲之則所爲皆合易之道是百姓之愚不肖亦可與于聖人之能也愚謂先天之易以象而告後天之易以情而言剛柔以判吉凶而卦有成法矣筮之變動以事之利而言辭之吉凶以卦爻之情而遷而著无定體矣反乎

正理之謂叛介乎兩可之謂疑如木之有岐故枝如物之在水故游項氏曰相感者情之始交故以利害言之相取則有事矣故以悔吝言之相攻則其事極矣故以吉凶言之然相攻相取相感之人其居皆有遠近其行皆有情僞其意皆有愛惡也故總以相近明之凡爻有應爻有比爻有一卦之主爻皆情之當相得者也近以比言而三隅可反矣叛者无信疑者不自信吉者靜躁者動誣者敗人失守者自敗以類推之兌叛也巽疑也艮吉人也震躁也坎善陷爲誣善離喜麗爲失守人情大約不出于六者仁者默勇者辯能言者寡信善巽者少決智人多險文士罕守剛柔之變其盡于是矣

右第十章 按本義分易之道也以上爲一章今合之

周易本義拾遺　卷之五

周易本義拾遺卷之六

李文炤著

文言傳

此篇申彖傳象傳之意以盡乾坤二卦之蘊而餘卦之說因可以例推云㊀按原本止有乾坤二卦今從吳氏取繫辭傳内共十八條附之

元者善之長也亨者嘉之會也利者義之和也貞者事之幹也。長丁丈反下同幹古旦反元者生物之始天地之德莫先於此故於時爲春於人則爲仁而衆善之長也亨者生物之通物至於此莫不嘉美故於時爲夏於人則爲禮而衆美之會也利者生物之遂物各得宜不相妨害故於時爲秋於人則爲義而得其分之和貞者生物之成實理具備隨在各足故於時爲冬於人則爲智而爲衆事之幹幹木之身而枝葉所依以立者也君子體仁足以

周易本義拾遺　卷之六

長人嘉會足以合體利物足以和義貞固足以幹事故以仁爲體則无一物不在所愛之中故足以長人嘉其所會則无不合禮使物各得其所利則義无不和貞固者知正之所在而固守之所謂知而弗去者也故足以爲事之幹

君子行此四德者故曰乾元亨利貞非君子之至健无以行此故曰乾元亨利貞

。此第一節申象傳之意與春秋傳所載穆姜之言不異疑古已有此語穆姜稱之而夫子亦有取焉故下文別以子曰表孔子之辭蓋傳者欲以明此章之爲古語也(一)按生長取藏天道之常也仁義禮智人性之蘊也萬物資始若軀幹之有元首善孰得而先之品物流形若交際之有延賓嘉孰得而外之各正性命若刀鎌之于收穫而義有不安者矣保合太和若板桯之于牆壁而事有不立者鮮矣天下一家中國一人是亦天道之元也大經三百小曲三千是亦天道之亨也百官得宜萬民得所是亦天道之利也守經知宜遭變知權是亦天道之貞也君子惟健故四德根心而時出及其至也純亦不已矣

初九曰潛龍勿用何謂也子曰龍德而隱者也不易乎世不成乎名遯世无悶不見是而无悶樂則行之憂則違之確乎其不可拔潛龍也樂音洛確苦學反○龍德聖人之德也在下故隱易謂變其所守大抵乾卦六爻文言皆以聖人明之有隱顯而无淺深也◎按陽而在下是龍德而隱者不易乎世邪世不能亂也不成乎名小善不自居也既不易矣則必至于遯既不成矣則孰從而是之而皆无所悶非說諸心者而能之乎憂樂之遇

未嘗无精而或行或遺曾无意必固我之私葢其天定耳確乎不拔深根而固植假與木之象以明之也子淵茂叔足以當此矣

九二曰見龍在田利見大人何謂也子曰龍德而正中者也庸言之信庸行之謹閑邪存其誠善世而不伐德博而化易曰見龍在田利見大人君德也行下孟反

○正中不潛而未躍之時也常言亦信常行亦謹盛德之至也閑邪存其誠无斁亦保之意言君德也者釋大人之爲九二也◎按德施之普以龍德之正中也庸信庸謹葢无邪之可閑而誠亦无待于存矣然猶若閑且存焉所以爲不已也善被于世而心不自足德著于外而人自化之美利不言君德不已其備乎若伯淳者葢有其德而所遇之不偶耳

九三曰君子終日乾乾夕惕若厲无咎何謂也子曰君子進德修業忠信所以進德也修辭立其誠所以居業也知至至之可與幾也知終終之可與存義也是故居上位而不驕在下位而不憂故乾乾因其時而惕雖危无咎矣

幾音機○忠信主於心者无一念之不誠也修辭見於事者无一言之不實也雖有忠信之心然非修辭立誠則无以居之知至至之進德之事知終終之居業之事所以終日乾乾而夕猶惕若者以此故也可上可下不驕不憂所謂无咎也○按聖人之德業一于誠而已誠至而明生焉理之方萌謂之幾事之已定謂之義知至知終以易而知也至

之終之行无假乎力也非反復道者而能然耶獨舉修辭者因兌而言不驕不憂伊周其當之乎

九四曰或躍在淵无咎何謂也子曰上下无常非爲邪也進退无恒非離羣也君子進德修業欲及時也故无咎

離力智反○內卦以德學言外卦以時位言進德修業九三備矣此則欲其及時而進也○按无常无恒皆不果之意與之德也非爲逼上之邪非離同德之羣惟自強不息及時以進修耳則雖進而何咎乎上而進者舜禹也下而退者文王也

九五曰飛龍在天利見大人何謂也子曰同聲相應同氣相求水流濕火就燥雲從龍風從虎聖人作而萬物覩本

乎天者親上本乎地者親下則各從其類也作起也物猶人也覩釋利見之意也本乎天者謂動物本乎地者謂植物物各從其類聖人人類之首也故興起於上則人皆見之◎按同聲相應黄鐘大呂之屬同氣相求陽燧方諸之類聖作物覩所謂大人造也亦同類之自感耳萬物相見乎離故以覩言之動物之呼吸本天植物之根荄本地无有離其類者聖作物覩堯舜以之

上九曰亢龍有悔何謂也子曰貴而无位高而无民賢人在下位而无輔是以動而有悔也賢人在下位謂九五以下无輔以上九過高志滿不來輔助之也◎此第二節申象傳之意◎按陽爻至貴天位至高而居衆賢之上可謂盈矣然失位遠民而莫之輔其可久乎過中失正動必

夬決自恃矣能无悔哉潛龍勿用下也見龍在田時舍也舍音捨。言未爲時用也終日乾乾行事也或躍在淵自試也未遽有爲姑試其可飛龍在天上治也居上以治下亢龍有悔窮之災也乾元用九天下治也治晝更反。言乾元用九見與他卦不同君道剛而能柔天下无不治矣。此第三節再申前意。按初之下也與氣機合也二德施雖弗普而時方舍之三之反復于道即其所行之事耳四雖將進猶必自試而不輕焉五既造矣而有不治者乎上處盈而不返將之災宜矣夫內聖外王同條而其貫者也用九以天德而天下治也豈曰誣哉潛龍勿用陽氣潛藏見龍在田天下文明雖不在上位然天下已被其化**終日乾乾與時偕行**時當然也**或躍在淵乾道乃革**離下而上變革之時**飛龍在天乃位乎天德**天德即天位也蓋惟有是德乃宜居是位故以名之**亢龍有悔與時偕極**

乾元用九乃見天則剛而能柔天之法也此第四節又申前意◎

按初惟位下故其氣藏潛藏巽之伏也二身雖令而道已著文明離之輝也三所為之事必當其時四心雖自試而道固當革矣五位之盛因德之隆上雖道窮亦因時極聖人之于人事皆天理之時措耳故用九治功外著而天則之內蘊可見焉**乾元者始而亨者也**始則必亨理勢然也**利貞者性情也**收斂歸藏乃見性情之實**乾始能以美利利天下不言所利大矣**

周易本義拾遺　卷之六

哉始者元而亨也利天下者利也不言所利者貞也或曰坤利牝馬則言所利矣大哉乾乎剛健中正純粹精也剛以體言健兼用言中者其行无過不及正者其立不偏四者乾之德也純者不雜於陰柔粹者不雜於邪惡蓋剛健中正之至極而精者又純粹之至極也或疑乾剛无柔不得言中正者不然也天地之間本一氣之流行而有動靜爾以其流行之統體而言則但謂之乾而无所不包矣以其動靜分之然後有陰陽剛柔之別也六爻發揮旁通情也旁通猶言曲盡時乘六龍以御天也雲行雨施天下平也施始豉反。言聖人時乘六龍以御天則如天之雲行雨施而天下平也。此第五節復申首章之意。◎按乾之四德約之則二其陰陽之彖乎統之則一其元化之運乎始而亨者資始而流形也性情者各正而保合也蘊焉之謂性天命之散殊發焉之謂情大和之克塞始即元也以美利則亨矣利及于天下而不待言其所利則利貞矣焉往而非一元之周流哉六爻皆健而初三五則剛而健二五皆中而五則正而中其剛健則无陰柔之雜至美而純焉其中正則无偏曲之迹齊同而粹焉其純粹則无表裏之異致盡善而精焉此乾之所以爲大也既大明一卦之終始而又旁通六爻之情則乘天之德御天之道若雲行雨施而大亨天下平而至正矣傳曰四德之元猶五常之仁偏言則一事專言則包四者

君子以成德爲行日可見之行也潛之爲言也隱而未見行而未成是以君子弗用也

行並下孟反未見之見賢遍反。成德已成之德也初九固成德但其行未可見爾㊀按

德成而發之行皆有可見之迹矣特其位隱
故其業猶未底于成陽氣之所以潛藏也
君子學以聚之問以辨之寬以居之仁以行
之易曰見龍在田利見大人君德也蓋由四者以成
大人之德再言君德以深明九二之爲大人
也◎按學以聚之多見多聞也問以辨之寡
疑寡殆也寬以居之勿忘勿助也仁以行之
去私去欲也此天下所以其見其文明之德
歟
九三重剛而不中上不在天下不在田故
乾乾因其時而惕雖危无咎矣重直龍反下同◎重剛謂
陽爻陽位九四重剛而不中上不在天下不在田
中不在人故或之或之者疑之也故无咎九四

非重剛重字疑衍在人謂三或者隨時而未定也◎按三四皆居兩乾之間故曰重剛三過乎中是以時行而多懼四不及乎中是以將華而多疑三才分立而人親地故凡質言人者多不于四而于三云

夫大人者與天地合其德與日月合其明與四時合其序與鬼神合其吉凶先天而天弗違後天而奉天時天且弗違而況於人乎況於鬼神乎

夫音扶先悉薦反後胡豆反。大人即釋爻辭所利見之大人也有是德而當其位乃可以當之人與天地鬼神本无二理特蔽於有我之私是以梏於形體而不能相通大人无私以道爲體曾何彼此先後之可言哉先天弗違謂意之所爲默與道契後天奉天謂知理如是奉而行之回紇謂郭子儀曰下者言此行當見一大人而還其占蓋與此合若子儀者雖未及乎夫子之所論然其至公无我亦可謂當時之大人矣◎按覆載无私則合德矣照臨无蔽則合明矣屈伸有則則合序矣賞罰有章則合吉凶矣先天者開物以前民也窮神而繼其志故天弗違爲後天者因時以立政也知化而述其事故奉天時爲天德具備則孰得而違之乎

亢之爲言也，知進而不知退，知存而不知亡，知得而不知喪。喪息浪反。所以動而有悔也。其唯聖人乎！知進退存亡而不失其正者，其唯聖人乎！知其理勢如是而處之以道則不至於有悔矣固非計私以避害者也再言其唯聖人乎始若設問而卒自應之也。此第六節復申第二第三第四節之意[illegible]按進退[illegible]存亡者[illegible]物能知

險斯不入于險而何至于極乎君有卷期倦于勤之巽臣有寵利居成功之辭皆善處亢者也

坤至柔而動也剛至靜而德方剛方猶牝馬之貞也方謂生物有常後得主而有常程傳曰主下當有利字含萬物而化光復明亨義坤道其順乎承天而時行復明順承天之意。此以上申象傳之意◎按柔靜之中而剛方出其間牝馬之所以行地无疆也自處乎後故得主而不失其常爲坤以藏之无乎以不含萬物皆致養焉其化則光西南之所以利也其性之順凡有所爲特承天而以時行之安貞之所以吉也德合于乾不亦宜乎

積善之家必有餘慶積不善之家必有餘殃

臣弑其君子弑其父非一朝一夕之故其所由來者漸矣由辨之不早辨也易曰履霜堅冰至蓋言順也古字順愼通用按此當作愼言當辨之於微也◎按積者履霜也馴則堅冰至矣自始凝而馴至其漸昭然復小而辨于物而陰柔之資不能也不謹于其微則將何及矣

直其正也方其義也君子敬以直內義以方外敬義立而德不孤直方大不習无不利則不疑其所行也此以學而言之也正謂本體義謂義制敬則本體之守也直內方外程傳備矣不孤言大也疑故習而後利不疑則何假於習◎按傳曰君子主敬以直其內守義以方其外敬立而內直義形而外方義形于外

非在外也夫敬以涵義之體義以達敬之用內外夾持其能甚簡德所以不孤而大也坎性多疑而德盛則何疑之有地道之米此乎孟之集義程之主敬深有得于此爻耳乾一而實故誠存坤二而虛故敬直乾陽而舒故仁行坤陰而斂故義方千古作聖之途不外于斯

陰雖有美含之以從王事弗敢成也地道也妻道也臣道也地道无成而代有終也按成成象而效法之是以无成妬物而作二者矣成之是以有終發而光大不亦宜乎諸葛司馬之爲社稷臣以此而已傳曰處下之道不有其功耳非含藏終不爲也含而不爲不盡忠者也

天地變化草木蕃天地閉賢人隱易曰括囊无咎无譽蓋言謹也按變化則无知者且蕃閉則先

周易本義拾遺 卷之六

覺者亦隱將當然也知阻斯不進于阻不君
謹而能免于害耶古之逸民其用此道夫雖
子黃中通理黃中言中德在內釋黃字之義也正位居體在
尊位而居下體
釋裳字之義也美在其中復釋黃中暢於四
美在其中而暢於四支發於
事業美之至也支復釋居體◎按坎有遁義
又為身象黃中而通于勝理其中之形乎正
位而居于下體其順之至乎暢於四支不言
而喻也發於事業无所用而不問也曾思仲
晦之學由此其選也乾道之聖人進修而不
已坤道之聖人暢發而不窮進修者所知之
精明暢發者所行之充實其德業之歸一而
已矣陰疑於陽必戰為其嫌於无陽也故稱龍
焉猶未離其類也故稱血焉夫玄黃者天地

之雜也天玄而地黃（爲于僞反離力智反夫音扶。疑謂均敵而无小大之差也坤雖无陽然陽未嘗无也血陰屬蓋氣陽而血陰也玄黃天地之正色言陰陽皆傷也。此以上申象傳之意◎按陰道窮則疑於陽矣然終无敵陽之理也故其稱之如此正名分警人心易之爲教嚴矣哉）

子曰危者安其位者也亡者保其存者也亂者有其治者也是故君子安而不忘危存而不忘亡治而不忘亂是以身安而國家可保也易曰其亡其亡係于苞桑（此釋否九五爻義◎按安危者身存亡者位治亂者政）

同人先號咷而後笑大師克相

遇子曰君子之道或出或處或默或語二人同心其利斷金同心之言其臭如蘭斷丁管反臭昌又反。釋同人九五爻義言君子之道初若不同而後實无間斷金如蘭言物莫能間而其言有味也◎按君子之道始或所見之不同而至于相非然中正之道終莫得而間焉化爲重離虛明洞達故以同心象之易曰自天祐之吉无不利子曰祐者助也天之所助者順也人之所助者信也履信思乎順又以尚賢也是以自天祐之吉无不利也釋大有上九爻義然在此无所屬或恐是錯簡宜在第八章之末◎按化震爲足而應四是謂履信中虛爲心而比五是謂思順陽剛居上而衆尊之則尚賢之義也勞謙君子有終吉子曰勞而不伐有功而不德厚之至也語以其功下人者也德言盛禮言恭謙也者致恭以存其位者也釋謙九三爻義德言盛禮言恭言德欲其盛禮欲其恭也○按以功下人民必服之張氏曰德之盛而充實如山焉禮之恭而接下如地焉此謙所以長保其位也子曰知幾其神乎君子上交不諂下交不瀆其知幾乎幾者動之微吉之先見者也君子見幾而作不俟終日易曰介于石不終日貞吉介于石焉寧用終日斷可識矣君子知微知彰

知柔知剛萬夫之望幾音機先見之見賢遍反◎此釋豫六二爻義漢書吉之之間有凶字◎按承乘陰邪而中正自守故不至于諂瀆也微彰者理之迹柔剛者事之體子曰小人不恥不仁不畏不義不見利不勸不威不懲小懲而大誡此小人之福也易曰屨校滅趾无咎此之謂也此釋噬嗑初九爻義善不積不足以成名惡不積不足以滅身小人以小善為无益而弗為也以小惡為无傷而弗去也故惡積而不可掩罪大而不可解易曰何校滅耳凶去羌呂反◎此釋噬嗑上九爻義◎按凡小失而有

咎者所以遏其流而使之不行窮凶而多悻者所以厚其毒而戒以不聽天道然也子曰顏氏之子其殆庶幾乎有不善未嘗不知知之未嘗復行也易曰不遠復无祇悔元吉復行之復復扶又反。殆危也庶幾近意言近道也此釋復初九爻義◎按修身以道庶幾則近之矣程子曰既未能不勉而中所欲不踰矩是有過也然其明而剛故不遠復也學問之道无他知其不善則速改以從善而已初六藉用白茅无咎子曰苟錯諸地而可矣藉之用茅何咎之有慎之至也夫茅之爲物薄而用可重也慎斯術也以往其无所失矣夫音扶。釋大過初六爻義◎按以柔居

下其道宜然過則有失惟過于慎則无所失故无咎

易曰憧憧往來朋從爾思子曰天下何思何慮天下同歸而殊塗一致而百慮天下何思何慮此引咸九四爻辭而釋之言理本无二而殊塗百慮莫非自然何以思慮爲哉必思而從則所從者亦狹矣日往則月來月往則日來日月相推而明生焉寒往則暑來暑往則寒來寒暑相推而歲成焉往者屈也來者信也屈信相感而利生焉信音伸○言往來屈信皆感應自然之常理加憧憧焉則入於私矣所以必思而後有從也尺蠖之屈以求信也龍

蛇之蟄以存身也精義入神以致用也利用安身以崇德也

蟄紀轉反蟄眞立反○因言屈信往來之理而又推以言學亦有自然之機也精研其義至於入神屈之至也然乃所以爲出而致用之本利其施用无適不然信之極也然乃所以爲入而崇德之基內外交相養互相發也

過此以往未之或知也窮神知化德之盛也

下學之學盡力於精義利用而交養互發之機自不能已自是以上則亦无所用其力矣至於窮神知化乃德盛仁熟而自致耳然不知者往而屈也自致者來而信也是亦感應自然之理而已張子曰氣有陰陽推行有漸爲化合一不測爲神此上四節皆以釋咸九四爻義◎按俞氏曰思者索所欲慮者防所惡柴氏曰同歸而殊塗天下无二理一致而百慮天下

无二心夫相感而利生則不感於害矣通神明之德非但精義入神也知變化之道非但利用安身也豈非先大之至乎感之爲卦乃後天之中氣下篇之託始而九四當心位則一卦之主也故夫子極言之子曰作易者其知盜乎易曰負且乘致寇至負也者小人之事也乘也者君子之器也小人而乘君子之器盜思奪之矣上慢下暴盜思伐之矣慢藏誨盜冶容誨淫易曰負且乘致寇至盜之招也藏才浪反釋解六三爻義◎按處非其據而又播惡于衆是盜雖自外至而招之則由己矣三處重險之間故爲盜爲淫而可醜如此易曰公用射隼于高墉之上獲

之无不利子曰隼者禽也弓矢者器也射之者人也君子藏器于身待時而動何不利之有動而不括是以出而有獲語成器而動者也括結礙反。此釋解上六爻義◎按天地藏用聖人藏密君子藏器是以能屈能伸而无不利也動而不括具震之德乎天地絪縕萬物化醇男女構精萬物化生易曰三人行則損一人一人行則得其友言致一也絪音因縕紆云反。絪縕交密之狀醇謂厚而凝也言氣化者也化生形化者也此釋損六三爻義◎按天包地外地處天中損體象之艮少男也兌少女也相合則交矣致一則何疑之有耶子曰君子安其身而後動易其心而後語定其交而後求君子修此三者故全也危以動則民不與也懼以語則民不應也无交而求則民不與也莫之與則傷之者至矣易曰莫益之或擊之立心勿恒凶易其之易以豉反。此釋益上九爻義◎按項氏曰危動不與者黨與之與无交不與者取與之與柴氏曰僞言莫之與則傷之者至矣以上九專利自益故也易曰困于石據于蒺藜入于其宮不見其妻凶子曰非所困而困焉名必辱非所據而據焉身必危既辱且危死期將至妻其可得見邪釋困六三爻義◎按焚石恥之則名辱圖土取之則身危化爲大過有棺槨之象不祥之甚也故死期將至子曰德薄而位尊知小而謀大力小而任重鮮不及矣易曰鼎折足覆公餗其形渥凶言不勝其任也知音智鮮先善反勝音升。此釋鼎九四爻義◎按不勝其任由自信之不審也錢氏曰古之人君必度德量力而後授之官古之人臣亦必度德量力而後居其位雖百工胥吏猶且不苟況三公乎不出戶庭无咎子曰亂之所生也則言語以爲階君不密則失臣臣不密則失身幾事不密則害成是以君子慎密而不出也幾音機。釋節初九爻義◎按邱氏曰爻義主出處之節此兼及於言語之節者兌爲口舌亦其象也蓋口舌乃人一身之門戶尤君子之所重也鳴鶴在陰其子和之我有好爵吾與爾靡之子曰君子居其室出其言善則千里之外應之況其邇者乎居其室出其言不善則千里之外違之況其邇者乎言出乎身加乎民行發乎邇見乎遠言行君子之樞機樞機之發榮辱之主也言行君子之所以動天地也可不慎乎行下孟反見賢遍反◎釋中孚九二爻義◎按兌主出言巽主制行門之闔闢在樞弩之張弛在機德業之存發在言行古之

人尤悔寡而祿在其中此好爵之所以縻歟

說卦傳

昔者聖人之作易也幽贊於神明而生蓍幽贊贊言贊化育龜筴傳曰天下和平王道得而蓍莖長丈其叢生滿百莖參天兩地而倚數參七南反。天圓地方圓者一而圍三三各一奇故參天而爲三方者一而圍四四合二偶故兩地而爲二數皆倚此而起故揲蓍三變之末其餘三奇則三三而九三偶則二二二而六兩二一三則爲七兩三一二則爲八觀變於陰陽而立卦發揮於剛柔而生爻和順於道德而理於義窮理盡性以至於命和順從容无所乖逆統言之也理謂隨事得其條理析言之也窮天下之理盡人物之性而合於大道此聖人作易之極功也○按不測之謂神有跡之謂明造化之妙用也聖人幽贊之於蓍衍之而著於是乎生焉天包地外其數得三地處天中其數得二造化之定體也聖人參之兩之變化不窮而數於是乎倚焉觀變於陰陽而錯綜以形發揮於剛柔而動靜以別於是乎為之卦爻以象之此伏羲之易也和順於道德而得其理一然後理於義而盡其分殊窮理盡性而極天人功然後至於命而合夫天焉於是乎示之義命以訓之此文王之易也假於蓍原於數成於卦爻而卒歸於義命此聖人所以不得已而有作乎

右第一章

昔者聖人之作易也將以順性命之理是以

立天之道曰陰與陽立地之道曰柔與剛立人之道曰仁與義兼三才而兩之故易六畫而成卦分陰分陽迭用柔剛故易六位而成章

兼三才而兩之總言六畫又細分之則陰陽之位間雜而成文章也○按陰陽氣也柔剛質也仁義德也初二爲地三四爲人五上爲天此六畫而成卦也初三五爲陽二四上爲陰於以考其當位與否此六位而成章也如是則在天之命在人之性乃各有理之可循聖人豈苟作者哉

右第二章

天地定位山澤通氣雷風相薄水火不相射

八卦相錯薄音搏後同射食亦反。邵子曰此伏羲八卦之位乾南坤北離東坎西兌居東南震居東北巽居西南艮居西北於是八卦相交而成六十四卦所謂先天之學也

數往者順知來者逆是故易逆數也數色主反。起震而歷離兌以至於乾數已生之卦也自巽而歷坎艮以至於坤推未生之卦也易之生卦則以乾兌離震巽坎艮坤爲次故皆逆數也。逆數之數去聲◎按天浮於上者也地對於下者也故曰天地定位定也者亘宇宙而不變也山發於西北澤匯於東南中原之勢也山之食也水會之水之行也山分之高者降下者也故曰山澤通氣雷奮天下者也風旋下也者也故曰雷風相齊其周旋也自外其奮擊也自內是以相薄也日出于東者也月生于西者也晝夜代明而不已焉故曰水火不相射火宗日水本月此先

天之義也陰陽對待是謂相錯自震至乾自巽至坤溯而數之往去之運也其陰陽之數一而二二而三左旋而順焉自艮至乾自兌至坤推而知之來回之氣也其陰陽之數亦自一而二二而三右旋而逆焉夫易之義因交易而立各也陽之中必自陰以濟之陰之中必有陽以裁之惟其數之逆也而後相錯之體成不然則何以極數而知來耶

右第三章

雷以動之風以散之雨以潤之日以晅之艮以止之兌以說之乾以君之坤以藏之晅況晚反

說音悅下同。此卦位相對與上章同◎按震巽陰陽之始也雷以動之而乘其權焉風以散之而宣其化焉而物於是乎生矣坎離陰陽之中也雨以潤之而淪其精焉日以晅之而舒其氣焉而物於是乎長矣艮兌陰陽之終也艮以止之而各完其質焉兌以說之而各遂其情焉而物於是乎成矣乾坤陰陽之統也乾以君之而其覆无偏焉坤以藏之而其載无疆焉而物於是乎得所矣此先天對待之運也

右第四章

帝出乎震齊乎巽相見乎離致役乎坤說言乎兌戰乎乾勞乎坎成言乎艮帝者天之主宰邵子曰此卦位乃文王所定所謂後天之學也萬物出乎震震東方也齊乎巽巽東南也齊也者言萬物之潔齊也離也者明也萬物皆相見南方之卦也聖人南

面而聽天下嚮明而治蓋取諸此也坤也者地也萬物皆致養焉故曰致役乎坤兌正秋也萬物之所說也故曰說言乎兌戰乎乾乾西北之卦也言陰陽相薄也坎者水也正北方之卦也勞卦也萬物之所歸也故曰勞乎坎艮東北之卦也萬物之所成終而所成始也故曰成言乎艮聽平聲嚮讀作向。上言帝此言萬物之隨帝以出入也。按後天流行之運其義如此或言時或言方互言以相發耳

右第五章此章所推卦位之說多未詳者

神也者妙萬物而爲言者也動萬物者莫疾乎雷撓萬物者莫疾乎風燥萬物者莫熯乎火說萬物者莫說乎澤潤萬物者莫潤乎水終萬物始萬物者莫盛乎艮故水火相逮雷風不相悖山澤通氣然後能變化既成萬物也

撓乃飽反熯呼日反。此去乾坤而專言六子以見神之所爲然其位次亦用上章之說未詳其義。按天地形體也乾坤性情也以主宰謂之帝以妙用謂之神動之撓之木之候也熯之火之候也說之金之候也潤之水之候也終且始之土之候也然流行之用終不外對待之體焉是故乾坤退居不用之位而否泰之體仍如故也坎離各居大中之位而既濟未濟之體仍如故也雷風山澤互居其方而咸恒損益之體亦无往而不相値焉天地相交不待言矣而水火何嘗不相逮雷風何嘗相悖山澤之氣何嘗不通也哉乾坤坎離相錯震巽艮兌相綜此變化之所以不窮而萬物於是乎成矣

右第六章

乾健也坤順也震動也巽入也坎陷也離麗也艮止也兌說也 此言八卦之性情◎按純剛故健純柔故順動則往入則伏陷則實麗則虛止則縱說則散此性情之相錯也動則行止則靜入則隱說則顯此性情之相綜也

右第七章

乾爲馬坤爲牛震爲龍巽爲鷄坎爲豕離爲雉艮爲狗兌爲羊

遠取諸物如此◎按馬健而知險牛順而知阻龍體隱鷄聲揚豕形活雉色文狗性很羊群和此物類之相錯也龍尚德狗恃威鷄善伏羊好隨此物類之相綜也

右第八章

乾爲首坤爲腹震爲足巽爲股坎爲耳離爲目艮爲手兌爲口

近取諸身如此◎按首剛而能統腹柔而能容足職動股主靜耳內聰目外明手作事口出言此體質之相錯也足行遷手執固股出納口出納新此體質之相綜也

右第九章

乾天也故稱乎父坤地也故稱乎母震一索而得男故謂之長男巽一索而得女故謂之長女坎再索而得男故謂之中男離再索而得女故謂之中女艮三索而得男故謂之少男兌三索而得女故謂之少女索色白反長丁丈反少詩照反下章同。索求也謂揲蓍以求爻也男女指卦中二陰一陽之爻而言◎按三男本坤體各得乾之一陽而成男陽根於陰也三女本乾體各得坤之一陰而成女陰根於陽也父母中子相錯長助相綜而其用无窮矣

右第十章

乾爲天爲圜爲君爲父爲玉爲金爲寒爲冰爲大赤爲良馬爲老馬爲瘠馬爲駁馬爲木果圜音圓駁邦角反。荀九家此下有爲龍爲直爲衣爲言◎按純陽徧覆天也圜即其體矣主萬物者君始萬物者父其粹玉也其剛金也後天之合乃寒與冰先天之色則大赤也其像爲馬而純極則良剛極則老无柔則瘠數變則駁矣圓而脊始非木果乎。陽德之純以龍像之動而不回所以直也其上覆也似衣其純氣也似言坤爲地爲母爲布爲釜爲吝嗇爲均爲子母牛爲大輿爲文爲衆爲柄其於地也爲黑釜房甫反嗇音色。

荀九家有爲牝爲迷爲方爲囊爲裳爲黃爲帛爲漿。柄當作柄◎按純陰持載地也資生而致養之母也利物非泉布乎虛而有容非釜乎虛而常斂則吝嗇也載物而成質猶均之載土以成器也以像則牛而生生相繼子母似之體方量廣輿之大者陰畫相疊謂之文偶畫成文謂之衆虛體能受謂之柄黑則先天之色也。以質則牝以性則迷以形則方虛受囊也下承裳也黃者中之色帛者柔之體漿者致養之用也

震爲雷爲龍爲玄黃爲旉爲大塗爲長子爲決躁爲蒼筤竹爲萑葦其於馬也爲善鳴爲馵足爲作足爲的顙其於稼也爲反生其究爲健爲蕃鮮。旉音孚筤音郎萑音丸馵主樹反蕃音煩荀九家有爲玉爲鵠爲鼓。吳氏曰

玉當作圭鵠當作鶴未知是否○按陽奮於
地雷也藏於淵龍也乾坤始交其色玄黃生
幾莫禦其質男矣動而无阻萬物出焉蓋之
大者陽始謂之長子陰性躁陽奮斯決之矣
蒼者後天之色本實末虛則筤竹與萑葦也
得乾之初故其像馬而外張則善鳴下動則
馵足速行則作足陽少陰多則的顙矣東作
之物莫盛于稼而下實則反生矣勿謂一陽
之微也浸長則健浸昌則蕃鮮昌亦觀其究
乎○玉內蘊鵠高舉鼓外振陽生而奮是以
象之巽為木為風為長女為繩直為工為白為
長為高為進退為不果為臭其於人也為寡
髮為廣顙為多白眼為近利市三倍其究為
躁卦下為長之長如字○荀九家有為楊為
鸛○白當作帛巽氏曰鸛當作鴻未知

是否㊂按資善入者木也氣善入者風也陰始謂之長女繩直所以制木也工所以引繩也柔而有制豈非帛乎木滋培而不已故長白高風作止而靡常故進退不果臭亦風之類矣陰少陽多故寡髮廣顙而多白眼入而不已故近利市三倍勿謂一陰之微也久而堅凝其究有不躁者乎。楊木之柔者鶴禽之伏氣者也

坎爲水爲溝瀆爲隱伏爲矯輮爲弓輪其於人也爲加憂爲心病爲耳痛爲血卦爲赤其於馬也爲美脊爲亟心爲下首爲薄蹄爲曳其於輿也爲多眚爲通爲月爲盜其於木也爲堅多心輮如九反亟紀力反曳以制反。荀九家有爲宮爲律爲可爲棟爲叢棘爲狐爲蒺藜爲桎梏

。可當作同◎按內明水也外暗瀆也其止隱伏其行矯輮於中堅輪中勁亦矯輮之物也陷故加憂蹙故心病而耳痛血乃水類赤其色也得乾之中亦有馬像而剛中則美脊陽陷則亟心上下俱柔則下首薄蹄而曳矣推之於輿非眚乎水流故通其精月也隱而險焉盜也推之於木內鬭若是非堅多心著乎。身隱於宮氣陷於律同之內其中實也似棟其多險也似棘其隱害也似狐蒺藜險之至也桎梏陷之至也

離爲火爲日爲電爲中女爲甲胄爲戈兵其於人也爲大腹爲乾卦爲鼈爲蟹爲蠃爲蚌爲龜其於木也爲科上槁乾音干蟹戶買反蠃力禾反蚌步項反。荀九家有爲牝牛◎按外明火也其精日也其光電也陰中謂之中女外堅若甲胄焉上鋭若戈兵

馬中虛則腹大矣燥則乾矣介蟲之屬皆內
器之類也而鱉蟄守蟹善衙蠃相麗蚌虛靜
龜文明其體實相似矣推之於木虛而且
乾非科上槁者乎。得坤之純故爲牝牛**艮**
爲山爲徑路爲小石爲門闕爲果蓏爲閽寺
爲指爲狗爲鼠爲黔喙之屬其於木也爲堅
多節蓏力火反黔其廉反喙況廢反。荀九
家有爲鼻爲虎爲狐◎按止於地上者
山也萬物入焉路之徑者少剛居上不之小
者上亘下峙則門闕也物之生長以果蓏而
成人之出入以閽寺而限手之執物則賴于
指矣狗鼠之牙禽鳥之喙皆剛之外見者推
之于木非堅多節者乎。鼻外實內虛且有
止之象焉虎剛暴狐柔媚皆止物之獸也
兌爲澤爲少女爲巫爲口舌爲毀折爲附決

鹵力杜反荀

其於地也爲剛鹵爲妾爲羊九家有爲常爲輔頰◎按水塞其流澤也陰終謂之少女巫專以言交神者口舌則並論諸人矣肅殺之時實落條枯非毀折乎陰暴之末陽進逼之非附決乎堅而潤者乃剛鹵也妾即少女内剛外說非羊而何哉ㄛ陰文外著旗常似之陰畫外峙輔頰似之

右第十一章此章廣八卦之象其間多不可曉者求之於經亦不盡合也◎按此章廣八卦之象不專主於釋經也故或經之所有而畧之或經之所无而推之以極其穎闡其幽以使人之自得若以爲不盡合於經而不致察則聖人之意殆隱矣

序卦傳

有天地然後萬物生焉盈天地之間者唯萬物故受之以屯屯者盈也屯者物之始生也按乾坤旣判萬物將生氣化成形盈於天地之間所謂无極之眞二五之精妙合而凝也乾道成男坤道成女而生生不已矣物生必蒙故受之以蒙蒙者蒙也物之穉也蒙其氣也穉其質也其在於人知識未開純一无僞發之者不可以不愼也物穉不可不養也故受之以需需者飲食之道也雨露之滋所以養植物也飲食之道所以養動物也鳥獸之飲食天地制之而生民之欲食則非聖人不能成之矣飲食必有訟利之所在害卽伏焉欲之所窮理斯辯焉飲食所以生訟也乾故受之以訟

慊以忿，冢酒牛鬭，而況於上世乎。

訟必有衆起，故受之以師。人情各徇其私，則不以聖爲曲直，而惟以勢爲強弱矣。訟師相困亂

師者衆也。之所以滋也。

衆必有所比，故受之以比。比者比也。于夫有英，萬夫有傑，大德既殊，則衆咸親附之矣。又按天地之間，其始皆水而已，動乎其下而物生，止于其上而物著，與天相違而兩儀判，與地相比而萬國分，其序豈不彰然耶。

比必有所畜，故受之以小畜。天生斯民，樹之司牧，治之而爭奪息，得之而生養遂，非有所畜，其能比比焉而不散乎。

物畜然後有禮。衣食既足，恒心斯存，典可得而敘矣，禮可得而庸矣。禮者，人之所履也。

故受之以履。所履

履而泰然後安，故受之以泰。晁氏云：鄭本无「而泰」。

二字◎按人有禮則安无禮則危物各得其所履故王道大成而世運泰矣**泰者**

通也物不可以終通故受之以否氣化之盛衰人事之得失反覆而相尋未有恒泰而不否者**物不可以終否故受之**

以同人程子曰天地不交則爲否上下相同則爲同人又世之方否必與人同力乃能濟也**與人同者物必歸焉故受之以大有**海宇雖廣其理同也億兆雖衆其必同也所好好之所惡惡之而物不歸者鮮矣大有何疑哉

有大者不可以盈故受之以謙志不可滿欲不可從有大而盈驕侈之所由肆也可不謙與**有大而能謙必豫故受之**

以豫高而不危所以長守貴也滿而不溢所以長守富也而此必豫乎其豫矣**豫**

必有隨故受之以隨平易近民民必歸之必豫而物不樂隨者未之有也以喜隨人者必有事故受之以蠱蠱者事也以喜隨人則同心協力而事可為矣蠱乃所以有事也有事而後可大故受之以臨臨者大也洪水不起則平成之業不與暴亂不生則弔伐之動不著故可大之績由事而生以貴臨賤非大之象耶物大然後可觀故受之以觀巍巍乎其有成功煥乎其有文章所以大而可觀也可觀而後有所合故受之以噬嗑嗑者合也瞻仰既宗信從必衆雖乎昔之有間者亦合矣物不可以苟合而已故受之以賁賁者飾也程子曰人之合聚則有威儀上下物之合

聚則有次序行列合必有文也致飾然後亨則盡矣故受之以剝剝者剝也儀文盛而實行衰枝葉彫而本根露致飾而亨則已盡而能无剝耶物不可以終盡剝窮上反下故受之以復物无終盡之理雪霜之後必有陽春梏亡之餘必有夜氣窮於上斯反於下矣剝復相因有固然者復則不妄矣故受之以无妄周子曰身端心誠之謂也誠必復其不善之動而已矣不善之動妄也妄復則无妄无妄則誠矣有无妄然後可畜故受之以大畜誠蘊於中則充實而有光輝所畜者不期大而自大焉物畜然後可養故受之以頤頤者養也所畜者既大則當優游涵泳以養之蓋大可為也化不可為也在熟

之而已矣不養則不可動故受之以大過涵養未到而見之施為其氣餒矣古之人處非常之變而不動心者其養之有素也物不可以終過故受之以坎坎者陷也天下之理中焉止矣大過則陷蹈之咎所不免焉陷必有所麗故受之以離離者麗也陷賢資才力之優者以拯之且困心衡慮事聖之所由明是以得所麗也既麗則交感而利至矣物之相麗者孰若夫婦之一乎

右上篇

有天地然後有萬物有萬物然後有男女有男女然後有夫婦有夫婦然後有父子有父

子然後有君臣有君臣然後有上下有上下然後禮義有所錯夫婦之道不可以不久也故受之以恒恒者久也按天地之生物氣化也夫婦之生人形化也禮義交錯而人倫察矣萬化始于閨門一輿之齊而可不久乎物不可以久居其所故受之以遯遯者退也知足不辱知止不殆久居其所而不退豈達於物理者故自夫婦以外无常久之事也物不可以終遯故受之以大壯天變之屬所以飭也龍蛇之蟄所以奮也退之極則有時而大壯矣物不可以終壯故受之以晉晉者進也進有其具有其時斯可以進而有爲不然則罔矣進必有所傷故

受之以明夷夷者傷也修之不已則遂高之不已則慄馳之不已則蹎引之不已則迭進所以有傷也傷於外者必反其家故受之以家人以義合者有時而離以恩合者不[illegible]而散傷於外而反其家人情之常也家道窮必乖故受之以睽睽者乖也周子曰家人離必起於婦人故睽次家人以王女同居而其志不同行也堯所以釐降二女於媯汭舜可禪乎吾茲試矣乖必有難故受之以蹇蹇者難也情疎則忿怨生義薄則爭奪起乖而无難其可得乎哉物不可以終難故受之以解其苦備嘗而閱歷熟矣疢疾既多而智慧生矣難之所以解也解者緩也緩必有所失故受之以損難之既緩

則嚭必牛宴安酖毒由是而滋矣非損而何耶損而不已必益故受之以益程子曰盛衰損益如循環然損極必益理之自然也益而不已必決故受之以夬夬者決也益而必決猶盈而必潰也然懲忿窒欲則修身之益弘矣遷善改過則克己之功決矣決必有所遇故受之以姤姤者遇也薰蕕不同器而藏堯桀不共國而理有所決斯有所遇矣物相遇而後聚故受之以萃萃者聚也德不孤立必以類應焉有過而不聚者哉聚而上者謂之升故受之以升同寅協恭相聚而上也其天位治天職食天祿升莫愧焉升而不已必困故受之以困力有時而竭勢有時而窮升之至而不困者鮮

矣困乎上者必反下故受之以井困上而反下其猶傷外而反內乎物之至下者困莫井若也養而不窮而困可紓矣井道不可不革故受之以革井之爲物有之則穢敗易之則清潔不可不革者也君子有日新之學有更化之政其取諸此與革物者莫若鼎故受之以鼎鼎之爲物變腥而爲熟易爛而爲柔善革者也君子學必幾於能化治必底於時雍其取諸此與主器者莫若長子故受之以震鼎重器也長子傳國家繼位號者也故能主焉大人世及豈王者之私意乎震者動也物不可以終動止之故受之以艮艮者止也程子曰動靜相因動則有靜靜則有動物无常動之理所以止也物不可

以終止故受之以漸漸者進也躁動則无序欲速而反不逹矣止而有節故能以漸而進也進必有所歸故受之以歸妹自卑而進必底於高矣自邇而進必究於遠矣六禮備而室家宜豈非以漸而歸者乎得其所歸者必大故受之以豐豐者大也細流歸於江海則江海大萬民歸於帝王則帝王大至善歸於聖賢則聖賢大故得所歸而豐也窮大者必失其居故受之以旅好大喜功或顛蹶而不振窮高極遠或流蕩而不返皆失其所居者也以位則不保以德則无底非旅而何旅而无所容故受之以巽巽者入也羈旅親寡非巽何以取容強梁者不得其死好勝者必遇其敵能巽則无往而不入矣入而

後說之故受之以兌兌者說也相非則怒相人則說相物之大情也說而後散之故受之以渙憂則鬱結說則舒散人心之氣機也渙者離也物不可以終離故受之以節人心散漫必有以防閑之紀綱立度數明而後天下之事可來也豈任其離也哉節而信之故受之以中孚節所以制於外也孚所以信於中也節得其道則上能信從之下亦以信守之矣有其信者必行之故受之以小過信蘊於中則行必見於外矣然自恃其信而不能比於義焉其能免於小過之歸耶有過物者必濟故受之以既濟才德優殊事業必倚此其所以既濟也物不可窮也故受之以未濟

終焉程子曰既濟矣物之窮也窮而不變則无不已之理未濟則未窮也未窮則有生生之義焉◦又按天地之終其歸於水平渙則土釋矣節則澤瀦矣既濟未濟皆以涉川言之豈非一元之往復乎

右下篇

雜卦傳

乾剛坤柔按一而實故剛二而虛故柔乾尙質坤尙文乾善知坤善行乾主義坤主利乾處先而始物坤處後而終之其用相反而實則相成矣◦大象自强不息天德之漸也厚德載物王道之基也**比樂師憂**樂音洛◎按一人撫四海故樂一將統三軍故憂順在下者无思不服也險在內者隱情以虞也師无比則佳兵不祥比无師

則積弱少威一張一弛文武之道也。大象容民畜衆井田之防也建國親侯封建之公也

臨觀之義或與或求以我臨物曰與物來觀我曰求或曰二卦互有求與之義◎按處中馭外而一人作則吾所與也居上示下而百辟皆刑彼來求也臨君兼乎師涵育之澤洽觀師兼乎君鼓舞之用神道固並行以相濟乎◦臨與萃交大象教思容保文事也除戎器戒不虞武備也觀與升交大象省方而設教推而廣之也積小以高大蘊而崇之也

屯見而不失其居蒙雜而著見音現。屯震遇坎震動故見坎險不行也蒙以坎遇艮坎幽昧艮光明也或曰屯以初言蒙以二言◎按陷者居尊位而動者磐桓故見而不失其居陷者比群陰而止者光明故雜而著天降下民作之君作之師屯蒙之義不其備哉◦屯與解交大象經綸所以更新也赦

宥所以除舊也蒙與蹇交大象果行育德以成物也反身修德以成已也**震起也****艮止也**獨蘊方啟而奮然有爲始之之事也馳騖悉收而確然有守終之之事也原其起要其止而吾心之靈艮與造化合矣○大象恐懼修省察之於內也思不出位閑之於外也**損益盛衰之始也**方泰而忽有所損衰之始也方否而忽有所益盛之始也反損下之道以飾用推益下之道以裕民斯善于圖始者乎○以損與咸交大象懲忿窒欲而欲无不過矣以虛受大而理无不集矣盍與恒交大象遷善改過而用无不行矣立不易方而體无不立矣**大畜時也无妄災也**正健者時有適然无妄而災自外至◎接有大畜之業自能推而行之時之當然也有无妄之德不能安而處之災之適然也君子盡其在已者以聽其在天者而已矣○大畜與遯交大象

多識以畜其尚友於古乎不愆而嚴其擇交
於今乎无妄與大壯交大象對時育物其蓋
性於人物乎一非禮勿
履其克私于一已乎
萃聚而升不來也自外而聚
於內故積少而成多往上而不來于下故由
小而至太華援其尤升登其英則朝无曠職
野无遺賢而
天下治矣
謙輕而豫怠也
志虛故自輕志
滿故自怠輕者
以禮節之不使至于過卑怠者以樂和之不
使至於太康故盈歉進反各得其宜斯聖人
之所以有制於天下也○謙與剝交大象稱
物平施則卑而不屈矣厚下安宅則高而不
危矣豫與復交大象作樂崇德則動而
而能和矣至日閉關則靜而能正矣
噬嗑食
也賁无色也
自受采◎頤中有物食其所有
白賁无色文其所无用刑而必
本於欽恤用禮而必返於樸誠食色之性非
君子其孰能裁之○噬嗑與豐交大象明罰

勅法禁之於未然也折獄致刑懲之於已然
也賁與旅交大象明而无敢折謹之於所怨
也明慎而不留
施之於所宜也**兌見而巽伏也**見賢遍反。
兌陰外見巽
陰內伏◎情見故足以和衆性伏故足以稱
物兌巽之用也發露者戒其流湎深潛者戒
其狐疑則所以善全其用與。大象明友講
習所以明理學術也申命行事。所以成務政
術
也**隨无故也蠱則飭也**飭與勅同。隨前无
故蠱後當飭◎同忘
則事功可立是以无故離德則積弊相仍是
以當飭隨或至於偷安蠱究歸於更化故聖
人不畏多事而畏无事乎。隨與歸妹交大
象嚮晦宴息順時而安也兼終知微番幾而
動也蠱與漸交大象振民育德有
爲而變之居德善俗无意而化之**剝爛也復**
窮上而生意无餘猶果之爛也返下而
反也動機不息猶人之反也爛雖在外仁可

種而復生矣反非自上運不已而
更端矣此剝復之所以爲天行與**晉晝也明**
夷誅也誅傷也◎晝則明者夜則明傷夫古
今之在天地猶旦暮也黃虞以下皆
晉也至治安得而不昭秦漢以下皆明夷也
大道安得而不隱其間雖有理亂之雜營諸
雲霧之冥月星之光耳故君子安時◦大象
白昭明德達於外也蒞衆用晦而明藏於內
也**井通而困相遇也**◎剛柔相遇而剛見揜也剛足以決之通也柔
足以蔽之遁也通者流長而澤能及物見盡
性之量焉遇者源竭而身且難存見安命之
守焉易以順性命之理此之謂也◦井與渙
變大象勞民勸相澤之散也享帝立廟誠之
聚也困與節變大象致命遂志仁
之成也制度數議德行義之務也**咸速也恒**
久也咸速恒久◎感德最速裼柵雨雪所以
心說而誠服也常道可久舊德先疇所

以長治而久安也故聖人之於天下人情以爲田**渙離也節止也**風蕩水故離澤坊水故止渙而能聚則人心可以復合矣節而能通則王制可以常行矣放廢則不及操切則過均非大中之道也**解緩也蹇難也**難乃旦反◎險在內而動以免之則緩矣險在前而止以遇之則難矣處解之道利於往故機速而才敏處蹇之道利於反故智深而勇況焉往而非進修之實哉**睽外也家人內也**明外者物睽明內者家齊物理之常也能化異而爲同則猜嫌釋於外矣能大同而辨異則和順積于內矣殊塗者得嘗不同歸乎。睽與革交大象同而異而人事辨矣治且明而天運察矣家人與睽交大象言物行恒而一家則之矣正位凝命而四方象之矣**否泰反其類也**否有疇泰有鄰所謂類也往來消長之不同則无不相反者明艮之世豈无四凶幾賊之朝亦有三仁蓋各從其類云爾。大象裁成輔相以弘化也儉德辟難以保身也**大壯則止遯則退也**止謂不進◎來氏云止當作上。進而有爲上也避而不敢爲退也或乘時並赴而非有期於兆或與時偕藏而非有必於遯各當其可而已矣**大有衆也同人親也**人歸我則衆君臣之同德也我與人則親友朋之至情也所有既大雖聖哲亦皆歸之所同既堅雖仇敵莫能間之柔得中正豈不足以自立哉。大象過惡揚善則處之之當乎類族辨物則知之之明乎**革去故也鼎取新也**去起呂反◎以火鍇金故者斯去更化之象也以木從火新者斯取守成之象也知革而不知鼎泰不能以及二世知鼎而不知革周不能以制七雄有國家者尚念之哉

小過過也中孚信也

[illegible]孟子小非有悖謬之迹也乎出於中非有

義納之私也夫信之蘊本无不中也發而稍

踰其節則不免小過矣可不慎乎。小過與

頤交大象過恭過哀過儉制行之宜也慎言

語節飲食持身之當也中孚與大過交大象

議獄緩死法外之寬也獨立遯世自律之嚴

也**豐多故也親寡旅也**◎既明且動其故多矣勢盛則故舊多慵

孤則親戚寡於豐而不使過中於旅而猶能

守正則不憂於日之昃而无畏於火之焚斯

善處之方乎。親寡旅倒句體也。楚辭吉日

兮辰良幹詩云春與猿吟兮秋鶴與飛亦此

例也**離上而坎下也**上時掌反下遐嫁反。大炎上水潤下◎氣相麗則

上質相陷則下相麗而知幾察微明之所由

出也相陷而動心忍性誠之所山生也坎離

其乾坤之用聖神之能事乎。大象能明照

于四方所以不息也常德行習教事所以不

已也小畜寡也履不處也不處行進之義◎自知其寡則何敢於犯眾不久於處則何至於決剛蓋雖畜而猶能巽也雖履而實能說也柔而失中故无所敢自遂也。小畜與姤交大象懿文德飾之於已也施命告四方論之於人也履與夬交大象辨上下定民志而天下之分正矣施祿及下而天下之情通矣需不進也訟不親也安分待時是以不進倍情求勝是以不親需以健而避乎險訟以健而遠乎險才同而位不同則各行其志而已。大象飲食宴樂其待之於事後乎作事謀始其審之于幾先乎大過顛也姤遇也柔遇剛也漸女歸待男行也頤養正也既濟定也歸妹女之終也未濟男之窮也夬決也剛決柔也君子道長小人道憂也長丁丈反。自大過以下卦不反對或擬其錯簡以今以韻協之爻以非誤未詳何義。按蔡氏以大過頤既濟未濟歸妹漸姤夬爲序今從之。柔不能勝剛故顛頤剛足以匡柔故止處大過之時勢不可无頤之涵養有頤之涵養自足以立大過之德業矣。六位皆當定之至也三陽失位窮之至也然定矣而倚伏靡常窮矣而變通可久故聖人不憂未濟而憂既濟也其慮深乎。人象思患豫防亂絕其萌也辨物居方理循其則也。離觀則終備禮斯待歸雖室家之常而時欽之感不可以不戒也漸乃婚姻之正而禮法之節不可以不循也人倫之本王化之基於是乎在矣。一邪遇聚正而其漸當防衆正去一邪而其慮當愼易雖以道陰陽而實爲君子謀不爲小人謀也姤夬之機非聖人其孰能決之